제3판

Poll From the beginning to the end

설문조사 처음에서 끝까지

최종후 · 전새봄 지음

자유아카데미

책 머리에

국내에서도 사회과학의 제반 연구에서 경험적·실증적 연구를 중시하는 표준과학관(the standard view of science)의 접근방식에 따른 사회실험(social experiment) 또는 사회조사(social survey)가 사회과학의 보편적인 방법론으로 자리 잡고 있다. 실증주의(positivism)에 뿌리를 둔 표준과학관이 주창하는 바는, 사회과학에서의 과학적 접근방법은 근대 과학적 세계관에 의하여 정립된 과학적 방법론이 자연현상뿐만 아니라 인간과 사회현상의 설명에도 적용될 수 있다는 이른바 '방법론적 자연주의(methodological naturalism)'에 따르고 있다는 것이다. 이는 현대 통계학의 기원인 칼 피어슨(K. Pearson)이 갈파한 "제반 과학의 통일성은 그 방법에 있는 것이지, 그것이 다루고자 하는 대상에 따른 것은 아니다."라고 하는 말에 그 의의가 단적으로 표현되어 있다.

따라서 사회과학 분야에서 연구조사방법론은 조사방법론 또는 사회조사분석 등으로 이름만 달리하면서 핵심적인 교과과정으로 자리매김하고 있다. 연구조사방법론의 구성체계는 크게 두 부분으로 되어 있는데, 전반부는 조사분석과 관련된 개념적 차원, 후반부는 조사분석에 대한 해설로 되어 있다. 그런데 많은 경우 조사분석에 대한 해설 부분은 미약하기 짝이 없어 독자의 입장에서 보면 개념적 접근은 있되 실제적 접근에서는 곤란을 겪게 된다. 저자들 시각에서 보면 실제적 차원의 많은 부분은 바로 통계적 방법론의 문제이다. 그것도 통계적 사고, 통계적 윤리심을 겸비한 방법론의 문제이다. 이 책 『설문조사 처음에서 끝까지』는 이러한 점을 보완하고자 하는 욕구에서 비롯된 것이다. 결국 사회과학 분야의 연구조사방법론은 개념적 차원과 실제적 차원이 상보적으로 결합될 때만 완성될 수 있을 것이다. 이는 마치 수레의 두 바퀴 중 어느 하나가 제대로 기능하지 않으면 수레가 제 길을 갈 수 없는 이치와 같다.

이 책은 자유아카데미에 의하여 2005년 출간된 『설문조사 처음에서 끝까지』의 전면 개정판이다. 이 책은 2부로 구성되어 있다. 1부에서는 설문조사 이론과 관련된 현장에서 나타난 설문조사의 문제, 설문조사 방법, 설문지 작성 및 평가,

표본조사개념 및 표본추출이론을 설명하고 있으며, 2부에서는 설문조사 분석과 관련한 SPSS 활용법 및 설문조사 분석사례를 소개하고 있다.

1부의 첫 장에는 현장에서 나타나고 있는 설문조사의 그늘을 드러내는 필자의 글이 담겨져 있다. 이는 현장의 문제점을 깨닫게 됨으로써 올바른 설문조사에 대한 자세를 확립하자는 자기반성적 단편이다. 2장에서는 설문조사 이론과 관련한 내용을 정리하였다. 이어 3장에서는 설문지는 사회조사의 실험도구라는 측면에서, 정교한 설문의 작성은 곧 실험의 정교함과 맞닿아 있다는 점을 중점적으로 해설하였다. 4장에서는 설문지 작성의 기본 원리이자 좋은 설문지에 대한 평가 기준으로서 타당도와 신뢰도의 개념에 대해서 설명하고 있다. 마지막으로 5장에서는 표본추출의 개념과 종류에 대하여 서술하고 있다.

2부에서는 SPSS의 기본활용 방안 및 응용사례들을 설명하고 있다. 우선 6장에서는 SPSS를 시작하는 기본운용방법과 데이터 다루기, 자료를 정리 및 분석하는 방법을 다루고 있다. 이 책의 마지막인 7장에서는 SPSS를 이용하여 설문조사 문제를 분석하는 방법에 대하여 서술하고 있다. 각 장은 저자들이 통계상담 또는 학생들과의 강의 및 실습과정을 통하여 얻어낸 실제 설문조사를 이용하여 작성한 것으로, 이에 대한 통계분석과 통계기법 해설까지 다루고 있다. 각 장은 설문지와 더불어 문제의 개요와 이를 분석하는 데 필요한 통계적 기법을 해설하고, 통계 패키지를 이용하여 처리한 프로그램 및 결과를 제시한 후 마지막으로 분석결과를 해석하는 방식을 취하였다. 즉 실제 문제에 부딪힌 연구자가 문제를 해결해 나가는 일련의 과정에 따라 해설한 것이다.(본문에서 다루어지는 자료는 자유아카데미 홈페이지 자료실에서 제공된다.)

아무쪼록 이 책이 이 땅의 독자에게 다소의 도움이 되기를 기대하면서, 이 책이 탄생하도록 도와주신 자유아카데미에 깊이 감사 드린다.

2013년 여름

저자 올림

차례

1부 설문조사 이론

1장 현장에서 나타난 설문조사 문제

2장 설문조사법

3장 설문지 작성법

4장 설문지 평가

5장 표본추출법

2부 설문조사 분석

6장 PASW 기본활용

7장 PASW 설문조사 분석사례

1부

설문조사 이론

1장

현장에서 나타난 설문조사 문제

1. 여론조사[1)]

역사적으로 기록된 최초의 여론조사는 1824년 미국 대통령 선거에서 시작되었다. 당시 4명의 대통령 후보가 출마했는데 '해리스버그 펜실베니언' 신문이 기자들을 현장에 내보내 여론을 청취한 후 그 결과를 신문지상에 처음으로 발표하였다. 기자들이 몇몇 사람에게 물어 조사한 결과는 잭슨 후보였지만, 실제로는 아무도 다수표를 얻지 못해 의회에서 결선투표가 이루어졌고 아담스가 대통령에 당선되었다. 이처럼 다수의 의견을 듣기 위해 오래전부터 여론조사가 실시된 것을 알 수 있다.

오늘날 우리는 여론조사 홍수시대에 살고 있다고 해도 과언이 아닐 만큼, 거의 매일 신문, 방송, 잡지매체에서는 각양각색의 여론조사결과를 발표하고 있다. '여론조사'는 '여론'을 재는 도구자(道具者)이다. 여론은 무엇인가? 지금까지도 여론(public opinion)의 개념에 대한 전적인 합일(合一)은 없지만, 여론이 '공공성(公共性)'과 '유동성(流動性)'이라는 특성을 지녔다는 점에서는 합의가 이루어지고 있다. 여기에서 '공공성'이라고 함은 여론이 '공적(公的)인 영역의 입장'이라는 점이며, '유동성'이라고 함은 여론이 '시간적·공간적·사회 환경적 요소에 의하여 끊임없이 변화한다.'라는 점이다. 이러한 특성을 지닌 '여론'을 측정하고자 하는 여론조사는 여론의 '공공성'으로 말미암아 '엄격함'을 요구받으며, 여론의 '유동성'으로 말미암아 '고도의 기술'을 요구받는다. 현실의 여론조사의 성패에 대한 논의 역시

1) 이 원고는 한국통계학회 공식통계연구회가 주관한 '통계와 언론보도' 토론회에서 필자가 발제한 내용인 "사회통계와 언론보도"(최종후, 1998)를 토대로 재구성하여 작성한 것이다. 한국통계학회 공식통계연구회는 공식통계(official statistics)의 개선 및 발전방안을 모색하고 연구하기 위하여 통계작성기관의 관련 인사들과 통계학자들로 구성된 모임체이다.

이 두 측면에 대한 논의로 압축된다고 볼 수 있다.

여론조사는 대체로 다음과 같은 절차에 따라 수행되며, 그것의 성패는 단계마다 지켜야 할 중요한 원칙이 지켜지는가에 달려 있다.

조사의 설계(조사대상 및 조사방식) → 설문지 작성 → 자료수집(설문조사 수행) → 자료분석 및 해석 → 결과발표(언론보도)

이 장에서는 위 절차의 원칙을 지키지 못함으로써 현장에서 나타나는 여론조사의 문제점들을 여러 사례를 통해 살펴보도록 할 것이다.

1.1 조사의 설계 – 조사방식 및 표본추출의 문제

조사의 설계단계 중 특히 어느 방식으로 조사를 수행할 것인가 하는 조사방식의 문제를 생각해볼 수 있다. 특히 최근 통신매체의 진보는 조사방식 자체에 변혁을 가져오고 있는 듯하다. 전화조사, 우편조사, 면접조사 등은 이제 고전적인 조사방식인 듯 여겨지는 세상이 되었다. 최근에는 휴대전화를 이용한 모바일 서베이, 인터넷을 이용한 온라인 서베이, ARS(음성응답장치)에 의한 서베이 등이 새로운 조사방식으로서 각광을 받고 있다. 언론매체 역시 앞다투어 이러한 조사방식에 의한 조사결과를 기사화하고 있다. 통신, 컴퓨터의 환경변화가 가져온 새로운 조사방식으로 말미암아 조사에 있어서 비용, 시간, 노력이 상대적으로 적게 들 것이라는 점은 분명하다. 저비용, 고효율을 추종하는 현대인의 성향이 여론조사의 범주에까지 여지없이 파고들고 있는 것이다.

그러나 이러한 조류는 여론조사의 대중화라는 긍정적 기여보다는 여론조사의 질적(質的) 저하, 나아가 여론조사의 불신을 조장할 만한 측면을 지닌 심히 우려되는 사안이라고 할 수 있다. 그렇다면 왜 위와 같은 새로운 조사방식이 문제가 되는 것인가? 이러한 방식의 조사로는 대표성 있는 표본을 확보하기 곤란하기 때문이다. 대표성 있는 표본이란 잘 짜인 모집단의 축소판이므로, 표본의 대표성은 올바른 추정을 위한 필요조건인 것이다. 그런데 위 조사방식으로는 대표성 있는 표본을 확보하기 어렵다. 왜냐하면 이것은 휴대전화 혹은 인터넷 이용자에 국한된 조사이며, 특히 서베이에 적극적인 반응을 보이는 이용자만의 조사이기 때문이다.

대표성 없는 표본으로부터의 조사결과는 편향된 정보를 유포할 수 있으며, 그것이 사회적으로 민감한 사안인 경우 때때로 사회적 폐해를 가져올 수도 있다. 결

자료 1 여론조사 따라 지지율 차이 ARS–전화면접 등 방법 탓

매체에 따라 여론조사결과에서 순위가 엇갈린 곳도 있다. 여론조사 방식이 영향을 준 것으로 보인다.

경남의 경우 〈한겨레〉–'더피플' 조사와 〈와이티엔〉·〈조선일보〉 조사에서는 이달곤 한나라당 후보가 무소속 김두관 후보를 미세한 차이로 앞섰다. 그러나 방송 3사 여론조사에서는 김 후보가 38.9%의 지지율로, 34%의 지지를 받은 이 후보를 앞섰다. 양쪽 모두 박빙 우세를 주장한다. 충북에서도 후보 간 지지율 격차가 매체마다 달랐다. 정우택 한나라당 후보와 이시종 민주당 후보의 지지율 차이가 〈한겨레〉 조사에서는 7.2% 포인트였고 방송 3사 조사에서는 5.7% 포인트였다. 그런데 〈와이티엔〉·〈조선일보〉 조사에서는 9.3% 포인트로 벌어졌다. 대전시장 선거의 경우, 〈한겨레〉 조사에서 염홍철 자유선진당 후보(36.2%)와 박성효 한나라당 후보(33.7%)의 차이가 2.5% 포인트였다. 하지만 방송 3사 조사에서는 차이가 14.3% 포인트였고 〈와이티엔〉·〈조선일보〉 조사에서는 16.8% 포인트였다. 충남지사 선거에 나선 안희정 민주당 후보는 세 여론조사에서 모두 박상돈 자유선진당 후보를 앞섰다.

〈한겨레〉–'더피플' 여론조사는 자동응답전화방식(ARS)으로 실시되었고, 방송 3사와 〈와이티엔〉·〈조선일보〉 여론조사는 전화면접 조사방식이었다. 두 방식 모두 장단점이 있다. 자동응답전화방식은 기계음에 대한 거부감 탓에 응답률이 떨어지는 대신 적극적 투표의사층과 야당 지지층의 의사를 좀 더 정확하게 반영한다고 평가된다. 전화면접 방식은 선거 이슈가 많아 복잡할 때 표심을 정확히 파악할 수 있지만, 일부 응답자가 솔직한 답변을 꺼리는 측면도 있다는 분석이 있다.

한겨레 2010.5.28

다른 언론사 광역단체장 여론조사

지역	후보(정당)	방송 3사(%)	와이티엔 · 조선일보(%)
서울	오세훈(한)	50.4	48.9
	한명숙(민)	32.6	31.2
인천	안상수(한)	44.2	41.9
	송영길(민)	32.9	33.4
대전	염홍철(자)	39.9	40.1
	박성효(한)	25.6	23.3
경기	김문수(한)	44.7	49.4
	유시민(참)	32.6	29.7
강원	이계진(한)	46.1	48.2
	이광재(민)	34.4	27.7
충북	정우택(한)	40.1	43.5
	이시종(민)	34.4	34.2
충남	안희정(민)	29.6	27.6
	박상돈(자)	25.2	22.4
경남	김두관(무)	38.9	41.5
	이달곤(한)	34.0	42
제주	우근민(무)	34.8	35.4
	현명관(무)	31.5	27.5

※ 방송3사 여론조사 오차한계: 서울, 경기 ±3.1%p기타 시도 ±3.5%p, 와이티엔–조선일보 여론조사 오차한계: ±4.4%p

국 엄격한 표본틀(sampling scheme)에 의거한 대표성 있는 표본확보는 조사의 성패를 좌우하는 관건(關鍵)이라고 할 수 있다. 이에 대한 최소한의 대안으로 고려할 수 있는 것이 조사결과의 보정(補正)이다. 즉 위와 같은 조사에서 응답자의 인구특성을 정기적으로 조사하고 이를 센서스 자료로부터의 모집단 인구특성을 탐구한다면, 조사에서 추구하는 표본틀에 근사(近似)하는 보정된 조사결과를 획득할 수 있을 것이다.

자료 2 여론조사 얼마나 믿을 수 있나

- 낮은 응답률… 결국 정치적 적극층 답변 많아
- 응답 숫자 채우면 끝… 실제 오차는 더 클 수도
- ARS 조사가 일반 전화조사로 둔갑하기도
- 선진국 3분의 1 수준 낮은 조사단가도 한몫

요즘 여론조사기관 사이에서는 ARS(자동응답시스템) 조사가 도마 위에 올라 있다. ARS 조사는 전화여론조사에 비해 비용이 10~20분의 1 수준. 학계나 국제규약은 이를 과학적 조사로 간주하지 않는다.

문제는 최근 들어 한 신생업체가 ARS 조사를 마치 일반 전화조사인 것처럼 일부 언론사에 제공해 보도되고 있다는 점이다. 그러나 이 업체는 자신의 조사가 ARS 방식에 의한 것임을 밝히지 않고 보도자료를 내고 있어 분명히 일반인을 기만하고 있다는 지적을 받고 있다.

그렇다면 매출액 상위의 주요 업체들이 발표하는 조사결과는 선진국 수준의 기준에 따른 것일까? H 업체의 K 대표는 "한국 업계 모두의 아킬레스건이 있다."라고 전하였다.

그 가운데 하나는 낮은 응답률(Response Rate)이다. 우리나라 조사에서는 응답률이 매우 낮다. 다시 말해 응답을 거부하면 자꾸 다른 사람에게 물어본다는 이야기이다. 전화조사에서 미국의 경우 1,000명을 표본으로 할 경우 전화 거는 대상을 3,000명 정도로 한정한다. 그 이상이 넘을 경우 표본에 치우침(Bias)이 생긴 것으로 보고 표본을 줄이거나 파기한다. 그래서 응답률의 기준은 30% 이상, 보통 40~50%에 이른다.

그런데 우리나라의 경우 1,000명을 채울 때까지 계속 전화를 건다. 그래서 1만 명 이상에게 전화를 거는 경우가 많다. 응답률은 정치조사의 경우 10~15% 수준이라고 한다. 결국 미국에 비해 설문에 잘 답하고 정치적으로 적극적인 층의 비율이 높아질 수밖에 없다. 더 큰 논란거리는 이 같은 응답률을 공표하지 않는다는 것이다.

법(공직선거법 108조 4항)과 국제규약 등에는 공표하도록 규정되어 있지만 그동안 모든 업체들이 공표를 하지 않았기 때문에 문제가 되지 않았다.

또 한 가지는 대부분이 사용하고 있는 할당 표집(Quota Sampling)의 문제이다. 이는 지역과 연령, 학력별로 미리 결정된 숫자만을 채우면 되는 전화조사 방식이다. 반면 선진국의 권위 있는 조사기관들은 개인이 추출될 확률을 모두 같게 하는 확률표집을 사용하고 있다. 일단 표본으로 선정된 대상자는 상담이 이루어질 때까지 몇 번이고 접촉을 시도한다. 존 메이저 총리가 대처정권을 계승한 1992년 영국 총선에서 갤럽과 해리스 등 조사기관들은 일제히 보수당의 장기집권이 끝나고 노동당이 정권을 교체한다고 예측하였다가 낭패를 당하였다. 이후 할당 표집은 총선거에서 크게 신뢰를 잃었다.

고려대학교 허명회(통계학) 교수는 "2000~2003년 국내 메이저 3사의 여론조사를 분석한 결과 저학력 직장인의 응답 비중이 너무 낮고 가정주부와 고학력자의 응답률이 너무 높았다."면서 "우리나라 전화여론조사의 표본오차는 실제보다 20% 이상 크다고 봐야 한다."라고 지적하였다.

여론조사의 영향력이 강한 우리나라에서 업계의 선두 주자들까지 이런 조사방식을 쓰는 이유는 낮은 단가 때문이다.

유럽마케팅조사협회(ESOMAR)의 국제조사에 따르면 우리나라의 조사단가는 유럽이나 일본의 3분의 1, 미국의 절반 수준으로 동남아 국가들과 비슷하다. 결국 우리나라 여론조사 시장에서는 중저가품들이 한껏 위세를 떨치고 있는 셈이다.

미국 등에서 보편화한 CATI(컴퓨터를 이용한 전화면접) 시스템이 없다는 것도 문제이다. CATI는 면접원의 성실도에 따라 조사결과가 달라지는 현상을 줄이고 조사과정을 자동으로 기록하여 언제든지 검증할 수 있도록 한다. 보통 한 대당 500만원짜리 기계 수백 대가 필요한데, 국내에서 이를 갖춘 업체는 5~6곳뿐이다. 고려대학교 김장수 연구교수는 "우리의 방식은 예를 들어, 30대 여성 가운데 주부층이 A 후보에 대한 지지가 많다면, 조사기관이 마음만 먹을 경우 이들이 전화를 받는 시간에 집중적으로 설문을 실시해 지지율을 끌어올릴 수 있다는 뜻"이라고 설명하였다.

한국일보 2007.2.26

1.2 설문지 작성 – 척도의 문제

선거 여론조사 중 지지도 조사를 둘러싸고 있는 현실적인 문제를 살펴보자. 문민정부 시절 대통령 취임 이후 대통령에 대한 지지도 조사가 이루어졌는데, 취임 100일 전후를 정점으로 90% 전후하던 지지도는 점점 하강국면을 그려 마침내 취임 2주년 무렵에는 40% 안팎으로 떨어졌다. 물론 지지도가 떨어지면서 여론조사의 발표 횟수도 줄어들었다.

그런데 취임 2주년 무렵에 M 리서치 사에서는 지지율이 약 60%라고 발표하였다. 이것은 비슷한 시점에 대부분의 언론사나 여론조사연구소에서 발표하는 40% 전후의 지지율과 약 20%의 지지도 차이가 나는 것으로, 이 조사결과는 여론조사계에서 큰 논란이 되었다. 그리고 이러한 조사결과가 발표되면 국민들은 혼란에 빠지게 된다. 실제 동일한 현상에 대해 동일한 방법을 엄격하게 적용하였을 때 그 차이는 현실적으로 크지 않을 것이다. 그럼에도 YS 지지도 조사결과의 차이가 나는 이유는 무엇인가?

그 이유는 측정하는 자(척도)가 달랐기 때문이다. 대부분의 리서치 사에서 YS 지지도 측정은 직(대통령)에 대한 수행능력을 5점 척도(1. 아주 잘하고 있다, 2. 대체로 잘하고 있다, 3. 보통이다, 4. 대체로 잘못하고 있다, 5. 아주 잘못하고 있다)로 측정하고 있으며, 이러한 척도로 측정할 경우 YS 지지도는 리서치 사마다 차이가 크게 나타나지 않았다. 반면 M 리서치 사에서 지지도를 측정한 척도는 다소 달랐다. 즉 2점 척도를 사용한 것이다. 2점 척도는 응답 항목을 '1. 잘하고 있다, 2. 잘못하고 있다'로 두 가지만 사용한다. 2점 척도가 5점 척도와 결정적으로 다른 것은 '보통'이라는 평가항목이 없어 정치에 관심이 없거나 또는 잘하는지 잘못하는지 판단하기에 충분한 정보가 없는 응답자도 어느 쪽이든 선택을 해야 한다는 점이다. 반면 5점 척도는 중용의 가치관에 뿌리 깊은 동양사회에서는 '보통,' 즉 모나지 않은 의견표현 항목에 응답이 집중된다는 단점이 있다.

분명한 것은 아직 어느 척도가 더 좋은가에 대한 명확한 결론이 없다는 것이다. 그러다 보니 리서치 사의 견해에 따라 채택하는 척도가 다르고 조사결과도 다르다. 그렇다면 척도가 다르면 지지도 차이는 어떻게 될까? 또 척도가 같으면 지지도 차이는 어떻게 될까? 이러한 척도에 따라 지지도 차이가 어느 정도 나는가를 알아보기 위해 12월 3~4일, 이틀에 걸쳐 서울 시민 500명을 두 집단으로 나누어 한 집단에는 5점 척도로 지지를 물었고 다른 집단은 2점 척도로 지지도를 물었다. 그 결과는 다음과 같다. 이 조사에서 보듯이 각 척도에 따른 지지도 차이는 23.2%로 나타난다.

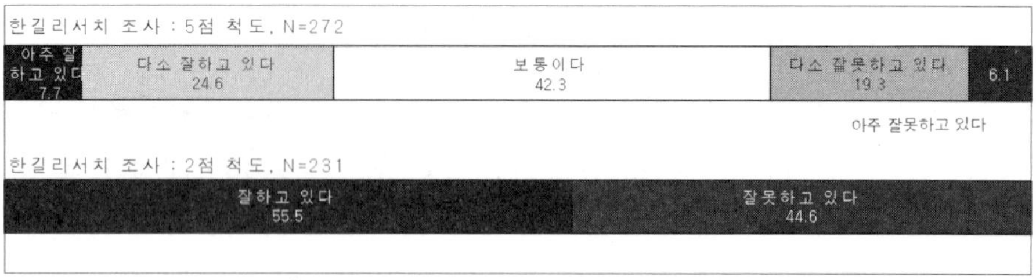

어느 척도가 지지도를 측정하는 척도로 더 적합한가에 대한 방법론적 검토는 또 다른 연구과제이다. 단지 여기에서 강조하는 점은 YS가 취임하여 물러날 때까지 어느 척도를 사용하든 하나의 척도만 사용하는 것이 바람직하다는 점이다. 그리고 취임 이후부터 YS 지지도를 정기적으로 조사해 온 언론사나 리서치 사는 지지도가 높든 낮든 동일한 척도에 의한 결과를 일관되게 발표해야 할 것이다. 지지도가 높을 때만 발표한다든가, 지지도가 떨어질 때 2점 척도를 사용하는 리서치사의 결과만을 발표하는 현상은 없어야 할 것이다(홍형식, 1998).

1.3 조사대상의 문제

이제 우리 주위에서 접하게 되는 몇몇 사례를 들어 여론조사의 조사대상에 대한 문제를 생각해 보자. 〈자료 3〉의 기사 작성 당시, TNS 미디어는 시청률 조사를 위하여 서울 지역만의 표본을 이용하고 있었다. 그럼에도 〈자료 3〉에서 볼 수 있듯이 시청률이 전체 국민의 시청률인 듯이 일반화되어 있다. 즉 목표모집단(target population)과 표본모집단(sampled population)을 구분하지 못하고 있는 사례이다[2]. 서울 지역의 시청자와 여타 지역의 시청자 간에는 시청 행태에 차이를 보일 수 있으므로 이를 기사화할 때 이 점을 분명하게 밝힐 필요가 있다. 이는 예외적인 사례라기보다는 우리 주위에서 종종 접하게 되는 사례이다.

2) 여론조사라고 함은 특정 이슈에 관한 사회조사(sample survey)를 말한다. 즉, 모집단으로부터 그 축소판인 표본을 추출하여 이를 조사함으로써 모집단 전체를 연구하고자 하는 것이다. 앙케이트는 본격적인 서베이가 아닌 일부집단을 대상으로 행해지는 간이조사이다. 미국의 일부 신문에서는 앙케이트와 같이 작은 규모의 비과학적인 여론조사결과를 보도할 때 "이 조사는 비과학적인(unscientific) 조사방법으로 얻어진 것입니다" 라고 분명히 밝히도록 하고 있다.

자료 3 저녁 9시 뉴스 시장의 변화...KBS, MBC 2~3% 내 접전

올 들어 한때 10%P까지 벌어졌던 'KBS 9시 뉴스'와 'MBC 뉴스데스크'의 시청률 격차가 최근 2~3%P로 좁혀졌다. 특히 주말 시청률에서는 뉴스데스크가 9시 뉴스를 추월한 것으로 나타났다. AC 닐슨미디어의 평일 저녁 9시 뉴스 시청률 분석(전국 기준)에 따르면 뉴스데스크는 지난 9월 11.9%를 저점으로 2개월 연속 상승세를 보이고 있다. 반면 9시 뉴스는 8월 23.4%로 최고치를 기록하였으나 이후 3개월 연속 하락세이다. 지난 7~9월 3개월간 뉴스데스크의 시청률은 9시 뉴스에 비해 10%P 가량 낮았지만, 11월 현재 이 격차는 3.4%P로 줄었다. 다른 시청률 조사기관인 TNS 미디어의 같은 조사에서도 11월 현재 뉴스데스크 15.1%, 9시 뉴스 17.4%로 양사의 격차는 2.3%P에 불과한 것으로 나타났다. 9시 뉴스는 지난 8월 21.5%로 최고점을 찍었으나 이후 3개월 연속 내리막을 걷고 있는 반면, 뉴스데스크는 9월 이후 계속 상승이세다.

국민일보 2003.11.12

1.4 자료분석 및 해석의 문제

2004년 11월 3일 MBC 뉴스데스크와 2004년 11월 4일자 동아일보를 보면 〈표 1-1〉, 〈그림 1-1〉의 미국 대선에 대한 방송들의 예측 보도와 관련하여 위장응답을 감안하지 못해 잘못 예측되었다고 보도하고 있다. 각종 방송에서도 부시 후보와 케리 후보의 지지도 차이가 표본오차 범위 내에 있으므로 순위가 뒤바뀔 수도

표 1-1 미국 대선에서 주요기관별 최종여론조사결과

조사기관	지지율		오차범위	조사기간	조사대상(명)
	부시	케리			
뉴스위크	50	44	±4%p	10.27~29	882
라스무센 리포츠 폴	49	47	±2%p	10.29~31	3000
로이터/조그비	48	47	±2.9%p	10.29~31	1208
포 리서치 센터	48	45	±2.5%p	10.27~30	1925
폭스/오피니언 다이나믹스	46	46	±3%p	10.29~31	1200
해리스폴(전화)	49	45	±3%p	10.29~31	1092
해리스폴(온라인)	47	49	±2%p	10.29~31	3926
ABC/WP	48	48	±2%p	10.27~30	2615
ARG	48	48	±2.8%p	10.28~30	1258
CBS/NYT	49	46	±4%p	10.28~30	643
CNN/USA투데이/갤럽	49	47	±3%p	10.29~31	1573
WSJ/NBC	48	47	±3.1%p	10.29~31	1014

부시 우세 | 케리 우세 | 동 률

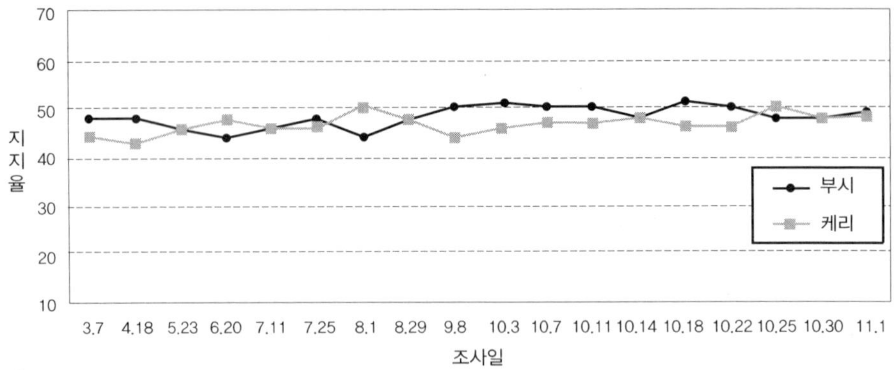

그림 1-1 예측오차 범위 내에서 뒤바뀐 예측결과

있다고 설명하였고 실제로 예측이 뒤집히는 결과를 가져왔다.

자료 4 [부시 재집권] 캐리 우세… 아니 … 부시가 이겼네

2004년 미국 대선에서 일부 언론과 여론조사기관이 섣부르게 출구조사와 투표 직전 여론조사결과를 밝혔다가 또 망신을 당하였다. 2000년 CNN 등 미국 방송과 신문사들이 투표가 채 끝나기도 전 출구조사를 근거로 앨 고어 후보의 승리를 예측하였다가 정정보도를 하는 사태가 재연된 것.

▷ 3분의 1의 정보=존 케리 민주당 후보의 우세나 승리를 점쳐 오보를 낸 매체들의 공통점은 또 다시 '초기 출구조사' 결과를 그대로 믿었다는 것, 즉 '장님 코끼리 만지기식'으로 일단의 정보만을 근거로 판단을 내린 것이 화근이었다.

전국선거풀(NEP)에서 출구조사를 담당한 조지프 렌스키는 "초반 출구조사는 게임이 한창 진행 중일 때 결과를 보도하는 것과 같다"면서 "이 상태에서는 정보의 3분의 1만을 갖고 있을 뿐"이라고 지적하였다. 이번 선거에서는 투표 마감 시점의 출구조사는 초반과 달랐다.

출구조사의 기본 원칙을 어긴 것도 오보의 원인. 출구조사에서 1% 포인트 안팎의 초경합 상황인데도 '판단 불능'으로 처리하지 않고 '우세'로 판정하는 오류가 많았다.

대선 출구조사결과의 오보 관련 보도기사

이 예에서 볼 수 있듯이 표본오차를 이용한 조사결과의 해석은 매우 신중해야 한다. 따라서 한국언론연구원(1995)은 다음과 같이 표현할 것을 제안하고 있다.

득표율의 차이가 (1×표본오차) 이내인 경우에는 막상막하, 접전, 결과를 예측하기 어려움 등의 표현을 사용하고, 득표율의 차이가 (1×표본오차) 보다는 크지만 (2×표본오차) 보다는 작은 경우에는 박빙의 우세, 근소한 차이, 약간의 우세 등의 표현을 사용하는 것이 바람직하다.

1.5 결과 발표 및 언론보도의 문제

여론조사를 위한 설계 및 시행 단계뿐만 아니라 여론조사결과에 대한 언론매체의 보도방식도 이러한 원칙을 염두에 두어야 한다. 미국에서는 여론조사 기사를 보도할 때 미국여론조사기관협의회(AAPOR, American Association for Public Opinion Research)에서 제시한 가이드라인에 따라야 한다. 소위 '최소공개기준(standard for minimal disclosure)'이 그것이다[3]. 즉 조사를 의뢰한 기관(사람)과 수행한 기관(사람), 설문항목과 조사자 및 응답자에 대한 지시문, 모집단과 표본틀, 표본추출절차·응답자선정방법, 표본의 크기, 자료 스크리닝 절차, 표본오차의 추정값·추정절차, 자료수집방법·일시·장소 등이다. 우리의 현실에서도 마땅히 이러한 점들이 반영되어야 할 것이다.

이러한 원칙을 고려하지 않은 경우 보편적으로 발생하는 문제들을 가장 쉽게 생각할 수 있는 여론조사인 선거여론조사와 관련하여 생각해 보자. 선거여론조사의 언론보도에 있어서는 위의 원칙들과 더불어 '무응답과 의사결정 유보계층에 대한 고려'[4], '지지노와 호감도에 대한 개념의 구분', '당선가능성에 대한 수로화(水路化)된 보도 태도'[5], '기사 제목의 정직성' 등에도 신중함이 요구된다. 이것 말고도 선거여론조사의 경우 자기의견보다 사회적으로 선호되는 응답을 하는 경향에 의한 편향(social desirability bias) 발생, 밀어부치기식 조사(push poll)도 역시 문제가 된다[6].

이 장을 마치면서 여론조사의 언론보도를 개선하기 위한 몇 가지 방안을 제안하고자 한다. 첫째, 여론조사 담당 전문기자제도의 확립이 필요하다. 여론조사의 언론보도는 전문기자만이 다루도록 하며, 전문가에 의한 여론조사의 언론보도에 대한 기사열람제를 실시하여야 할 것이다. 둘째, 언론에 발표되는 여론조사를 심의하는 심의기구가 설립되어야 한다[7]. 심의기구는 여론조사보도와 관련된 체크

---

3) www.aapor.org

4) 응답거부 및 무응답에는 유동적이라는 면 이외에도 비협조의 뜻이 담겨 있으므로 부동층으로 보는 것이 타당하지 않다. 따라서 무응답자들의 성향을 파악하여 이를 반영하는 방안이 강구되어야 한다. 이 비율이 높으면 결과가 믿을 만하지 않다(조신섭, 1999).

5) 이는 의사결정 유보층을 승산 있는 후보에게 몰리게 하는 편승효과(band wagon effect)를 촉발시킨다.

6) 선거예측조사와 관련된 조사방법 및 보도에서의 문제점 및 개선방안에 대해서는 이재창(1996), 민제홍(1996), 노규형(1998), 허명회(2008, 2009), 김영원과 배예영(2010) 등에 의해 연구발표된 바 있다.

7) 방송위원회 산하의 '97년 대선 당시의 '선거방송특별위원회', 또는 '98년 6.4 지방선거시 공선협 산하의 '여론조사검증위원회'는 그러한 노력의 일환일 것이다. 기구는 官 보다는 민간주도에 의하여 영속적인 기구로 설립·유지되어야 할 것이라는 것이 필자의 의견이다.

리스트를 만들고, 이에 따라 심의하고 심의 결과를 정기적으로 공공에 공개해야 할 것이다. 참고로 미국여론조사협회(National Council on Public Polls)에 의한 여론조사보도와 관련된 점검사항 20가지는 〈표 1-2〉와 같다(한국언론연구원, 1995). 셋째, 선거여론조사의 경우 전화조사와 면접조사를 병행하는 패널조사(panel study)를 실시하여 인구 특성별 간격(성, 연령, 직업 등 인구 속성에 따라 전화조사와 면접조사에서 나타나는 간격)을 탐지하는 실험이 필요하다. 이에 의해 누적된 정보는 전화조사의 보정(補正)도구로 활용하게 됨으로써, 특히 전화조사의 질적(質的) 제고를 기하는 데 유용하게 쓰일 수 있을 것이다. 이러한 시도로서 요미우리신문사[讀賣新聞社] 세론조사실(世論調査室)-일본에서는 '여론조사'를 흔히 '세론조사'라고 부른다-의 비교실험(比較實驗) 사례가 있다. 속전속결성이 중시되는 선거여론조사는 전화조사방식에 주로 의존하기 때문에 이러한 실험은 전화조사의 질적 제고에 도움을 주게 될 것임에 틀림없다. 우리나라에서 실시된 전화조사의 여러 가지 문제점에 대해서는 노규형(1998)을 참고하면 된다. 넷째, 데이터 분석에 신경을 써야 한다. 데이터를 모으기 위하여 많은 비용과 시간을 쓰면서도 데이터 분석에는 별 노력을 기울이지 않는 경향이 있다. 데이터는 풍성하되 분석은 빈곤한 셈이다. 여론조사보도는 과학적인 여론조사라는 아카데미즘과 보도라는 저널리즘이 결합된 '정밀보도(precision journalism)'의 유형에 해당된다(강미은, 1997). 이 때문에 데이터에 대한 심층적 분석은 여론조사보도에서 강조되어야 한다. 후자인 보도측면의 '속전속결성'만을 강조하다 보면 전자인 여론조사의 '과학성'을 상실하기 쉬운 것이다. 다섯째, 사회조사 데이터 은행(data bank) 설립이 필요하다. 공공에 영향을 끼치는 설문조사의 경우(예를 들어 대선이나 총선의 경우), 설문조사지와 더불어 전술한 '최소공개기준' 나아가 조사된 원자료(raw data)와 코딩북을 사회조사 데이터 은행에 의무적으로 공개하도록 해야 할 것이다. 이는 결국 'Survey-data-file Bank'가 될 것인데, 여기에 누적된 자료는 2차적 연구 및 패널연구(panel study)에 유용한 자료가 될 것이어서 향후 우리 사회 연구에 있어 더 없이 귀중한 자료가 될 것이다. 또한 이것이 구현된다면 설문조사의 질적 제고를 위해 유력한 방안이 될 것이다[8].

---

8) 이와 유사한 견해는 오인환(1992), 강미은(1997) 등에서도 찾아볼 수 있다. 강미은(1997)에 의하면 여론조사 자료의 완전공개에 대하여 여론조사업계는 부정적인 반응을 보이고 있다고 지적하고 있다. 외국의 경우를 보면, CBS와 뉴욕타임스, ABC와 NBC의 조사결과들은 Connecticut 대학의 Roper Center에, ABC와 CBS의 조사결과는 Michigan 대학에 보관된다.

표 1-2 미국여론조사협회(National Council on Public Polls)에 의한 여론조사보도와 관련된 점검사항

1. 누가 여론조사를 실시하였는가?
2. 여론조사의 비용은 누가 부담하였으며, 실시목적은 무엇인가?
3. 몇 명이나 인터뷰하였는가?
4. 인터뷰 대상은 어떻게 뽑았는가?
5. 인터뷰 대상은 어떤 지역들(전국, 특정 주, 특정지역 등) 혹은 어떤 부류의 사람들(교사, 변호사, 민주당 지지자 등)을 모집단으로 선정해 추출하였는가?
6. 조사결과는 인터뷰를 한 사람들 모두의 대답을 근거로 산출된 것인가?
7. 인터뷰에 포함되었어야 했지만 포함되지 않은 사람들은 누구인가?
8. 여론조사는 언제 실시되었는가?
9. 인터뷰는 어떤 방법으로 실시되었는가?
10. 전화참여(dial-in) 여론조사, 우편참여(mail-in) 여론조사 또는 구독자 쿠폰 여론조사 중 어느 방식을 사용하였는가?
11. 여론조사결과에 대한 표집오차는 무엇인가?
12. 여론조사결과에 영향을 줄 수 있는 기타 요인들은 어떤 것이 있는가?
13. 어떤 질문들이 사용되었는가?
14. 어떤 순서로 질문하였는가?
15. 동일한 주제에 대해 실시된 다른 여론조사들은 어떤 것들이 있는가? 결과도 동일하게 나왔는가? 만일 결과가 다르다면 그 이유는 무엇인가?
16. 여론조사에 의하면 선거 승패는 이미 끝난 것으로 나타났다. 기자가 해야 할 일은 무엇인가?
17. 여론조사가 기금을 위한 방편으로 실시된 것은 아닌가?
18. 묻고자 하는 질문들을 모두 물어보았고 대답 또한 그럴 듯해 보였다면 그 여론조사는 정확한 것이라고 생각할 수 있는가?
19. 잠재하는 문제점이 있음에도 불구하고 여론조사결과를 보도해야만 하는가?
20. 이러한 여론조사는 보도할 가치가 있는가?

2. 시장조사

1960년대 미국마케팅협회(AMA; American Marketing Association)에서는 마케팅 조사[9]를 다음과 같이 정의하였다. '마케팅 영역 내의 상품과 서비스에 관련된 문제에 대한 데이터를 체계적으로 모으고, 기록하고, 분석하는 것'. 당시만 해도 마케팅 조사의 핵심은 사실을 정확히 알려주는 자료수집 차원이었다. 그러나 시간이 지날수록 단순히 정확한 자료의 수집이 아닌 과학적 방법을 접목한 새로운 가치에 대한 요구가 생겨나기 시작하였다. 단순한 사실의 기술(description)은 과학이라고 부를 수 없다. 적어도 과학이란 단순한 사실의 기록이 아니라 사실 내에서의 규칙을 찾아내는 것이다. 따라서 1990년대 이후 미국마케팅협회에서는 마케팅 조사를 다음과 같이 재정의하였다. '마케팅의 기회나 문제를 정의하고 확인하는데, 마케팅 액션을 일으키고 연마하고 평가하는데, 그리고 마케팅 수행력을 모니터하는데, 과정으로서 마케팅에 대한 이해를 증진시키는 데 있어 과학적인 방법을 사용하는 것'. 마케팅 조사에 이런 과학적인 방법을 접목시키기 위해서는 문제를 해결하는 과정이 있어야 한다.

문제를 해결하는 과정은 우선 문제를 확인하고 정의하며 해결방안에 대한 전략을 만들고, 그 전략을 평가하는 것이다. 그럼 우선 문제란 무엇인가? 마케팅에서 문제란 이미 일어난 것(현재 상황)을 기초로 앞으로 일어나야 할 것(기대하는 것)이다. 따라서 문제를 확인하기 위해서는 실제로 일어난 것과 앞으로 기대하는 상황을 정확히 이해할 필요가 있다. 그러기 위해서는 어디까지를 문제라고 한정지을지 등에 대한 시공간적 제약 범위를 정의해야 한다. 문제에 대한 명확한 파악이 이루어지면, 문제를 해결하기 위한 전략을 만들어야 한다. 전략을 만들기 위한 조사방법으로 그룹 인터뷰 및 개별 심층면접, 시장 세분화 등이 고려될 수 있으며, 실제 조사가 수행된 이후 그 결과가 전략에 대한 근거가 되기도 한다. 전략을 평가함에 있어서도 역시 근거가 확실하고 객관적이어야 하며 원칙이 있어야 한다. 그러므로 엄격하고 정확한 결과가 필요한 것이다.

그러나 많은 마케팅 조사가 전략으로 이어지지 않고 조사 자체로만 끝나는 경

9) 마케팅 조사가 이루어지는 분야를 크게 상황분석에 대한 조사, 마케팅 전략 수립을 위한 조사, 마케팅 믹스 전략을 위한 조사, 기타 영역과 같이 네 영역으로 구분할 수 있다. 우선 상황분석에 대한 조사는 거시적 환경(제도, 사회문화적 환경), 산업 환경(산업 규모, 산업 내 경쟁 여건), 기업 환경(경쟁사 및 자사 평가), 소비자 환경(소비자 구매결정과정 및 사용 특징)을 포함한다. 마케팅 전략수립을 위한 조사는 시장 세분화를 위한 조사, 목표시장 선정을 위한 조사, 제품 포지셔닝을 위한 조사를 의미한다. 다음으로 마케팅 믹스 전략을 위한 조사는 제품(product) 결정을 위한 조사, 가격(price) 결정을 위한 조사, 유통(place)에 대한 의사결정을 위한 조사, 프로모션(promotion)에 대한 의사결정을 위한 조사를 의미한다. 기타 마케팅 조사로는 소비자 만족도 혹은 충성도 조사, 신제품에 대한 수요예측 조사 등이 있다.

우가 많다. 조사가 전략으로 연결되지 않는 이유로 다음 몇 가지를 들 수 있다. 첫째, 조사자가 마케팅 상황을 이해하지 못하기 때문이다. 마케팅 상황을 이해하기 위해서는 조사설계 단계부터 조사자와 연구자가 같이 시장 자료를 살펴보아야 한다. 둘째, 조사목적에 대하여 조사자와 마케터 둘 다 분명하지 않거나, 둘 중 한 사람만 분명히 알고 있거나, 혹은 조사목적을 서로 다르게 이해하기 때문이다. 조사목적을 분명히 그리고 같게 이해하기 위해서는 조사자와 마케터 간의 긴밀하고 세부적인 협의가 필요하다. 셋째, 조사자가 조사목적을 수행하기 위해서 적합한 조사기법을 제시하지 못하였기 때문이다. 적합한 기법의 선택은 조사자의 지식과 경험에 좌우된다. 넷째, 마케터의 예산에 적절한 조사방법을 수행할 예산과 시간이 없었기 때문이다. 이 경우 조사목적을 축소해야 한다.

위와 같은 통상적인 문제가 해결되었다고 하더라도 조사결과는 여전히 전략화되지 못하는 경우가 있다. 그 주된 이유는 조사자는 주로 사회학, 심리학, 통계학 등을 공부하여 소비자 행위에 관한 통찰력은 갖고 있지만 마케팅을 잘 이해하지 못하고, 그 반대로 마케터는 마케팅에 관해서는 감각을 갖고 있지만 소비자의 행위와 태도에 대한 통찰력이 부족하기 때문이다. 따라서 조사자와 마케터 모두 상대방의 영역에 관한 이해가 필요하다.

CASE 1 잘못된 시장조사는 기업에 치명적으로 부정적인 결과를 초래할 수 있는데, 주부들을 위한 월간지 '마리안느'의 사례가 대표적이다. '마리안느'는 창간에 앞서 독자의 기존 월간지에 대한 태도를 파악하기 위해 시장조사를 실시하였다. 시장조사결과 주부들은 저질의 섹스이야기와 루머가 주종을 이루는 기존의 여성잡지에 식상하여 건전한 정보를 제공하는 잡지가 나오면 대부분이 구매할 의사가 있는 것으로 응답하였다. 이러한 조사결과를 토대로 '마리안느'는 "무섹스, 무스캔들, 무루머"의 三無정책을 표방한 건전여성지를 출간하였으나, 창간 17호 만에 폐간되고 말았다. 소비자들이 사회적으로 민감한 주제에 대해 자신의 말과 다른 행동을 흔히 보인다는 것은 많은 연구결과 밝혀진 사실이다. 따라서 소비자 행동에 대한 충분한 이해 없이 무계획적으로 설계된 설문지를 사용한 시장조사는 기업의 마케팅 의사결정에 큰 오류를 가져올 수 있음을 위의 사례가 명확히 보여 준다.

2장

설문조사법

1. 조사연구

일반적으로 조사자가 당면한 의사결정 문제를 해결하기 위해 직접 자료를 수집하는 경우도 있지만, 기존에 다른 조사자에 의해 다른 조사목적으로 이미 수집된 자료를 이용하여 조사연구를 수행하는 경우도 있다. 전자를 1차 자료(primary data), 후자를 2차 자료(secondary data)라고 하며, 흔히 정부기관, 연구기관, 사내자료, 전문조사기관에 의한 상업서비스자료는 2차 자료에 속한다. 그러나 이러한 2차 자료들은 조사자의 조사목적에 부합되지 않는 경우가 많기 때문에 많은 조사연구들은 1차 자료를 수집하여 조사목적을 달성하고자 한다. 1차 자료를 수집하는 방법에는 직접적인 방법과 간접적인 방법이 있다. 직접적 자료수집법은 관찰에 의해서, 간접적 자료수집법은 의사소통(communication)에 의한 조사연구(survey research)로서 설문지법(questionnaire survey)과 면접법이 있다(O'Sullivan, E., & Rassel, G. R., 1995).

의사소통법이라고 하는 이유는 조사자와 응답자 간에 질문과 응답을 통하여 자료를 수집하는 방법이기 때문이다. 이때 의사소통법은 자료수집과정의 체계화와 조사목적의 공개 여부에 따라 다음과 같은 유형으로 나눌 수 있다. 체계화란 자료수집과정이 얼마나 표준화되어 있는가를 의미하고, 공개여부란 응답자들에게 조사목적을 밝히는지 여부를 의미한다.

표 2-1 의사소통법

구분	체계적 (structured)	비체계적 (unstructured)
공개적 (nondisguised)	설문지를 이용한 서베이 조사	심층면접법 표적집단면접법
비공개적 (disguised)		투사법[10]

2. 조사단계

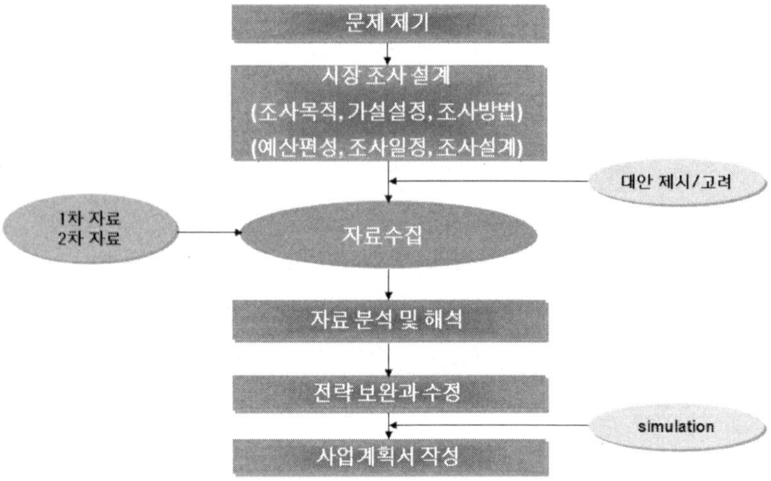

그림 2-1 조사단계

위의 〈그림 2-1〉은 설문조사 단계를 간략히 도식화한 그림이다. 조사를 하고자 하는 문제제기 후, 조사목적 및 연구가설을 명확히 설정하는 조사설계 단계를 거치게 된다. 이때 조사설계 단계에서는 조사방법 및 일정, 예산 등 세부 계획을 설계하는 것 역시 포함한다. 문헌연구 등을 통해 기존의 자료를 이용하거나, 혹은 새로운 자료가 필요하다면 설문지를 직접 작성하여 설문조사를 통해 필요한 자료를 획득한다. 연구자는 이렇게 수집된 자료를 이용하여 연구가설에 따른 적절한

10) 투사법에는 응답자들에게 단어들을 한 번에 하나씩 제시하고 첫 번째로 떠오르는 단어를 적거나 말하도록 요구하는 단어연상법(word association), 그리고 응답자들에게 완성되지 않은 문장을 제시하고 이를 채우도록 요구하는 문장완성법(sentence completion), 그림을 보여 준 후 이를 묘사하는 이야기로 만들도록 하는 그림묘사법(picture response techniques), 조사주제와 관련된 특정 상황에서 등장인물들이 대화를 나누는 만화를 보여 준 후 반응을 요구하는 만화완성법(cartoon tests) 등이 있다.

자료분석 및 해석을 통해 전략을 세울 수 있다.

3. 설문조사

미리 문서로 작성된 질문지를 조사대상자에게 배포하여 응답하게 함으로써 자료를 수집하는 방법을 설문지법(questionnaire survey)이라고 한다. 설문지법은 조사방법에 따라서 면접조사(interview survey), 우편조사(mailed survey), 전화조사(telephone survey), 집단조사(group survey)로 나눌 수 있다. 집단조사는 어떤 조직을 대상으로 연구를 하는 경우 그 조직에 소속된 대상자들에게 집단으로 설문지를 배포하여 개인이 응답하게 하는 방법이다.

3.1 면접조사

면접조사는 연구자와 면접대상자 간의 대화의 과정으로서 면접자(interviewer)에 의해서 진행된다. 이 과정에서 연구자의 의도가 면접자를 통해서 응답자에게 잘 전달되어야 하며, 응답자는 자신의 진실한 내용이 면접자에게 전달되어야만 면접에 의한 자료의 신뢰성과 타당성이 확보될 수 있다. 면접조사는 조사 대상자들이 미리 정해진 질문 문항에 스스로 대답하는 형식으로 자료를 수집하는 질문지법과는 차이가 있다. 면접조사는 기본적으로 사람의 얼굴을 서로 마주 보면서 연구와 관련된 정보와 자료를 얻는 방법이다. 면접조사방법은 전화조사법보다는 비용이 많이 드는 데다가 최근 통신과 컴퓨터의 발달로 인하여 사용이 제한되고 있다. 그리고 응답자의 내면적인 세계나 민감한 주제에 대한 자료를 얻어낼 수 있는 이점이 있지만 상당한 수준의 경험과 기술이 요구된다. 면접조사는 연구 초기 단계에 있어서 연구목적과 관계된 가설을 도출하기 위해서 사용된다.

예를 들면 행정개혁을 실행하는 과정에서 공무원들의 사기가 저하되는 양태를 보이고 있다고 하자. 그러면 공무원들의 사기가 떨어지는 요인을 면담을 통해서 파악할 수 있으며 더 나아가 사기와 관련된 가설을 설정할 수 있을 것이다. 이를 테면 공무원의 사기 저하는 그들의 봉급 수준과 승진 문제와 관련 있다는 가설을 도출할 수 있을 것이다. 또한 면접조사는 관찰이나 질문지법에서 얻은 자료를 확인하기 위해서도 사용되고 있다. 면접조사 시 중요한 것은 응답자들이 조사에 우호적 태도를 갖도록 하는 것이며 이를 위해서는 면접 예절이 중요하다. 먼저 조사자가 불안감을 느끼지 않도록 상냥한 표정으로 자기의 신분과 면접목적 등을 밝혀 연구의 중요성을 인식시키고 면접 내용을 친절하고 구체적으로 설명하여야 하며 면접이 끝나면 정중하게 고맙다고 인사하여야 한다.

면접 과정에서 생기는 오류를 면접오류라고 하는데, 이는 '면접원으로부터 발생하는 오류'와 '면접전형과정에서 발생하는 오류'가 있다. 면접원으로부터 발생하는 오류는 면접원의 외모, 태도 등에서 기인하는 것이며 면접원이 응답자의 의견을 속단하거나 응답을 유도하는 경우 등에서 발생한다. 그리고 면접전형과정에서 발생하는 오류는 질문의 언어구사나 질문의 순서에 따르지 않는 경우, 응답자의 응답을 재확인하는 캐묻기(probing)에서 중립성을 지키지 않는 경우, 면접 진행의 미숙 또는 불성실로 인해 응답자가 귀찮아하거나 아무렇게나 대답하는 경우 등이다. 사회조사에서 성공적인 면접을 위해서는 면접원이 조사 대상자와 친근한 관계를 유지하여야 한다. 이것을 영어 발음 그대로 래포(rapport)라고 하고 우리말로는 '친근한 관계' 라고 번역하기도 한다. 만족스러운 응답을 위해서는 래포를 형성해야 함은 물론이지만 이 관계는 면접의 전체 과정을 통해 유지되어야 한다. 래포의 형성은 표준화된 면접보다는 비표준화된 면접에서 더욱 필요하다.

■ **장점**

① 응답자들이 내용을 이해하지 못할 경우 자세히 설명해 줄 수 있어 양질의 정보를 얻어낼 수 있다.

② 사례품 증정 등의 동기부여를 함으로써 응답률을 높이고 성실한 답변을 얻을 수 있다.

■ **단점**

① 비용이 많이 든다.

② 질문과정에서 면접원이 응답자의 응답에 영향을 미칠 수 있다.

3.2 우편조사

우편조사는 주로 미리 인쇄된 질문의 내용에 대한 답변을 우편을 통해서 자료를 수집하는 방법이다. 이러한 우편조사방법은 우리가 실생활에서 늘 접하는 방법이다. 우리는 편지로 우송되어 오는 여론조사에 대해서 대부분 무관심한 경우가 많고, 또 설사 응답을 하는 경우라도 다른 사람에게 미루거나 대충 응답한 경험이 있을 것이다. 우편에 의한 방법은 응답자의 편의성이나 환경 등을 고려하지 않고 산발적이고 대량적으로 배포한 뒤 몇 건만의 자료를 수집하려는 마음에서 선택되는 경우가 많음을 볼 수 있다. 동일한 내용으로 작성되는 질문 문항이기 때문에 잘못되거나 적절하지 못한 언어의 사용과 문장으로 잘못 응답하는 경우가 발생할 수 있다. 특히 글을 읽을 줄 모르거나 문항의 내용을 파악하기가 어려운 노인층이나 교육을 받지 못한 사람들에게는 응답하기가 매우 어려운 방법이다. 낮은 응답률의 요인과 그 대처방안에 대한 내용은 다음과 같다. 우편조사에서 응답률이 낮은 이유는 질문 중 이해가 가지 않거나 대답이 곤란한 경우, 또한 응답하기가 매우 어렵거나 시간이 많이 소요되는 문항인 경우, 적절하지 못하거나 잘못되었다고 판단되는 문항에 대해서는 응답자가 질의를 회피하게 된다.

■ **장점**

① 조사에 드는 비용과 시간을 절감하여, 응답자 1인당 조사비가 적게 든다.
② 면접 및 전화 접촉이 힘든 표본, 혹은 언어나 의사전달에 문제가 있는 표본에 접근할 수 있다.
③ 우편조사 대상자는 자신이 편리한 상황에서 질문지를 작성할 수 있어 조사문제에 관심 있는 경우 설문지의 양이 길어도 자유롭게 질문 내용을 충실히 완성해 준다.
④ 질문의 내용과 관계없이 질문 대상자의 익명을 보호할 수 있다.
⑤ 면접원의 면접 오류를 방지할 수 있다.
⑥ 질문의 내용이 복잡하거나 또는 정확한 기록 등을 참조하여야 할 필요가 있는 경우에 질문 대상자는 보다 정확하게 대답할 수 있다.

■ **단점**

① 일반적으로 우편조사의 회수율은 20~40%로 낮은 응답률을 보인다.
② 응답자의 환경이 자유롭기 때문에 불성실하거나 불완전한 질문지가 발생할 가능성이 많다.
③ 고등교육 계층이나 사회적으로 적극적인 계층, 경제나 신분에서 안정적인 계층의 대상자로 과잉 대표될 확률이 높다.
④ 대리인이나 타 대상자가 질문지를 대리로 작성하는 것을 막을 수 없다.
⑤ 응답자는 응답을 하기 전에 질문지에 담긴 모든 내용을 살펴볼 기회가 있으므로, 전후 질문의 독립성을 보장하기 어렵다.
⑥ 응답자가 질문 내용을 이해하지 못할 경우 보충설명이 불가능하다.

■ **우편조사 응답률을 높이는 방법**(O'sullivan and Rassel, 1995)

① 질의서의 문항수와 길이를 가능한 짧게 작성한다.
② 질의서의 내용은 주제와 논리적으로 관련성이 있어야 한다.

③ 질의서는 좋은 질의 종이와 충분한 공간이 있게끔 작성하고 그 내용들이 끝까지 응답할 수 있도록 하는 매력이 있어야 한다.
④ 표지문에는 반드시 연구의 목적과 가치 및 연구주관 단체를 밝혀야 한다.
⑤ 반환봉투와 우편을 동봉한다.
⑥ 확인 후속 우편엽서를 보낸다.

3.3 전화조사[11)]

최근에는 대부분의 가정이 전화에 가입되어 있고 또 전화로 의사를 표현하는 것이 일반화되어 있기 때문에 전화에 의한 여론조사방법이 자주 사용되고 있다. 전화조사방법이 선호되고 있는 요인으로는 우선적으로 얼굴을 맞대고 대화를 나누어야 하는 면접법에 비해서 다소 편안하게 대화를 할 수 있을 뿐만 아니라 시간과 비용이 절약되는 이점이 있기 때문이다. 다음으로 자료나 정보를 신속하게 얻을 수 있는 이점이 있다. 그리고 짧은 시간에 광범위한 지역까지 포함시킬 수 있는 이점도 있다. 그러나 모르는 사람에 의해서 기대하지 않았던 전화가 걸려오면 대부분의 사람들은 언짢게 생각하고 전화를 끊어버리기 쉽다. 따라서 설득을 하기 위해서는 먼저 조사목적과 취지를 짧고 설득력 있게 설명하여야 한다. 다음으로 질문에 소요되는 시간, 질문의 순서 등에 대해서 간략하게 설명을 하여야 한다. 그리고 지속적으로 질문에 응하도록 하기 위해서는 질의가 부담을 주어서는 안 되며 부드럽고 가벼운 마음으로 이어질 수 있도록 하여야 한다.

■ **장점**

① 빠른 시간 내에 저렴한 비용으로 조사를 실시할 수 있다.
② 전화번호부를 이용하여 쉽게 표본대상을 찾을 수 있다.

■ **단점**

① 보조물을 활용해야 하거나 질문 내용을 이해시키기 어려운 경우가 많다.
② 면접시간이 길어지면 응답자들로부터 협조를 얻기가 어렵다.
③ 전화번호가 등록되어 있지 않거나 부재중이어서 통화가 불가능한 응답자들이 표본추출에서 제외되는 문제점도 있다.

■ **무작위 전화걸기(Random Digit Dialing)**

전화조사에는 무작위 전화걸기(Random Digit Dialing)방법이 사용되고 있다.

11) 전화조사와 관련된 체계적 편향에 대해서는 허명회(2009)를 참고하기를 바란다.

이 방법은 임의로 전화번호를 선정하는 방법인데 같은 지역과 같은 전화국 내에서 임의의 숫자를 선정하여 응답자를 선정하거나 아니면 전화번호부를 이용하여 무작위로 선정하는 방법이 있다. 무작위에 의한 전화걸기방법의 예는 다음 표와 같다.

표 2-2 무작위 전화걸기의 예

(대전 지역) 전화국	가입 전화수(대)	비율
(042)482	200	20%
(042)450	300	30%
(042)430	500	50%
합 계	1000	100%

총 1,000가구의 가입자 중에서 100가구의 전화번호를 선정한다고 하였을 때 다음 순서에 의해서 응답 전화번호를 선정한다.

① 4개의 임의의 숫자를 선정한다.
② 임의로 뽑은 4자리 숫자의 전화번호 중 20%는 482국, 30%는 450국, 50%는 430국에 할당한다.
③ 결번이나 영업용전화가 선정되는 경우는 임의로 선정된 다른 전화번호로 대체한다.

■ ARS 조사(Automatic Survey)

ARS에 의한 서베이의 유형을 흔히 시청자 또는 청취자 중에서 자발적 참여자를 대상으로 한 여론조사(SLOPS, self-selected listener oriented public opinion survey)라고 하는데 이러한 여론조사들은 신뢰성이 없으므로, 호기심 이외에는 가치가 없다. 이러한 문제점에도 불구하고 언론사에서 계속적으로 SLOPS를 실시하는 이유는 기사의 소재를 얻는 데 도움을 받기 때문이라는 것이다(조신섭, 1999).

■ 모바일 조사(Mobile Survey)

모바일 여론조사는 설문조사에 참여하라는 내용의 단문메시지를 고지하고 사용자가 통화버튼을 누르면 음성으로 녹음된 자동설문시스템에 연결해 설문 문항에 답하는 ARS 방식과 사용자가 무선인터넷에 직접 접속해 미리 입력된 텍스트 기반의 설문에 답하는 무선인터넷 방식의 두 가지로 발전하고 있다. 관련업계에서는 모바일 여론조사가 응답률이 높고 조사시간이 짧은 이점이 있어 향후 5년 내에 유선전화를 이용한 여론조사 등 기존 방식을 대체할 것이란 전망을 내놓고 있다.

3.4 집단조사

응답자가 스스로 질문지에 기록하게 하는 자기기입식의 일종으로 연구대상자를 개별적으로 만나서 조사하는 것이 아니라 응답자를 한자리에 모이게 하여 질문서를 교부하고 기입하게 하는 방식이다. 특정의 목적으로 정규적으로 모여왔던 집단, 예를 들면 공무원 연수원에서 피교육 중인 공무원 등과 같이 일정한 장소에 모일 수 있는 사람들을 조사하는 데 효과적이다.

■ **장점**

① 시간과 비용을 절약할 수 있다.
② 질문지에 대한 오해를 해소할 여지가 많다.
③ 조사조건의 표준화가 가능하다.
④ 응답자의 태도나 진지성의 관찰이 가능하다.

■ **단점**

① 집단상황으로 인해 개인적인 문제나 비정상적인 문제인 경우 중립적 응답 가능성이 높다.
② 응답자가 다른 응답자나 조사 분위기에 영향을 받기 쉽다.
③ 집단조사를 승인해 준 당국에 조사결과가 이용될 수 있다는 인식에서 왜곡된 응답 가능성이 있다.
④ 집단조사의 경우 확률표본보다 비확률 표본추출인 판단표본추출에 의존하는 경우가 많은데 이는 표본의 대표성에 문제가 있다.
⑤ 조사 대상자들을 한 장소에 집합시키는 것이 쉽지 않으므로 특수한 조사에만 가능하다.

■ **심층면접법(Depth Interview)**

① 비체계적-공개적 의사소통방법이다.
② 개별 응답자의 내면의 생각을 파악하기 쉽다.
③ 숙련된 면접원을 확보하기 어렵다.
④ 비용이 많이 든다.
⑤ 소규모 표본의 활용과 면접과정에서의 면접자의 영향은 결과의 신뢰성을 저해시킬 수 있다.
⑥ 수집된 자료의 해석에도 전문적 지식이 요구된다.

■ **표적집단면접법(Focus Group Interview)**

① 집단의 크기는 6~12명이 적당하다.
② 집단 구성은 동질적으로 하는 것이 좋다.
③ 면접장소의 환경은 편안하고 비공식적인 분위기가 바람직하다.
④ 소요시간은 보통 약 1~3시간이 소요된다.
⑤ 녹음기와 비디오카메라를 사용하여 기록한다.
⑥ 면접진행자에 의한 관찰 및 상호대화를 유도함으로써 자료를 수집한다.

3.5 온라인 조사[12)]

온라인 조사방법은 1980년대 초 특정 집단을 대상으로 인트라넷을 이용한 전자우편조사를 통해서 활용 가능성이 입증되었다. 그 후 조사기간 단축과 자료입력 및 처리 과정에서 정확성을 제고할 수 있는 장점으로 꾸준히 발전하였다. 그리고 월드와이드웹(www) 사용이 확대되면서 인터넷 이용자가 급증하여 온라인 조사가 활성화되었다. 온라인 조사는 인터넷 조사, 네트워크 조사라고 부르며, 이는 인트라넷을 포함한 인터넷 망에서 이루어지는 조사를 총괄적으로 말한다. 그리고 조사대상자의 선정방법과 이용 소프트웨어의 수준에 따라 분류할 수 있으며, 응답자들의 참여 형식에 따라서 방문조사(visitor survey)와 메일조사(mail survey)로 분류할 수 있다(이계오, 2000).

방문조사는 조사기관이 설문내용을 온라인상에 게시하고 자발적인 참여자들이 설문에 응답하는 형식이다. 따라서 응답자들 중에서 적극 찬성하는 사람과 적극 반대하는 사람들의 구성비가 높을 수 있으며, 중간 계층 또는 관심이 적은 사람들의 의견 반영이 적을 수 있는 문제가 있다.

메일조사는 조사를 주관하는 기관 및 개인이 설문지를 작성하여 온라인으로 조사대상자들에게 메일로 보내면 응답자들이 자신의 컴퓨터에서 설문에 응답 후 다시 메일로 조사자에게 보내는 것이다.

■ **온라인 조사의 유의사항**

① 모집단의 실체와 그 모집단에서 어느 정도 대표성 있는 표본집단을 구성할 수 있을 것인가를 확인해야 한다. 그러나 현실적으로 온라인 조사에서 대표성 있는 표집을 형성하기는 힘들다. 따라서 현장에서는 대표성 있는 응답패널(panel)을 구성하여 이 문제를 해결하기 위해 노력하기도 한다.

12) 김영원과 배예영(2010)은 가중치를 적용하여 인터넷 선거여론조사의 제약을 해소 방안을 제안하였다.

② 온라인으로 접속하는 데 따른 비용을 조사대상자가 부담하는 등, 메일조사의 경우 회수율을 높일 수 있는 방안을 고려해야 한다. 보통 경품 등의 대가가 지불되기도 한다.
③ 온라인 조사에서는 폐쇄형 질문보다 서술형인 개방형 질문이 더 효율적일 수 있다. 방문조사의 경우 복잡한 유형의 질문이나 선택형 질문은 응답자가 읽고 이해하는 과정에서 시간이 소요되는 것을 의식하기 때문에 질문 내용의 중요한 사항을 이해하고 간략한 문장으로 대답할 수 있는 서술형 질문이 효과적일 수 있다.
④ 대부분의 경우 응답자의 식별이 어렵고 중복응답의 가능성이 있다.

4. 조사방법의 선정

지금까지 우리는 간접적인 자료수집방법으로 면접과 설문지법인 우편조사와 전화조사에 대해서 알아보았다. 다음으로 생각해야 할 일은 이들 방법 중 어느 것을 어떠한 기준에서 선정할 것인가를 결정하는 일이다. 조사방법의 선정은 모집단의 양태(type of population), 질문 형태 및 질문 내용, 응답률, 비용과 소요시간에 의해서 결정된다.

4.1 모집단의 양태

일반적으로 집 주소와 전화번호가 잘 알려져 있는 경우는 전화에 의한 조사와 우편조사방법이 채택되기가 쉽다. 문제는 어떤 구체적인 개인이 아닌 가계나 조직 앞으로 우편조사를 하게 되면 어떤 사람이 질의에 응답하고 있는지를 알기가 매우 어렵다. 이 경우에는 전화나 면담의 형태로 보완하는 것이 바람직하다. 우편조사의 형태는 교육 수준이 낮아 글을 읽지 못하거나 응답에 별 관심이 없는 경우 회신을 할 비율이 매우 낮기 때문에 이 경우에는 면담이나 전화의 방식을 취하는 것이 바람직하다. 한편 주어진 주제에 관심이 높거나 교육 수준이 높은 응답자의 경우에는 우편조사방식을 채택하는 것은 바람직하다고 볼 수 있다.

4.2 질문 형태와 내용

우편조사형 조사는 일반적으로 폐쇄형 질의 형태를 취한다. 그 이유로는 응답자의 주관적인 응답에 의존하게 되면 자료분석의 어려움이 발생하고 그 자료를 객관화시키기가 매우 어렵다. 또한 단순하고 객관적인 질의 형태를 취하게 되면 회수율이 높아질 수 있기 때문이다. 전화조사에 있어서는 미리 준비된 폐쇄형 질의를 취하게 되나 다음과 같은 접근방법이 요구된다.

먼저 응답범주를 2개 내지 3개 정도로 줄이는 것이 시간과 응답자의 반응을 높이는 데 효과적이다. 다음으로 주어진 문장을 천천히 그리고 반복적으로 읽어주면 타당한 응답을 유도할 수 있다(Schuman, H. and Presser, S., 1981). 또한 복잡한 내용의 질의는 2~3개로 세분해서 질의하는 것이 보다 효과적인 방법이 될 것이다.

최근까지 조사형 연구에 있어서는 면담이나 전화 및 우편조사형태의 조사방법이 뚜렷한 구별 없이 사용되어 왔다. 특히 가족계획과 같은 매우 민감한 문제에 있어서는 어떤 방법이 더 유효한가에 대해서 여러 연구자들 간에 논쟁이 있었다. 어떤 논자들은 민감한 사항에 대해서는 우편조사형태가 타당하다고 하였고 또 어떤 연구자는 상대방이 누구이며 어디에 살고 있는지를 알 필요성 없이 응답할 수 있기 때문에 전화조사가 타당하다고 하였다. 그러나 면담방식도 보다 내면의 가능성 있는 정보를 파악하는 데 매우 유익한 방법이라고 주장하고 있다. 따라서 민감한 문제에 대한 조사에 있어서는 먼저 개인면담을 취한 후 우편조사와 전화조사방법으로 보완하는 것이 일반적인 접근방법이라고 볼 수 있다.

4.3 응답률

가장 응답률이 높은 것은 집단조사방법이다. 학생이나 사원을 대상으로 하는 집단 질의형 조사는 거의 100%의 응답률이 확보된다. 그러나 우편조사는 후속조치가 없는 경우 30%의 응답률에 그치고 있으나 적절한 후속조치를 취하는 경우 다른 방법의 응답률을 유지할 수는 있을 것이다(Dillman, D. A., Christensen, E. and Brooks, R., 1974).

우편조사는 충분한 응답률이 중요한 문제가 되고 있다. 전화질의에 있어서 면담과 같이 미리 연구의 목적과 내용에 대한 설명을 서신으로 보낸 후 전화를 걸어 협조를 요청하게 되면 응답률을 높일 수 있을 것이다. 그러나 무작위로 전화질의를 하는 경우는 미리 연구목적이나 내용을 설명할 수 없기 때문에 면담보다 응답률이 낮게 나타날 수 있다.

4.4 비용과 시간

일반적으로 우편조사나 전화조사보다 면담이 더 많은 비용이 요구되고 있다. 우편조사는 우편 비용과 질의서의 인쇄비 등 비교적 적은 비용이 요구되지만 전화조사방법이 병행되면 더 많은 비용이 요구된다. 그러나 전화조사는 직접 조사대상을 찾아가서 응답을 이끌어 내는 면담보다는 비용이 적게 든다. 한편 면담의 경우는 필요한 질문 요원의 확보와 그에 따른 비용이 선택의 중요한 요소가 된다. 또한 자료수집에 소요되는 시간을 보면, 우편조사는 대체로 몇 달이 소요되지만 전화조사는 며칠만 소요되면 조사가 끝날 수 있다. 한편 면담에 있어서 소요되는 시간은 표본의 크기와 전문 요원의 이용도에 따라서 결정된다.

표 2-3 자료수집방법 선정 기준

범주		면담	우편조사	전화조사
표 본	교육수준이 높음		○	
	교육수준이 낮음	○		○
질문형태	개방형	○		
	폐쇄형		○	○
응답률		높음	낮음	높음
비용		높음	낮음	중간
소요시간		많다	많다	적다

3장

설문지 작성법

조사에 설문을 이용하는 이유는 표준화된 설문지를 이용함으로써 결과를 비교해 볼 수 있으며, 빠른 시간에 핵심적인 정보만을 선별하여 입수할 수 있기 때문이다. 그리고 비교적 객관적이고, 솔직하고 정확한 정보를 얻기 편리하기 때문이다. 이러한 설문지의 가장 기초는 질문이다. 설문지에 작성되는 질문은 반드시 연구목적을 구체적인 질문 문항으로 전환시켜야 한다. 따라서 질무 문항에 대한 대답은 가설검증을 위한 자료로 사용될 것이다. 좋은 질문 문항은 응답과 측정하려는 목적과의 관련을 극대화시키는 것이다. 설문지를 작성할 때에는 설문의 적절한 배치, 전화조사나 우편조사 및 면접조사 등 조사방법에 따른 설문지 작성 양식에 관한 내용 등을 고려하여야 한다. 조사연구과정의 초기단계에서는 조사목적을 적절하게 표현할 수 있는 주제를 찾는 것이 중요하다. 사회과학의 조사연구에서의 조사연구는 복잡한 상호연계성의 특성을 지니게 되는데, 그 특성을 설명하려면 다음의 사항을 염두에 두어야 한다.

첫째, 연구책임자는 조사연구의 계획과 시행을 함께 할 팀을 구성해야 하는데, 팀은 연구에 관련된 환경에 대한 실질적인 지식과 전문성을 갖추어야 한다.

둘째, 연구자들은 팀의 구성원으로서 포함 여부와 관계없이 질문 작성의 사전단계로서 연구조사에 관심 있는 단체나 주요한 개인에게서 주요 항목에 대한 예비적인 정보를 수집해야 한다.

수집한 정보는 핵심사항에 대해서 요약 정리가 필요하며, 사항들의 목록은 토론 집단의 구성원들에게 배포하여 명확한 설명, 확인 절차 및 추가 설명 등의 과정을 거친 후에 연구자들이 설문지 초안이나 조사방법을 연구해야 한다. 연구자는 설문지 초안에 대해서 만족하게 되면 다음 단계로는 사전조사를 실시해야 한다. 사전조사는 설문지 초안에 대한 소규모의 통계조사로서 다음의 주요 사항을 평가해야 한다.

첫째, 설문지의 명확성이다. 응답자들이 설문을 명확히 이해할 수 있는가에 대한 것이다. 사전조사를 통해서 본 조사에서 응답자들에게 혼란을 주어서는 안 된다.

둘째, 설문지의 포괄성이다. 질문과 응답의 선택 항목들이 가능한 모든 대안들을 포함할 정도로 충분히 포괄적인가에 대한 것으로 사전조사를 통해서 연구자는 어떤 질문이 부적절하고 완벽하지 못하거나, 질문 속에 쓸데없는 내용이 있음을 알 수 있게 되며, 서술된 질문에서 연구에 필요한 주요 정보를 모두 얻을 수 있을지를 알게 된다.

셋째, 설문지의 수용 가능성을 평가해야 한다. 설문지의 문장이 너무 길거나 응답자의 개인적 비밀에 침해된다고 생각되는 설문이 들어있는 경우뿐만 아니라 연구자가 언급해야 할 윤리적 도덕적인 기준을 빠뜨린 경우의 발생 가능성 여부도 고려해야 한다.

1. 설문지 설계를 위한 준비

■ 설문지의 효율적 설계방법

설문지는 일정하게 주어진 시간과 노력을 들여 최대의 효율을 가진 정보를 이끌어 낼 수 있도록 설계되어야 한다. 즉 원하는 결과를 얻기 위해서는 충분한 질문의 수로 작성되어야 하며, 반대로 높은 응답률을 얻기 위해서는 최소한의 질문 수로 작성되어야 하는 이율배반적인 상황을 피할 수 없다. 그러므로 최소한의 질문의 수로 최대한의 효율적인 정보를 이끌어 내는 최적의 설문지를 작성하는 것이 가장 바람직한 상황일 것이다. 그러나 이는 말처럼 쉬운 일이 아니다. 정보는 명확하고 완전하며 가능한 한 편견이 없어야 한다.

설문지를 보다 효율적으로 설계하는 방법은 다음의 8가지 결정 영역에 따라 시행하는 것이다. 즉 설문의 목적, 설문의 내용, 설문의 어투, 반응(응답) 형식, 설문지의 논리전개(질문의 인과), 설문지의 길이, 설문지의 구성이다. 또한 설문지 작성을 위한 사전준비단계로서 개념의 조작화 과정을 통해 조사문제를 구체화하고, 자료수집방법 및 측정부분에서 결정된 내용을 검토하는 일 역시 중요하다. 각 결정 영역에 따른 세부 내용을 설명하기에 앞서, 설문지를 효율적으로 설계하기 위한 한 페이지 기획서를 작성해 보면 앞으로의 조사를 진행하는 데에 도움이 된다.

■ One Page Proposal(Riley, 2002)

준비과정	로드맵
▪ 충분한 시간을 갖고 냉정하고 침착하게 자료 수집 ▪ 프로포절 작성시 보고받는 사람에 대한 정보 수집 ▪ 사실확인 과정 및 기획서에 대한 질문 대비	▪ 프로포절에 필요한 8가지 구성요소 ▪ 제목, 부제, 목표, 2차 목표, 논리적 근거, 재정, 현재 상태, 실행, (날짜와 서명) ▪ 제목과 부제 : 기획서 전체를 규명하고 한계를 명확히 함 ▪ 목표와 2차목표 : 기획서의 궁극적인 목적 규정 ▪ 논리적 근거 : 제안된 실행이 필요한 기본적 이유 설명 ▪ 재정 : 거래와 관련된 금전적인 부분 명시 ▪ 현재상태 : 일의 현재 상황 ▪ 실행 : 기획서를 작성한 사람이 읽는 사람에게 원하는 행동을 직접적으로 명시

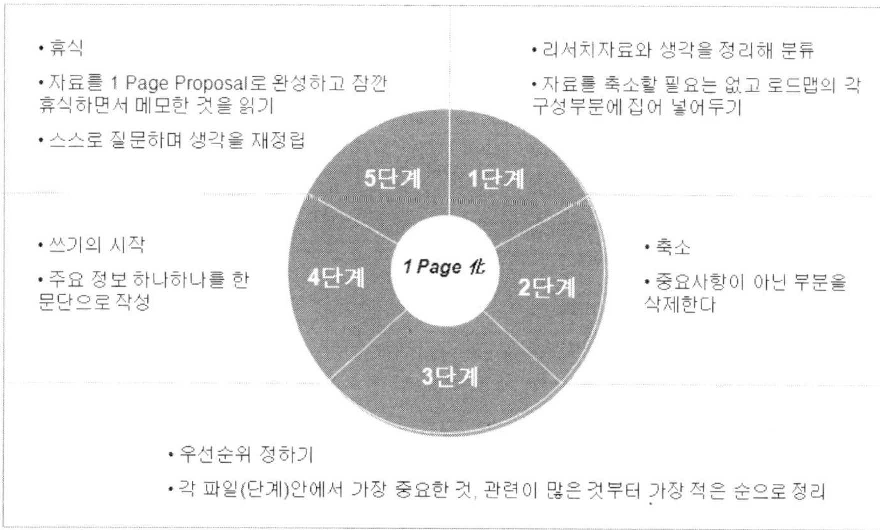

One page proposal 내에 포함되어야 하는 내용은 다음과 같다. 제목은 많은 분량의 사업 계획을 강렬한 효과와 명확성, 의도 등을 잃지 않은 채 한 쪽에 집약하는 것이 1 page proposal이기 때문에 제목 역시 기획서의 내용을 한 줄로 집약하여야 한다. 부제는 제목 바로 아래 그보다 작은 크기로 쓴다. 이것은 제목을 보다 세부적으로 설명하는 간결문으로 2차적 정보와 설명을 덧붙여 흥미를 불러일으키는 역할을 한다. 목표란 목적을 나타내는 이 기획서의 의도라고 해도 좋을 것이다. 명백한 언어로 이 기획서가 성취하려는 바를 선언하고 있기 때문이다. 논리적 근거는 일종의 설득으로, 한두 개 혹은 세 개의 짧은 문단으로 구성된 논리적 근거는 이 프로젝트가 할 수 있고, 할 것이며, 앞으로 나아가야만 하는 모든 이유를 논리적으로 설명하도록 한다. 재정 부분은 어려운 숫자들과 관계가 있다. 비용

Writing	교정 / 축소 / 압축
▪ 제목 : 스토리의 헤드라인(글의 성격을 알려주는 헤드라인으로 주제를 간단하게 나타냄) ▪ 부제 : 제목을 보강하라(주제 명확히 하고 호기심 유발) ▪ 목표 : 원하는 바를 진술하라(기획서의 의도) ▪ 2차 목표 : 목적을 상세히 밝힌다(부제처럼 목표 보완) ▪ 논리적 근거 : 누가, 무엇을, 어디서, 왜, 어떻게(기획자의 주장이며 '설득') ▪ 재정 : 숫자로 말하기(책임감과 성실한 모습을 보여줄 수 있는 기회) ▪ 현재 상태 : 사업이 위치한 현 상태(솔직) ▪ 실행 : 아무것도 부탁하는 것이 없다면 기획서가 아니다(어떻게 해야 독자가 도울 수 있는지 명확히 말해야 함) ▪ 날짜를 쓰고 서명하라	▪ 길이 - 흥미롭지만 불필요한 사실들을 잘라낸다 ▪ 과다한 정보는 잘라 내라, 뻔한 사항은 잘라 내라 ▪ 문체 - 같은 단어의 반복을 피하라, 동의어 반복은 피하라 ▪ 형용사, 부사 및 꾸며주는 말들을 없애라 ▪ 지나치게 세부적인 것들은 제거하라 ▪ 단어 선택 - 3인칭을 사용하라 ▪ 긍정적인 단어로 긍정적인 자세를 보이라(하지만 지나친 선전은 금물) ▪ 맞춤법과 철자법을 지켜라 ▪ 보편적인 내용으로 만들라

1 Page Proposal[13]	2조
제목: must have item, 스마트폰 의식조사	
부제: 서울 시내에 거주 중인 20~30대의 스마트폰에 대한 의식조사와 이용 형태	
목표: 스마트폰의 문제점 파악과 소비자 니즈 분석	
2차 목표: 스마트폰 사용자와 비사용자의 인식도를 비교하고, 스마트폰의 단점으로 지적되는 제한적인 무선인터넷 지역, 비싼 요금제, 바이러스와 해킹, 사생활 침해 등의 해결책을 찾아본다.	
논리적 근거 누 가: 2조 조원 전원 무엇을: 스마트폰 설문조사 어디서: 서울의 각 지역(강남/강북/강동/강서 지역) 왜: 스마트폰을 실생활에서 얼마나 활용하는지, 어떻게 사용하고 있는지에 대해서 알아보고, 스마트폰 사용상의 문제점이 있다면 그것이 무엇인지 파악하여 개선하기 위하여 어떻게: 표본추출: 할당추출법–서울(강북+강서+강동+강남) 신뢰도 = 95%, 오차의 한계 = ±0.05로 인구수를 할당 시 식($n=1.96^2/4d^2=1.96^2/4\times0.05^2=348.16$)에 의해 약 384.16명이므로 조사대상을 400명으로 결정 조사방법: 설문지 조사법(400장–비사용자, 사용자 각 200장)	
재정: 인건비 – 교통비(1인당 1회에 약 2,000원), 식사비(1인당 1회에 약 5,000원) 설문조사비 – 복사비(1장에 150원 * 200장 = 약 30,000원) 기타 비용 – 예비비(약 20,000원) **총비용 – 2회 조사 시(약 106,000원)	
현재 상태: 9/21 네이트온 1차 회의, 9/26 네이트온 2차 회의를 통하여 설문조사 주제와 표본 등을 정하였으며 그에 따라 1 page proposal을 작성한 상태 ▶지역분배 – 강남: 이OO, 강북: 김OO, 강동: 김OO, 강서: 성OO ▶역할분담 – 설문지 제작 및 인쇄, 코딩 작업: 전원, 자료수집 및 내용분석: 이OO, 김OO 보고서 작성 및 프레젠테이션: 김OO, 성OO	
2010년 9월 OO일 작성자: 김OO (인)	

13) 5장 설문지 사례 중 5.1 '서울 지역 20, 30대 스마트폰 인식조사'의 설문조사를 위한 1 Page Proposal이다.

과 수입은 물론, 제안한 사업을 현실로 만드는 데 필요한 다른 종류의 재정지원도 다룬다. 현재상태는 현재 상황은 어떠한가? 지금까지 어떤 상황이었는가? 거래의 어떤 요소들이 이미 자리를 잡았는가? 누구와 손을 잡았는가? 이미 계약된 거래가 있는가와 같은 질문에 답하는 단계이다. 기획서가 작성된 날까지의 현재 상황을 정확하게 읽는 사람 앞에 그려 주어야 한다. 실행은 기본적으로 읽는 사람의 마음속에 떠오르는 질문인 그렇다면 내가 어떻게 하면 되는가에 대한 대답이다. 기획서를 작성하는 사람이 원하는 것이 무엇이든, 추천, 투자, 대출, 직접적인 행위 등 상세히 밝혀야 한다.

2. 표지문

표 지 문

- 표본추출 기준 명시
- 응답자의 비밀보장 인식
- 전화조사의 경우, 예상시간과 설문개수 미리 언급

(예시) 행정발전과 공무원 복지증진을 위한 설문조사 표지문

〈인사〉	안녕하십니까?
〈주도자 또는 기관〉	한국행정연구원은 행정체제의 발전 및 행정제도의 개선등에 관한 사항을 전문적, 세계적으로 연구함으로써 국가행정발전에 이바지함을 목적으로 설립된 정부출연 연구기관입니다.
〈연구목적〉	현재 우리 연구원에서는 행정발전과 공무원의 복지를 증진시키는 방안에 관한 공무원의 생각과 견해를 알아보고, 향후 행정개혁의 방향을 모색하고자 전체 공무원을 대상으로 한 설문조사를 실시하고 있습니다.
〈중요성〉	조사의 결과는 행정발전과 공무원 복지증진을 위한 기초자료로 활용될 것입니다. 다소 시간이 걸리더라도 성의껏 답변해 주시기 바랍니다. 귀댁의 번영과 행복을 기원합니다.
	○○년 한국행정연구원 ○○○

일반적으로 표지문에는 다음의 내용이 포함된다.

첫째, 연구를 주도하는 조직이나 사람을 명시해야 한다.
둘째, 연구의 목적을 표시해야 한다.
셋째, 연구의 중요성을 설명해야 한다.

표지문에는 설문지의 이면에 숨겨진 동기나 내용이 없다는 것을 응답자들이 믿을 수 있도록 하기 위해 표본추출의 기준이 무엇인지 명확하게 밝혀야 한다. 또한 응답자들에 대한 비밀이 엄격하게 보장된다는 사실도 인식시켜야 한다. 표지문의 내용은 조사방법에 따라서 달라지기도 한다. 전화조사의 경우에는 예상설문응답 시간이나 설문개수를 알려주는 것이 좋다. 이러한 내용이 표현된 표지문의 예로

한국행정연구원에서 실시한 행정발전과 공무원 복지증진을 위한 설문조사를 들 수 있다.

3. 본문

3.1 조사항목 및 질문 문항 작성

질문 문항을 작성할 때에는 우선적으로 다음과 같은 사항을 명심하여야 한다.

① 연구목적과 관련하여 측정하려는 변수가 무엇인지를 결정하여야 한다.
② 결정된 변수를 정확하고 충분하게 측정할 수 있는 문장을 작성한다.
③ 작성된 문장은 논리적인 순서에 의해서 배열한다.
④ 작성된 문장을 사전 검사한다.

우선 문항의 작성을 조사목적과 기준에 맞는 세부 사실에 관한 것이어야 한다. 이러한 조사항목의 선정기준에 대한 기준은 다음과 같이 요약된다(김해동, 1993).

① 조사에 직접 관련된 질문이나 조사방법상의 분석에 이용할 항목만을 선정한다.
② 다른 곳에서 정확한 자료를 수집할 수 있는 것은 제외시킨다.
③ 자료처리나 통계표를 염두에 두고 항목을 선정한다.
④ 조사항목의 수는 조사목적에 맞는 최소한의 수가 바람직하다.

설문 문항의 작성을 위해 본 저자의 강의 사례 중 스마트폰 이용에 관한 현황 및 인식 조사 관련 설문지의 문항 작성 사례를 제시한다. 본 문항 작성 사례와 관련한 설문지는 5절에 제시되어 있다. 스마트폰 인식에 관한 기초자료를 수집하기 위해 우선 연구의 목적을 명확히 규명한 후 그 목적과 관련된 변수의 측정을 위한 문항을 작성하는 과정을 설명하고 있다.

먼저 스마트폰 인식조사의 목적을 설명하면 다음과 같다. 스마트폰의 발전을 도모함에 있어 바람직한 방향은 현재 이용자 및 미 이용자의 현황 및 인식을 면밀히 검토·분석한 후 이를 바탕으로 특색 있고 실현 가능한 개선 방안을 제시하는 것이다. 따라서 스마트폰의 발전 방안 제시는 현황 및 의식에 관한 과학적인 자료에 기초하여야 한다. 따라서 이에 사용될 기초자료를 수집하기 위하여 대학생들이 이용하는 휴대전화에 대한 현황 및 평소 스마트폰에 대해서 갖고 있는 의견에 대한 설문조사가 매우 중요하다. 본 연구목적을 실현하기 위해서는 다음과 같은 정보가 필요하다. 특히 각 영역별 내용에 대한 구체적인 문항을 작성하는 데 있어 스마트폰 이용자와 미 이용자의 특성을 살리기 위해 별도의 문항을 작성할 필요성이 있다.

① 스마트폰 사용 여부를 확인하여 스마트폰 이용에 대한 실태를 조사한다.
② 스마트폰 이용자에 대한 현황 분석에 필요한 정보로 스마트폰 사용실태와 만족도, 활용 능력 정도(주요 이용 기능 및 어플리케이션) 등을 파악한다.
③ 스마트폰 개선 방향에 대한 정보로 불편 사항, 추천 및 재구매 의사 등을 조사한다.
④ 스마트폰 미 이용자의 인식조사를 위해 비구매 이유 및 구매 의사, 휴대전화 구매 시 선호 브랜드 및 기대 사항 등을 파악한다.

위에서 나열한 정보를 획득하기 위해서는 각 영역에 따른 구체적인 질문 내용이 형성되어야 한다. 각 영역별 필요한 정보에 대한 구체적인 질문의 내용은 아래 표[14]와 같다.

표 3-1 영역별 필요한 정보에 대한 구체적인 질문 내용 예

조사 영역	질문 내용
스마트폰 사용 여부	사용 여부 확인
스마트폰 사용 실태	이용 중인 브랜드, 구입 시기, 구입 계기, 가입 방식, 각각의 요소들에 대한 만족도, 많이 이용하는 기능, 많이 사용하는 어플리케이션 종류, 스마트폰 활용 능력 정도, 가격 대비 품질 만족도, 사용 전 기대와 비교하여 품질 만족도, 불편 사항, 추천 의향, 재구입 의사
스마트폰 미사용자의 실태	현재 휴대전화 사용 기간, 광고 시청 후 스마트폰 사용 희망 여부, 스마트폰 구입 의향, 구입 이유, 희망 브랜드, 브랜드 선택 이유, 기대하는 기능, 구입 희망 시기, 구입하지 않으려는 이유
스마트폰에 대한 인식조사	스마트폰에 대한 인식, 활성화 방안
인적 사항	성별, 학년, 용돈, 주소, 통신사, 휴대전화 요금, 구입 시 고려사항

3.2 질문의 내용

조사형 질문은 그 내용으로 사실성의 질문과 견해 및 태도에 관한 질문, 정보

14) 표 3-1은 5장 설문지 사례 중 5.1 '서울지역 20, 30대 스마트폰 인식조사'의 설문조사를 위한 영역별 내용이다.

및 형태에 관한 질문으로 나눌 수 있다(Nachmias와 Nachmias, 1981; Backstrom과 Hursh-Cesar, 1981).

질문의 내용을 결정하는 기준은 다음과 같이 제시할 수 있다.

① 가능한 필요한 내용만 선별하여 설문 문항을 줄인다.
② 사전에 응답자의 입장에서 정보의소지 여부나 기억 가능 여부를 평가한다.
③ 응답에 필요한 시간과 노력, 개인적 사생활, 응답자의 표현 능력을 고려해야 한다.
④ 추상적인 개념을 측정하고자 하는 경우 복수의 문항을 이용하는 것이 바람직하다.

질문내용결정기준

- 필요 내용만 선별하여 설문문항을 최소화
- 사전에 응답자의 입장에서 정보 소지 여부나 기억가능 여부 평가
- 응답에 필요한 시간과 노력, 개인적 사생활, 응답자의 표현능력을 고려
- 추상적 개념을 측정하는 경우 복수 문항 이용

▪ **사실성 질문 : 응답자의 객관적 정보**

Q. 귀하의 주거형태는 무엇입니까?
① 자가 ② 전세 ③ 자취 ④ 하숙 ⑤ 기숙사

Q. 당신은 하루에 음료수를 얼마나 마십니까?
Q. 당신의 월 소득은 얼마입니까?

▪ **태도와 견해 : 어떤 주제에 대한 편견, 생각 등**

Q. 북한의 핵무기가 폐기되어야 하는가?

▪ **정보에 대한 질문 : 응답자의 정보 습득정도 파악**

▪ **행태에 관한 질문 : 응답자의 행위 여부, 정도 등**

3.2.1 사실성 질문(Factual Questions)

사실성의 질문은 응답자들의 교육, 재산 등에 대한 배경과 환경, 습관과 같은 것에 대한 객관적인 정보를 끌어내기 위해서 고안된 질의서이다. 일반적으로 사실성 설문지의 가장 보편적인 것은 응답자들에 의해서 분류될 수 있는 배경에 관한 질문이다. 일반적인 내용으로 성별(남, 여), 나이, 결혼 여부, 교육, 소득 등에 관한 것이 대표적이다. 이러한 분류에 의한 객관적인 정보는 그들의 행태나 태도에 관한 차이점을 설명하는 데 도움을 주는 정보가 될 수 있다. 여기에 해당되는 질문을 스마트폰 의식조사연구에서 그 예를 들어 보면 다음과 같다. 우선 대학생들이 사용하는 스마트폰 현황에 관한 사실성 질문은 다음과 같다.

> Q. 사용하시는 스마트폰의 브랜드는 무엇입니까?
> ① 삼성 ② 애플 ③ LG ④ 스카이 ⑤ 모토로라 ⑥ HTC ⑦ 노키아 ⑧ 기타( )
>
> Q. 스마트폰을 교체할 당시 가입 방식은 무엇입니까?
> ① 신규가입 ② 번호이동 ③ 기기변경

사실성 질문은 다른 형태의 설문지보다 더 쉬운 것이 사실이나 개념에 대한 분명한 정의가 없는 경우에는 혼돈을 불러일으킬 수 있다. 즉 연구자와 응답자 간의 서로 다른 개념적 차이에서 혼란이 초래될 수 있다는 것이다. 하나의 예를 들어 보자.

> Q. 당신은 하루에 음료수를 얼마나 마십니까?

위 질문에서 응답자들은 음료수에 대한 개념정의가 불분명하다는 것을 알 수 있다. 즉 즉석커피가 음료수에 포함될 수 있는 것인지에 대한 의문이 생긴다. 생수도 음료수에 포함되는지 매우 애매할 수 있다는 것이다.

> Q. 당신의 월 소득은 얼마입니까?

위 질문에서 소득이 정기적인 것을 의미하는지 아니면 수시로 생기는 소득을 모두 포함하는지에 대한 것이 분명하지가 않다. 질문에 포함되는 개념에 대한 의미를 다르게 파악함으로써 연구자의 의도와 응답자의 대답이 서로 다른 결과를 초래하게 된다.

3.2.2 태도와 견해에 관한 질문

태도(attitude)는 어떤 구체적인 주제에 대해서 갖는 편견, 생각, 확신, 경향 등의 총체적인 의미를 뜻하며, 견해(opinion)는 이러한 태도를 말로써 표현한 것이다(Thurstone, 1928). 따라서 견해는 곧 태도를 상징적 표현으로 나타내는 것이라고 볼 수 있다. "대한민국은 공산주의와 대결해서 싸워야 한다"는 것은 공산주의에 대한 견해를 뜻하는 것이다. 그러나 공산주의에 대한 태도는 보다 더 일반국민이 생각하고 느끼는 것을 내포한다. 그런데 일반적으로 태도는 어떤 자극에 직면하게 될 때 어떤 확실한 행동을 하거나 반응을 하게 된다. 우리는 사람들이 가지고 있는 태도를 측정하는 데 관심이 있다. 왜냐하면 그러한 측정이 그들의 일반적인 성향을 나타내기 때문이다. 그러면 견해를 묻는 것과 태도를 측정하는 것의 차이점은 무엇인가? 견해는 일반적으로 어떤 하나의 진술에 대해서 조사 모집단의 얼마가 동의하느냐를 평가함으로써 측정된다. 태도는 일반적으로 5~12개 또는 그 이상의 범주로 나누어지는 진술에 의해서 측정된다. 어떤 주제에 대한 태도는 종합적인 것이기 때문에 어떤 응답자는 일부분에 대해서 동의는 하지만 다른 부분에 대해서는 동의를 하지 않을 수 있다. 따라서 태도는 하나의 질문만으로는 측정하기가 매우 어려운 것이다.

다음의 질문을 생각해 보자.

> Q. 북한과의 무역이 촉진되어야 하는가?

어떤 응답자는 강한 부정적 입장을 나타낼 것이다. 그러나 이 질문에 대한 부정적 응답이 곧 반공산주의적 태도를 의미한다고는 볼 수는 없다. 왜냐하면 북한과의 무역 촉진이 응답자와 관련된 회사의 성장에 오히려 해를 끼칠 수 있기 때문이다. 이를테면 값싼 북한산 농산물이 수입된다면 국내 농산물을 취급하는 기업은 많은 매출 손실을 입을 수 있는 것이다. 따라서 견해와 태도에 관한 질문은 사실성 질문보다 강조점, 단어 등에 아주 민감한 반응을 얻을 수 있다. 그리고 태도는 다양한 면을 내포하고 있음을 알아야 할 것이다.

3.2.3 정보에 관한 질문(Information Questions)

이것은 지식에 관한 질문으로 응답자가 어떤 주제에 대해서 어느 정도 정확하게 알고 있느냐를 파악하기 위한 질문이다. 이러한 질문은 대체로 그것을 알고 있는 응답자만 응답을 할 수 있게 여과 질문의 형태를 취하게 된다. 지식과 정보에 관한 질문은 특정 프로그램이나 서비스의 실시에 관한 주민들의 인식이나 그 내용에 대한 평가를 실시할 때 이용되는 질문이다.

3.2.4 행태에 관한 질문(Behavior Questions)

일종의 사실성에 관한 질문의 형태로서 응답자들이 행한 행위에 관한 질문이다. 사람이나 특정 조직과의 관계에서 구체적으로 어떤 행동을 취하였는가에 대한 질문이다. 우리는 일반적으로 어떤 행태에 대해서 다음과 같은 의미에서 분석을 하게 된다. 즉 어떤 행위의 실현 유무, 행위 빈도의 정규성, 성취 정도, 중요성 정도의 관점에서 어떤 행위를 분석하게 된다.

3.3 질문의 배열

질문의 문항 선정이 결정되면 질문 순서에 대한 결정을 하여야 한다. 질문들의 배열 순서는 조사연구 전반에 많은 영향을 미친다. 배열이 엉성한 설문지는 응답자들에게 혼란을 줄 수 있으며, 잘못된 응답을 유도하여 조사연구의 질을 크게 저하시킬 위험이 있다.

질문의 선정은 임의대로 나열하는 것이 아니라 논리적인 순서에 따라 배열하여야 한다. 맨 처음에 시작하는 질문은 응답자가 끝까지 질문에 응답할 것인가를 결정하는 중요한 사항이다. 처음 질문부터 시간이 많이 소모된다든가 불쾌한 느낌을 주든지 복잡한 질문이 된다면 응답자는 질문에 답하는 것을 중단하고 말 것이다. 질문은 응답자로 하여금 끝까지 응답하게 할 수 있는 동기부여를 야기시킬 수 있어야 한다. 따라서 질문의 배열은 다음과 같은 일반적인 원칙에 의해서 배열되어야 할 것이다.

우선 질문은 자연스러운 흐름에 따라서 배열하여야 한다. 일반적으로 판단할 때 어색하지 않은 사유과정에서 기대되는 대로 질문을 배열시키는 일이다. 예를 들어 시간적인 면에서는 과거, 현재, 미래의 순으로 질문을 배열하는 것이 자연스럽다. 두 번째로 생각할 것은 처음부터 가치나 성향 등의 무거운 질문보다는 개관적이고 경험적이면서 흥미를 끌 수 있는 것부터 시작하는 것이 응답자로 하여금 관심을 끌 수 있는 방법이다. 세 번째로는 논리적 순서에 따라서 질문을 배열하는 일이다. 비논리적인 순서에 따라 질문을 배열하게 되면 응답자로 하여금 저항감이나 의혹 등을 자극시킬 수 있다. 응답자로 하여금 자연스러운 논리대로 질문이 이어가고 있음을 느끼게 함으로써 끝까지 응답에 답할 수 있게 해야 하는 것이다.

다음에는 좀 더 세부적인 배열상의 유의사항을 열거할 것이다. 오리엔테이션(orientation) 질문을 가장 먼저 해서 설문의 의도와 내용을 밝힌다. 답변이 용이한 질문을 앞에 배열한다. 즉 성, 결혼 여부, 연령, 직업, 주지 등 일반적 사항을 앞에 배열한다. 어렵고 지루한 설명은 가운데 배열하여야 한다. 왜냐하면 어느 정도 진행 상태이므로 계속 응답할 가능성이 크기 때문이다. 민감한 질문이나 개방형 질문은 가능한 후반부에 배열하여야 한다. 즉 정치적 신조, 종교적 신념 등 민감한 문제와 응답에 많은 시간과 노력이 필요한 개방형 질문은 후반부에 배열한다. 노력, 시간 때문에 계속 응답할 가능성이 크기 때문이다. 혹시 응답을 거부해도 이전 자료는 활용한다. 계속적인 기억의 질문은 전반부에 배치한다. 동일한 척도 항목들은 모아서 배열한다. 왜냐하면 척도에 대한 설명을 한 번에 끝낼 수 있는 장점이 있다. 그러나 단점은 응답자가 척도에 익숙해져 각 질문 문장이 측정하려는 바를 미리 예측하고 세트응답을 할 가능성이 존재한다. 질문 문항들은 논리적 순서나 시간적 순서에 따라 배열한다. 길이와 유형에 따라 질문 문항을 변화 있게 배열하고 여과질문을 적절히 활용할 경우 흥미를 갖게 하고 시간을 절약할 수 있다.

이와 같은 질문의 배열 방식은 크게 깔대기식 배열(funnel sequence)과 역깔대기식 배열(inverted funnel sequence)로 나누어서 설명된다(Nachmias와 Nachmias, 1981).

질문의 배열 원칙
• 자연스러운 흐름에 따라 배열 • 객관적, 경험적인 흥미 있는 질문부터 배열 • 논리적인 순서에 따라 배열
• 오리엔테이션 질문을 앞에 두어 설문내용 밝히기 • 답변이 용이한 질문을 앞에 배열 • 어렵고 지루한 설명은 가운데 배열 • 민감한 질문이나 개방형 질문은 후반부에 배열 • 계속적인 기억의 질문은 전반부에 배치 • 동일한 척도항목들은 모아서 배열 • 논리적 순서나 시간적 순서에 따라 배열 • 길이와 유형에 따라 질문문항을 변화 있게 배열 • 여과질문을 적절히 활용

질문의 배열
• 깔대기식 배열 - 현재 우리나라가 직면하고 있는 중요한 문제는 어떤 분야라고 보십니까? - 위에서 언급된 문제 중에서 어느 것이 가장 시급히 해결되어야 할 과제라고 봅니까? - 가장 시급하게 해결되어야 할 과제에 대한 정보를 어디에서 얻습니까? - 컴퓨터의 인터넷 망을 이용하고 계십니까?
• 역깔대기식 배열 - 우리나라에서 지난 한 해에 교통사고로 사망한 사람이 몇 명이라고 생각하십니까? - 교통사고로 부상당한 사람은 몇 명이라고 생각하십니까? - 사고를 당한 대부분의 사람들이 사고 후 병원으로 후송되는데 몇 시간이 소요되었다고 보십니까? - 당신은 고속도로상에서 사고를 당한 사람이 병원으로 후송되기 전 응급처치를 받고 있는 것을 본적이 있습니까? - 일반적으로 당신은 고속도로 상에서 긴급구조활동이 잘 수행되고 있다고 보십니까?

3.3.1 깔대기식 배열 방식(Funnel Sequence)

깔대기식 배열 방식은 일반적이고 광범위한 질문을 먼저 던지고 점차 특정적이고 구체적인 질문으로 배열해 나가는 방법이다. 이러한 방법의 예를 들어 보면 다음과 같다.

Q1. 현재 우리나라가 직면하고 있는 중요한 문제는 어떤 분야라고 보십니까?
Q2. 위에서 언급된 문제 중에서 어느 것이 가장 시급히 해결되어야 할 과제라고 봅니까?
Q3. 가장 시급하게 해결되어야 할 과제에 대한 정보를 어디에서 얻습니까?
Q4. 컴퓨터의 인터넷망을 이용하고 계십니까?

위 문항 배열은 응답자로 하여금 끝까지 응답을 유도해 낼 수 있는 동기유발이 되기 위해서 광범위하고 일반적인 문제로부터 구체적이고 세부적인 문항의 순서로 배열하고 있다.

3.3.2 역깔대기식 배열 방식(Inverted Funnel Sequence)

깔대기식 배열 방식과는 반대로 세부적인 문항부터 먼저 배열하고 일반적이고 광범위한 문항을 뒤로 배열하는 방식이 역깔대기식 배열 방법이다. 이 방법을 이용하는 것은 응답자가 질문하려는 주제에 대해서 별 관심이 없거나 경험이 없는 경우 우선 세부적인 질문을 던짐으로써 동기를 유발시켜서 끝까지 응답을 하게 하려는 의도에서 사용되는 방법이다. 이러한 역깔대기식 배열을 예로 들어 보자.

고속도로에서 위급한 상황이 발생하였을 때 경찰의 긴급구조 활동이 얼마만큼 잘 운영되고 있느냐에 대한 조사를 한다고 하자. 이러한 문제에 대해서 일반적으로 시민들은 큰 관심을 가지고 있지 않다고 한다면 이들의 관심을 끌기 위해서 먼저 구체적이고 세부적인 질의를 하게 된다.

Q1. 지난 한 해 우리나라에서 교통사고로 사망한 사람이 몇 명이라고 생각하십니까?
Q2. 교통사고로 부상당한 사람은 몇 명이라고 생각하십니까?
Q3. 사고를 당한 대부분의 사람들이 사고 후 병원으로 후송되는 데 몇 시간이 소요되었다고 보십니까?
Q4. 당신은 고속도로에서 사고를 당한 사람이 병원으로 후송되기 전 응급처치를 받고 있는 것을 본 적이 있습니까?
Q5. 일반적으로 당신은 고속도로에서 긴급구조 활동이 잘 수행되고 있다고 보십니까?

3.4 질문의 형식

질문의 유형은 개방형 질문(open-ended questions), 폐쇄형 질문(closed-ended questions) 및 부수질문(contingency questions)의 세 가지로 나누어진다.

▪ 개방형 질문

Q. 당신은 개인적으로 생각할 때 부동산을 위하여 정부가 해야 할 가장 중요한 문제가 무엇이라고 생각하십니까?

▪ 폐쇄형 질문

Q. IMF 관리체제하에서 실시되고 있는 정부의 경제개혁 조치가 잘 진행되고 있다고 봅니까?
① 아주 그렇다 ② 그렇다 ③ 보통이다
④ 그렇지 않다 ⑤ 아주 그렇지 않다

Q. 당신은 당신이 속한 조직의 한 부분으로 생각하십니까?
① 실제로 조직의 한 부분으로 생각한다.
② 대부분 포함된다고 본다.
③ 어떤 부분은 포함되나 어떤 부분은 포함되지 않는다.
④ 실제로 소속되어 있다고 느끼지 않는다.
⑤ 확실한 것이 없다.

▪ 부수질문

Q. 현재 당신이 재직하고 있는 직장이 당신의 첫 직장입니까?
① 예 ② 아니오

"아니오"라고 대답한 응답자만 다음 질문에 답하시오.

그 이전의 직장에서 무슨 일이 있었습니까?
① 회사가 망하였다 ② 해고되었다 ③ 자진 퇴사
④ 승진하였다 ⑤ 기타

기 타

- 신뢰도 검사를 위한 질문
- 서술형 부언질문

3.4.1 개방형 질문(Open-ended Questions)

개방형 질문은 응답자가 아무런 제약 없이 자유롭게 응답할 수 있도록 만든 설문지이다. 따라서 응답자의 주관적인 판단으로 자유롭게 대답할 수 있는 형식의 질문이다. 하나의 예를 들어 보자.

> Q. 당신은 개인적으로 생각할 때 정부가 해야 할 가장 중요한 문제가 무엇이라고 생각하십니까?

이러한 개방형 질의는 여론을 파악하기 위해서 고안되는 질의 형식이다. 개방형 질의는 미리 만들어 놓은 범주를 선택하도록 강요하는 것이 아니라 자유롭게 자기 생각을 표현할 수 있도록 고안된 설문지이다. 그래서 이러한 개방형 질의는 자료를 수집해서 분석하기가 매우 어렵고, 응답자에게서 만족할 만한 응답을 얻으려면 조사원의 숙련된 대화기술이 필요하다. 개방형 질문이 많을 경우 응답자들이 불편하고 지루하여 응답률이 떨어질 수 있다.

3.4.2 폐쇄형 질문(Closed-ended Questions)

폐쇄형 질문은 대답할 내용을 미리 범주화해서 그것을 표시하는 선택 내에서 응답하도록 고안된 설문지이다. 이때 응답 항목은 항목 간에 총망라성과 상호배타성이 있도록 구성되어야 한다. 응답 항목의 총망라성이란 가능한 응답을 모두 제시해 주어야 한다는 원칙으로, 다 열거할 수 없다고 판단될 경우 기타 항목의 괄호를 제공한다. 그리고 응답 항목의 상호배타성이란 응답 항목들 간에 내용이나 범위가 중복되어서는 안 된다는 것이다. 폐쇄형 질의의 예를 하나 들어 보자.

> Q. IMF 관리 체제하에서 실시되고 있는 정부의 경제개혁 조치가 잘 진행되고 있다고 봅니까?
> ① 아주 그렇다 ② 그렇다 ③ 보통이다 ④ 그렇지 않다 ⑤ 아주 그렇지 않다

조직의 응집력에 대한 좀 더 정교한 폐쇄형 질문을 예로 들어 보자(Seashore, 1954).

> Q. 당신은 실제로 당신이 속한 조직의 한 부분으로 생각하십니까?
> ① 실제로 조직의 한 부분으로 생각한다.
> ② 대부분 포함된다고 본다.
> ③ 어떤 부분은 포함되나 어떤 부분은 포함되지 않는다.
> ④ 실제로 소속되어 있다고 느끼지 않는다.
> ⑤ 확실한 것이 없다.

3.4.3 폐쇄형과 개방형의 선택 기준

어떤 기준으로 폐쇄형과 개방형의 질의를 결정할 것인가? 이러한 선택의 기준은 질의서의 객관성, 주제의 범주, 주제에 대한 응답자의 정보 부분, 응답의 동기 여부 등에 의해서 결정된다(Lazarsfeld 등, 1944). 즉 어떤 분명한 견해에 대해서 '동의', '부동의' 중에 하나를 선택하도록 유도하는 것이 좋다고 판단되는 경우는 폐쇄형 질의가 좋다. 그러나 특정 견해에 이르게 되는 과정에 대해서 알고자 할 때는 개방형 질의서를 택하는 것이 좋다. 다음으로 질문하고자 하는 주제에 대한 응답자의 정보 수준이 또 다른 기준이 된다. 개방형 질의는 폐쇄형 질의에 대해서 얻어지는 정보가 부족한 경우 더 많은 정보를 획득하기 위해서 선택될 수 있다. 그러나 응답자의 경험을 넘어선 질의는 쓸모가 없는 것이다. 또 다른 기준으로 주어진 주제에 대해서 응답자가 분명한 입장을 정리하지 않은 경우에는 개방형 질의가 타당하다. 이 경우에 폐쇄형을 취하게 되면 제공된 범주 안에서 선택이 강요됨으로써 표현된 의견과 전혀 다른 방향으로 선택할 우려가 있다. 마지막으로 폐쇄형과 개방형의 선택 기준으로 응답자의 동기 부여를 들 수 있다. 응답자가 주어진 질문에 동기가 덜 지워지는 경우 폐쇄형을 택하는 것이 좋다. 개방형인 경우에는 응답자의 동기 부여가 없는 경우 응답을 하지 않게 된다. 또한 응답자가 자기 의사를 드러내기를 꺼리는 경우에도 개방형보다는 폐쇄형 질의가 타당하다.

■ 폐쇄형 질문의 장점

① 폐쇄형 질문은 질문하기가 쉽고 답하기가 편하다.
② 응답의 처리가 용이하고 계측에 동일성을 기할 수 있어 신뢰성을 높일 수 있다.
③ 질문에 대한 가능한 답안의 항목이 미리 정해졌으므로 서로 다른 답안을 선택한 응답자 간의 비교가 쉽다.
④ 응답들을 몇 개의 일정한 유형으로 고정시킴으로써 응답자들에게 질문 내용을 명확하게 이해시켜 줄 수 있다는 점이다. 질문에 대한 불확실한 견해를 가진 응답자는 응답항목을 보면서 견해가 명백해질 수 있다.
⑤ 응답의 해석이 쉬우며 부호화가 자동으로 될 수 있다.
⑥ 조사자의 편견개입이 방지된다.

■ 폐쇄형 질문의 단점

① 폐쇄형 질문은 몇 개의 한정된 응답 항목 중에서 선택하게 함으로써 편의(bias)가 생길 수 있다.
② 조사자가 제시한 응답 범주가 응답자들에게 응답에 영향을 미칠 수 있다.

③ 모든 성실한 응답을 연구자가 제시하기는 어렵다.
④ 응답 항목의 배열에 따라 응답이 달라지면 주요 항목이 빠지는 경우 치명적이다.

실제에 있어서는 개방형과 폐쇄형이 적절하게 배합되어 설문지가 작성된다. 예를 들면 다음과 같다.

Q. 스마트폰을 구입한 계기는?
① 스마트폰의 기능 때문에(어플리케이션, 무선인터넷 등)
② 지인이나 주변사람들의 권유
③ 휴대전화의 교체 필요성을 느껴서
④ 광고를 보고(인터넷, TV, 라디오 등)
⑤ 유행에 뒤처지지 않기 위해서
⑥ 요금제의 혜택
⑦ 다른 사람의 선물이나 이벤트 당첨
⑧ 기타(   )

3.4.4 부수질문(상황수반적 질문, 선별형 질문, Contingency Questions)

어떤 경우에는 특정 응답자에게만 관련된 질문이 다른 사람들에게는 부적절한 경우가 있다. 즉 "당신이 대학에 가지 않으려는 중요한 이유는 무엇입니까?"에서 응답의 대상자는 대학에 가지 않으려는 학생들이다. 또 어떤 경우에는 남자만 응답할 수 있거나 여자만 응답할 수 있는 질의가 있다.

부수질문은 일종의 폐쇄형 질문의 특수한 형태이다. 이 형태는 응답자의 하위그룹(subgroup)에만 적용되는 질문형이다. 즉 응답자들의 여과 질문(filter questions)에 대한 응답에 의해서 결정된다. 부수질문의 예를 들어 보자.

Q. 현재 당신이 재직하고 있는 직장이 당신의 첫 직장입니까?
① 예   ② 아니오
(아니오라고 대답한 응답자만 다음 질문에 답하시오.) 그 이전의 직장에서 무슨 일이 있었습니까?
(   )

각 하위 그룹에 따라서 대답할 문항을 지적해 주는 경우도 있다.

Q1. 현재 당신은 새 직장을 찾고 있습니까?
① 예   ② 아니오   ③ 모르겠다   ④ 적절치 않다
(위 Q1 질문에 대해서 예라고 응답한 사람은 Q10 질문으로 넘어가시오.)

3.4.5 기타

■ 신뢰도 검사를 위한 질문

설문의 중요한 의미를 지니고 있거나 민감하여 논란의 여지가 있는 질문이 있을 수 있다. 이때 응답자의 응답에 대한 진실성에 대한 확인이 필요하다. 이 경우에 설문지에 같은 내용을 묻는 약간의 변형된 질문을 삽입하거나 다른 위치에 동일한 질문을 배치함으로써 그 질문에 대한 응답의 일관성을 검사할 수 있다.

■ 추적설문형 질문

질문 선정의 내용을 보면 질문은 간단하고 명료하게 작성해야 한다. 그러나 고정된 질문만으로 원하는 정보를 충분히 얻지 못하는 경우도 있다. 이때 개방형 질문을 연결하는 추적서술형 질문을 채택하는 것이 바람직하다. 추적서술형 질문은 설문의 후반부나 그것을 포함한 단락의 후반부에 위치하는 것이 좋다.

■ 서술형 부언 질문

일반적으로 설문지의 마지막에 하나 이상의 서술형 부언 질문을 사용하는 것이 바람직하다. 이것은 응답자로 하여금 설문지에서 언급하지 않았거나 빠졌다고 생각되는 주제에 대한 의견, 제안하고 싶은 말, 첨가하고 싶은 정보 등을 쓸 수 있도록 한다.

3.5 질문의 척도

사회조사분야에서 측정의 정확성이 떨어지는 문제점이 많이 발생함을 부패지수(CPI : Corruption Perception Index) 예를 통해서 언급할 것이다. 사회조사분야에 있어서는 주관적인 가치판단이 개입될 수 있기 때문이다. 국회의원의 청렴도에 대한 측정은 구체적인 숫자로 나타내기가 어렵다. 그것은 주관적인 가치에 근거하고 있기 때문이다. 따라서 매우 청렴, 청렴, 보통, 부패, 매우 부패 등의 등급에 의해 측정이 가능하다.

이러한 사회현상에 있어서 구체적인 숫자로 측정이 불가능한 경우를 극복하기 위하여 사회과학자들은 여러 가지 측정수준을 제시하고 있다. 사회현상의 조사에서 널리 사용되는 측정도구인 설문지에는 여러 문항들이 포함되어 있다. 각 문항들은 다양한 형태의 측정수준들로 이루어져 있다. 측정수준들은 각기 다른 특징을 가지며, 측정수준의 구성은 연구자들이 얻고자 하는 정보의 정확성과 설문에 응하는 응답자들의 정보 제공 가능성에 따라 달라진다.

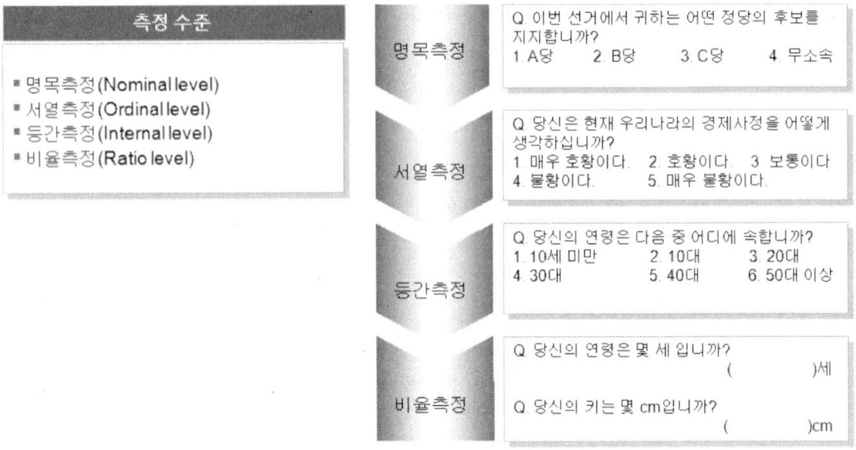

Q1. 다음의 맥주 상표들에 대해 귀하가 가장 좋아하는 맥주 순으로 순위를 표시해 주십시오.
(가장 좋아하는 것은 1번, 다음으로 좋아하는 것은 2번...)

① 카스 ( )
② 맥스 ( )
③ 하이트 ( )

Q2. 다음의 맥주 상표들에 대한 귀하의 선호도는 어느 정도입니까? 각 맥주에 대해 다음 척도를 이용하여 대답해 주십시오.

1		3		5
전혀 좋아하지 않음		보통이다		매우 좋아함

① 카스 ( )
② 맥스 ( )
③ 하이트 ( )

Q3. 다음 맥주 상표들에 대한 귀하의 선호 정도를 0–100점으로 기입해 주시길 바랍니다.
(예를 들어, 전혀 좋아하지 않으면 0점, 완벽하게 좋아하면 100점으로 적으시면 됩니다.)

① 카스 ( )
② 맥스 ( )
③ 하이트 ( )

3.5.1 명목척도(Nominal Level)

측정 대상의 고유한 특성에 따라 단순히 분류하거나 구분할 목적으로 사용되는 측정수준이다. 동일한 특성을 갖는 대상들이 동일한 수치를 갖도록 한 데이터를 명목척도 데이터라고 한다. 명목척도는 분류에서는 유일한 속성에 부여된 숫자 변수값이 단지 이름에 불과하며 순서적인 의미가 없다.

Q. 이번 선거에서 귀하는 어떤 정당의 후보를 지지합니까?
① A당 ② B당 ③ C당 ④ 무소속

여기서 1부터 4까지의 숫자는 응답자들이 지지하는 정당을 나타낼 뿐이며 정당의 순위를 의미하는 것은 아니다. 더욱이 1과 2의 합이 3, 즉 A당과 B당의 합이 C당이 되거나 1의 3배가 3이 되듯이 A당의 3배가 C당이 되는 것과 같은 사칙연산 법칙은 성립하지 않는다. 따라서 데이터 값을 바꾸어도 무방하고, 각 응답 범주에 대해 서로 똑같은 비중을 준다. 자료를 부호화하고 이들을 통계처리하는 과정에서 일반 숫자처럼 다루는 오류를 범하기도 한다.

3.5.2 서열척도(Ordinal Level)

서열척도는 명목척도에서처럼 측정 대상인 사물이나 현상을 분류하고 명칭을 부여할 뿐만 아니라, 순서 또는 서열까지 부여한다. 따라서 측정 대상을 그 특성에 따라 순서대로 배열하고, 그 순서에 따라 1, 2, 3등의 수치를 부여하면 이것이 서열척도 데이터에 해당된다.

Q. 당신은 현재 우리나라의 경제 사정을 어떻게 생각하십니까?
1. 매우 호황이다 2. 호황이다 3. 그저 그렇다 4. 불황이다 5. 매우 불황이다

여기서 1에서 5까지 순위를 부여할 수 있으나 항목 간의 차이의 크기를 나타내지는 않는다. 그러므로 명목척도에서와 같이 연산이 가능하지 않다. 응답 숫자가 1에서 5까지 숫자 간의 차이가 동일하지만, 응답 내용은 그렇지 않다. 즉 '매우 호황이다'와 '호황이다' 간의 차이가 '불황이다'와 '매우 불황이다'와의 차이가 동일하다고 할 수는 없다. 따라서 명목척도에서처럼 기술통계량들을 사용하는 것은 잘못이다. 그러나 명목척도에서 사용한 방법보다는 다양한 통계적 방법을 사용할 수 있다.

■ **순위법(ranking)**

어떤 속성에 대한 조사대상들의 순위를 기록하게 하는 방법

Q. 귀하는 다음의 여러 음료들을 어느 정도 좋아합니까? 가장 좋아하는 것을 1번으로 순위를 기록하여 주시기 바랍니다.

① 콜라 ( ) ② 사이다 ( )

③ 우유 ( ) ④ 포카리스웨트 ( )

■ **범주별 순위할당법(ordered-category sorting)**

순위 대신, 속성 정도에 따라 대상들을 몇 개의 범주로 분류하는 방법

Q. 스파게티 시제품 개발 후, 소비자의 시식 후의 응답 분류

① 경쟁제품보다 맛이 월등하다.

② 경쟁제품보다 맛이 조금 낫다.

③ 경쟁제품 수준이다.

④ 경쟁제품보다 맛이 조금 못하다.

⑤ 경쟁제품보다 맛이 형편없다.

3.5.3 등간척도(Interval Level)

등간척도는 측정의 대상인 사물이나 현상을 분류하고 서열을 정할 수 있을 뿐만 아니라, 이들 분류된 부분 간의 간격까지 측정할 수 있는 것을 특징으로 한다. 응답 항목 간의 차이가 동일하여 등간측정이라고도 한다. 등간척도의 대표적인 것은 온도, IQ, 거리, 시간 등과 같은 것들이 있다. 온도를 보면, 화씨온도와 섭씨온도에 있어서 양자 모두 서로 다른 임의의 '0'이라는 양을 가리키는 것이지 온도가 없다는 것을 의미하지는 않는다. 이는 섭씨 0도가 열이 전혀 없는 상태인 절대 0점이 아니라 편의에 의하여 설정된 상대적 0점이기 때문이다. 그리고 섭씨 10도와 15도 사이의 거리는 섭씨 20도와 25도 사이의 거리가 같다는 측정이 가능하다. 앞의 두 측정과 달리 등간척도에서는 수에 대한 연산법칙 중에서 덧셈과 뺄셈의 법칙을 적용할 수 있다.

■ **등급법**

어떤 측정 대상이 갖고 있는 속성의 정도를 글, 그림, 숫자로 평가

Q1. 당신이 최근에 구매한 치약에 대한 만족도는 어느 정도입니까?

① 매우 불만족 ② 불만족 ③ 보통 ④ 만족 ⑤ 매우 만족

Q2. 당신이 최근에 구매한 치약에 대한 만족도는 어느 정도입니까?

1	2	3	4	5
매우 불만족	불만족	보통	만족	매우 만족

Q3. 당신이 최근에 구매한 치약에 대한 만족도는 어느 정도입니까?

■ 리커트형 척도

서술형으로 작성된 각 질문 항목에 대한 동의 또는 반대의 정도를 표시

Q. 당신이 최근에 구매한 핸드폰의 속성에 대해 평가해 주시기 바랍니다.

1	2	3	4	5
전혀 그렇지 않다		모르겠다		정말 그렇다

① 무게가 가볍다. (　　　)
② 소음이 거의 없다. (　　　)
③ 사이즈가 크다. (　　　)

■ 어의차이 척도법(semantic differential scale)

척도의 양 끝에 속성을 나타내는 서로 상반된 수식어를 제시하고 조사대상의 속성 정도에 대한 소비자 생각을 측정하는 방법. 중간점=0.

Q. 당신이 최근에 구매한 핸드폰의 속성에 대해 평가해 주시기 바랍니다.

−2	−1	0	1	2
무겁다				가볍다

■ 스타펠 척도

어의차이 척도법의 한 변형으로 양극단의 수식어 대신 하나의 수식어만을 평가기준으로 제시하고, 조사대상의 속성 정도에 대한 소비자 생각을 측정하는 방법. 중립점 0이 없으며 일반적으로 수직형.

Q. 당신이 최근에 구매한 핸드폰의 속성에 대해 평가해 주시기 바랍니다.

+5
+4
+3
+2
+1
무겁다
−1
−2
−3
−4
−5

■ **등간척도를 이용한 측정방법에서의 고려사항들**

- 응답범주의 수 : 5점 척도/ 6점 척도/ 7점 척도
- 수의 표현방법 : (−2, 2) / (1, 5)
- 기준점의 결정 : 불만족 1~만족 5/만족 1~불만족 5

3.5.4 비율척도(Ratio Level)

비율척도는 명목척도에서의 사물이나 현상을 일정한 범주로 분류하고, 서열척도에서의 서열을 정할 수 있을 뿐만 아니라, 등간척도에서처럼 분류된 범주 간의 간격을 측정할 수 있는 측정이다. 비율척도는 다른 측정이 할 수 없는 절대 '0'(absolute zero)을 측정할 수 있다. 절대 '0'의 측정은 하나도 없다는 것을 의미한다. 예를 들어 수입을 측정하고자 할 때 수입이 0이라는 것은 수입이 하나도 없다는 것을 뜻한다. 이로 인해 사칙연산 중에서 곱셈과 나눗셈의 법칙을 적용할 수 있게 되었다. 갑이 50만 원의 수입이 있고 을이 100만 원의 수입이 있을 때 "을은 갑보다 두 배의 수입이 있다"라고 할 수 있다. 하지만 등간척도인 온도에서 100°C 물의 뜨겁기가 50°C 물의 뜨겁기의 두 배가 되지는 않는다.

■ **총합고정척도법**

응답자들에게 일정한 수를 주고 이 점수를 속성의 상대적 다과에 따라 여러 측정대상들에게 나누어주도록 하는 방법

Q. 해외여행 시 항공사를 선정하는 데 있어서 다음의 속성들이 얼마나 중요하다고 생각하십니까? 중요도의 전체 합이 10이라고 생각하시고 다음의 속성 등의 중요도에 따라 10점을 나누어 주시기 바랍니다.

안전성	( )
가격	( )
승무원의 서비스	( )
총합	10 점

■ **비율분할법**

대상들의 속성 보유정 도를 평가할 때, 한 속성의 보유 정도를 기준으로 다른 속성들을 상대적으로 평가하도록 하는 방법

Q. 해외여행 시 항공사를 선정하는 데 있어서 고려하는 속성들 중 안전성의 중요도를 100점이라고 한다면, 다음의 속성들이 얼마나 중요하다고 생각하십니까?

안전성	100 점
가격	( )
승무원의 서비스	( )

■ **척도의 종류별 특징**

척도의 종류에 따라 연구자가 얻을 수 있는 정보의 양이 다를 뿐만 아니라, 연구문제를 알기 위한 자료분석 역시 척도에 따라 적용 가능한 범위가 있다. 예를 들어 질적자료(명목 혹은 서열척도)에 대한 평균값 및 상관계수는 의미가 없을 뿐

척도의 종류별 특징

척도	비교방법 (숫자부여방법)	대표값 측정	적용가능 분석방법	예
명목 척도	집단분류	최빈값	빈도분석, 비모수통계 교차분석	성별분류, 상품유형별 분류, 존재유무
서열 척도	순위비교	중앙값	서열상관관계, 비모수통계	상표선호순위, 상품품질등위, 사회계층
등간 척도	간격비교	평균	모수통계	온도, 광고인지도, 상표선호도, 주가지수
비율 척도	절대크기비교	평균	모수통계	매출액, 구매확률, 무게, 소득, 나이

만 아니라 잘못된 분석방법이다. 일반적으로 평균은 양적자료(연속형 자료)에 대한 대푯값이며, 질적자료에 대한 대푯값은 최빈값이다. 따라서 평균분석이 아닌 빈도분석 혹은 교차분석을 적용하는 것이 적절한 분석방법이다. 이와 같이 척도가 포함하는 정보의 양에 따라 적절한 분석방법이 다르므로, 연구가설 및 조사설계 단계부터 이를 염두에 두고 설문지를 작성하는 것이 보다 바람직할 것이다.

3.6 질문 문항 작성 시 고려사항

개별 질문 항목을 작성하고, 질문 용어를 결정한 후 생각해야 될 일은 질문을 형성하는 어구를 어떻게 구성하느냐의 문제이다. 응답자들이 끝까지 응답을 하되 진실된 것을 응답하여야만 자료로서의 의미를 가질 수 있다. 그런데 같은 의미의 말이라도 그 표현에 따라서 반응이 다르게 나타날 수 있다. 따라서 설문지에 포함된 어구는 개념의 정의가 분명하여야 하며 질문의 길이가 짧고 간략하여야 한다. 질문의 간편성과 명확성은 곧 자료의 신뢰성과 타당성과 관련된 중요한 내용이다.

■ 개별 질문 항목 작성 시 고려사항

① 이 질문이 꼭 필요한 것인가?
② 응답자가 필요한 정보를 알고 있는가?
③ 응답자가 그 정보를 제공하여 줄 것인가?

■ 질문 용어 결정 시 유의사항

① 전문용어 사용을 피하라. 질문은 보편적이고 상용적인 언어를 사용하여 그 질문의 내용을 응답자가 정확하게 파악할 수 있도록 한다.
② 선택형 질문에 대해서는 모든 가능한 응답을 제시한다.
③ 선택형 질문의 경우 응답 항목들 간에 내용상 중복이 있어서는 안 된다.
④ 조사자 임의로 가정을 하지 않는다.
⑤ 필요한 사실은 구체적으로 파악할 수 있도록 하되, 너무 자세한 질문은 하지 않는다.
⑥ 애매하고 막연한 질문은 피한다.
⑦ 용어는 가치중립적인 것을 사용한다.
⑧ 질문은 가능한 간략하게 한다.
⑨ 대답하기 곤란한 질문은 간접적으로 물어본다.

김해동(1993)은 설문지 어구를 작성할 때 고려되는 상황을 위와 같이 요약하고 있다. 어구 구성상의 주요 문제점을 세부적으로 설명하면 다음과 같다.

■ **편의된 질문**

응답자들에게 어떤 답을 하도록 유도하는 질문 형태를 말한다. 예를 들면 어떤 질문에 대한 선택 항목을 '아주 좋다', '좋다', '괜찮다', '나쁘다' 로 구성하여 긍정적인 대답을 유도하는 경우이다.

■ **세트 응답(set question)**

질문의 내용과 상관없이 모든 질문에 대하여 일정한 방향으로 대답하는 경향을 말하며 매트릭스 질문처럼 응답 카테고리를 동일한 응답 형식으로 제시할 경우 발생한다. 질문 형식을 변화시키거나 응답 카테고리에 변화를 주어야 한다.

■ **유도 질문(leading question)**

유도 질문이란 응답자에게 연구자가 어떤 특정한 대답을 하도록 이끄는 질문으로 유도 방법에 따라 서로 다른 응답을 하게 된다. 예를 들면 대통령의 노조의 정치참여 허용에 찬성하는가와 민주노총의 노조의 정치참여 주장에 찬성하는가는 동일 응답자라도 노조의 정치참여에 상반된 응답을 할 수 있다.

■ **위협적 질문(threatening question)**

불법적이거나 비도덕적인 행위에 관한 질문 또는 사회윤리에 크게 벗어나지는 않으나 죄의식을 가지고 토론되는 질문들로, 예를 들면 도박, 술버릇, 아동학대 등 응답자들이 대답하기 곤란한 주제의 질문들을 말한다. 간접질문으로 변형시키거나 응답자의 신원을 확인할 수 없도록 해야 한다.

■ **겹치기 질문(double-barreled question)**

한 가지 질문에 두 가지 이상을 묻는 것을 말한다. 예를 들면 '정부의 통일정책은 수정 보완되어야 하고 금강산 관광은 중단되어야 한다고 생각하십니까?' 와 같은 질문에서 응답자가 그 중 한가지에만 찬성하고 다른 것을 반대하는 경우에는 문제가 생길 수 있다.

4. 사전조사

질문지의 초안을 작성한 후에 예정 응답자 중 일부를 선정하여 예정된 본조사와 동일한 절차와 방법으로 질문서를 시험하여 질문의 내용, 어구 구성, 반응 형식, 질문 순서 등의 오류를 찾아내어 질문서의 타당도를 높이기 위한 절차이다. 사전검사는 예비조사보다는 훨씬 형식이 갖추어진 단계이며 규모는 작으나 본조사와 동일한 절차와 방법으로 시행되어야 한다.

■ **사전검사의 목적**

① 응답 내용의 내적 타당성 검토: 동일한 응답자가 응답의 분포가 일정하지 않고 무질서하며 전후 모순이 있을 때에 다시 검토해야 한다.

② 응답의 편중에 대한 검토: 응답자가 all or nothing의 형태로 응답한다면 가치없는 응답이 된다. 또한 상투적 용어, 가치개재적 용어(value loaded term), 정치적 용어 등의 사용에 주의한다.

③ DK(Don'T Know)식 응답, 기타 항목에 대한 응답이 많은 경우: 질문의 내용이 거북한지, 지나치게 어려운지 등을 검토해야 한다. 응답자들이 제시한 가외적 의견(marginal comments)의 검토: 의외의 새로운 자료의 발견이 가능하다. 필요에 따라 식별질문(screening question)을 삽입하여 검토.

④ 응답에 거절이 많은 경우: 거절의 사례가 5% 이상이면 적절하지 못하다.

⑤ 응답을 전혀 하지 않은 경우: 응답의 내용을 간접적으로 표현하든가 투사방법을 사용해야 한다.

⑥ 질문의 순서가 바뀌었을 때 응답이 달라지는 경우: 어구 구성의 잘못이 있는지를 검토해야 한다.

⑦ 응답에 많은 조건이 달려있거나 주석이 많은 경우

■ **예비조사와 사전조사의 차이점**

시간적 측면에서 연구 초기 단계에서 시행되는 것이 예비조사이고 설문지 작성 후에 실시하는 것이 사전조사이다. 예비조사는 조사문제의 규명, 가설의 명백화가 주요 목적인 반면 사전조사는 질문지 작성의 타당성, 신뢰성 검증 등이 주요 목적이다. 따라서 예비조사는 비조직적인 기초조사이고, 사전조사는 조직적이며 공식적 조사이다.

5. 설문지 사례[15)]

5.1 서울 지역 20, 30대 스마트폰 인식조사

□□□

안녕하세요. 저희는 OO 여자 대학교 통계학과에 재학 중인 학생들입니다. 저희가 이번 학기에 수강하고 있는 OOO OO 과목의 실습으로 서울 지역 거주 20~30대의 스마트폰 인식척도 측정을 위해 조사를 실시하고자 합니다. 바쁘시겠지만 약간의 시간을 내주셔서 응답해 주시면 조사에 많은 도움이 될 것입니다. 답에는 정답이 따로 있지 않으므로 응답 항목 중 귀하의 의견에 부합되는 것을 선택해 주시면 됩니다. 응답 결과는 개인 정보의 누출 없이 연구목적으로만 사용될 것입니다. 귀중한 시간을 내어 설문에 응해 주신 데 대하여 깊은 감사드립니다.

조사자: 성OO, 김OO, 김OO, 이OO
지도교수: 전새봄

※ 해당하는 번호를 문항의 끝에 있는 ( ) 안에 써 넣어 주시기 바랍니다. 모든 질문에는 하나의 번호만 선택하여 답해 주시기 바랍니다.

15) 본 사례들은 저자들이 고려대학교 및 성신여자대학교에서 설문조사 관련 수업에 참여 학생들의 사례연구를 토대로 재구성하여 작성한 것이다.

[문항1] 귀하의 성별은? (　)
① 남자　② 여자

[문항2] 귀하의 나이는? (　)
① 20대 초반(20~23세)　② 20대 중반(24~26세)　③ 20대 후반(27~29세)
④ 30대 초반(30~33세)　⑤ 30대 중반(34~36세)　⑥ 30대 후반(37~39세)

[문항3] 귀하는 스마트폰을 사용하고 있습니까? (　)
① 예　② 아니오

[문항4] 귀하의 직업은? (　)
① 대학(원)생　② 회사원　③ 주부　④ 기타(　　)

[문항5] 귀하가 이용하는 통신사는? (　)
① SK T world　② Olleh KT　③ LG U+

[문항6] 귀하가 현재 사용하는 휴대전화 기기(브랜드)는? (　)
① 삼성　② LG　③ SKY　④ 모토로라　⑤ 아이폰
⑥ 노키아　⑦ 블랙베리　⑧ HTC　⑨ 기타(　　)

※ 스마트폰 이용자, 비이용자 모두 응답해 주시길 바랍니다.

Ⅰ. 기본사항

1. 일반적으로 휴대전화를 구입할 때 가장 중요시하는 것은 무엇입니까? (　)

① 요금제　② 디자인　③ 성능
④ 브랜드　⑤ A/S　⑥ 통신사
⑦ 기타(　　)

2. 한 달에 사용하는 휴대전화 요금은 어느 정도입니까? (　)

① 4만 원 미만　② 4만 원 이상~6만 원 미만
③ 6만 원 이상~8만 원 미만　④ 8만 원 이상~10만 원 미만
⑤ 10만 원 이상

3. 휴대전화 변경 시 이유는 무엇입니까? (　)

① 고장
② 분실
③ 새로운 기종을 사용하고 싶어서
④ 약정기간이 지나서
⑤ 기타(　　)

4. 휴대전화 변경 시 스마트폰을 구매할 의사가 있습니까? (　　)

① 예　　② 아니오

II. 스마트폰 인식조사

1. 스마트폰 구매 혹은 재구매 의향이 있습니까? (　　)

① 있다　　② 없다

2. 스마트폰을 친구나 지인에게 추천하고 싶은 의향이 있습니까? (　　)

① 있다　　② 없다

3. 스마트폰 하면 가장 먼저 드는 느낌은 무엇입니까? (　　)

① 무선인터넷　　② 특정 브랜드(아이폰, 갤럭시S 등)

③ 특정 통신사　　④ 구입 시 비용이 많이 든다.

⑤ 예쁘다　　⑥ 기타(　　　　)

4. 스마트폰의 장점은 무엇이라고 생각합니까? (　　)

① 인터넷 사용의 편리성　　② 다양한 어플리케이션　　③ 디자인

④ 뛰어난 화질　　⑤ 기타(　　　　)

5. 스마트폰의 단점은 무엇이라고 생각합니까? (　　)

① 제한적인 요금제　　② 비싼 구매 가격

③ 개인정보 노출 우려　　④ 사용하기 어려움

⑤ 잦은 고장　　⑥ 기타(　　　　)

6. 스마트폰을 사용하는(or 사용하려는) 이유는 무엇입니까? (　　)

① 인터넷 검색 및 비즈니스 사무용

② 새로운 기술에 관한 호기심

③ 다양한 어플리케이션 이용

④ 언론의 홍보 및 주위의 추천

⑤ 주변인의 추천 및 선물을 받아서

⑥ 주변인들의 부러움을 사기 위해서

⑦ 저렴하게 구매할 기회가 있어서

☞ 스마트폰 비이용자 분들은 여기까지 응답해 주시면 됩니다. 감사합니다.

※ 다음의 문항부터는 스마트폰 이용자분들만 응답해 주시길 바랍니다.

Ⅲ. 주요 이용 기능

1. 스마트폰 사용 시 어떤 기능을 가장 많이 이용합니까? (　　)

① 인터넷　② 음악, 동영상 재생
③ 게임　④ 다양한 어플리케이션의 활용
⑤ 카메라　⑥ 트위터 등의 SNS
⑦ 사무기능　⑧ 기타(　　　　　　)

2. 스마트폰으로 인터넷을 사용하는 주된 장소는? (　　)

① 이동 중인 교통수단 안　② 가정
③ 실외장소(길거리, 공원 등)　④ 상업시설(카페, 영화관 등)
⑤ 직장　⑥ 기타(　　　　　)

3. 하루에 스마트폰으로 인터넷을 사용하는 시간은? (　　)

① 30분 미만　② 30분 이상~1시간 미만
③ 1시간 이상~2시간 미만　④ 2시간 이상~3시간 미만
⑤ 3시간 이상

4. 다음 중 스마트폰 이용 시 가장 많이 사용하는 어플리케이션 3가지를 골라, 순위별로 답해 주십시오.

① 대중교통안내
② 소셜미디어(메신저, SNS 등)
③ 음악, 동영상 다운로드 및 재생
④ 생활정보(할인쿠폰, 맛집 검색 등)
⑤ 데이터 및 통화·메시지 사용량 조회
⑥ 이메일　⑦ 게임
⑧ 금융거래(모바일뱅킹)　⑨ 스케줄관리
⑩ 위치검색(지도 등)　⑪ 교육(사전 등)
⑫ 기타(　　　　　　)

· 1순위 : ____________ · 2순위 : ____________ · 3순위 : ____________

5. 스마트폰 사용 시 개인정보 등의 보안문제가 발생할 수 있는 가장 직접적인 경로는 무엇이라고 생각하십니까? (　　)

① 무선랜(wifi), 3g 등의 네트워크 접속
② 웹사이트 접속

③ GPS(지도, 위치기반서비스) 사용 시 위치정보 제공
④ 모바일뱅킹 이용
⑤ 메신저를 통한 커뮤니케이션 사용
⑥ 이메일이나 MMS의 첨부파일 다운로드
⑦ 모바일 어플리케이션 다운로드

6. 다음 항목 중 스마트폰에 대하여 가장 개선되길 바라는 점 3가지를 골라 우선 순위로 답해 주십시오.

① 개인정보 보안
② Open UI(사용자 화면, 아이콘, 폰트 등 자유롭게 변경)
③ 화질 및 음질
④ 배터리 수명 ⑤ 요금제의 다양화 ⑥ 가격 조정
⑦ 사용속도 ⑧ 외부디자인 ⑨ A/S
⑩ 용량 ⑪ 무게 ⑫ 기타(   )

· 1순위 : ____________ · 2순위 : ____________ · 3순위 :____________

7. 스마트폰을 사용하면서 변화한 생활 습관에 대한 질문입니다. 해당하는 번호에 ✔를 해주시기 바랍니다.	전혀 그렇지 않다	별로 그렇지 않다	보통이다	조금 그렇다	매우 그렇다
1) 스마트폰을 이용함으로써 인터넷 사용이 증가하였다.	①	②	③	④	⑤
2) 스마트폰을 이용함으로써 타인과의 커뮤니케이션 또는 정보공유 활동이 증가했다.	①	②	③	④	⑤
3) 스마트폰 이용은 학업 또는 업무 생산성을 높이는 데 효과적이다.	①	②	③	④	⑤
4) 스마트폰을 이용함으로써 무선인터넷 이용에 대한 부담감이 감소하였다.	①	②	③	④	⑤
5) 가정, 직장 등에서 PC를 통한 인터넷 이용이 가능해도 스마트폰을 통해 인터넷을 이용한다.	①	②	③	④	⑤

5.2 간접광고(PPL)와 제품 구매에 관한 태도 조사

ID			

안녕하십니까?

저희는 2010년도 2학기 OOO대학교 통계학과의 OOO OO을 듣는 학생들입니다. 본 설문지의 목적은 시청자들이 간접광고(PPL)의 영향에 따라 제품에 대한 인지도(인식)나 호감도에 어떠한 영향을 미치는가에 대한 결과를 도출하기 위한 것입니다. 귀하의 답변은 본 연구의 소중한 자료가 될 것이며, 본 자료는 연구목적 외에는 다른 어떠한 용도로도 쓰지 않을 것입니다. 설문지를 잘 읽어 보시고 성심 성의껏 대답해 주시면 감사하겠습니다.

2010년 OO월
연구자: OOO대 통계학과
권OO, 이OO, 김OO

* PPL(product placement): 간접 광고라고 불리는 제품배치는 TV나 영화와 같은 미디어 매체 속에서 일정한 대가를 지불하고 의도적으로 특정 제품을 넣거나 브랜드명을 사용하는 새로운 형태의 광고 수단이다.

I. 다음은 일반사항입니다. 해당 사항에 체크하여 주십시오.

1. 당신의 성별은 무엇입니까?

① 남성 ② 여성

2. 당신의 나이는 어떻게 되십니까?

① 10대 ② 20대 ③ 30대
④ 40대 ⑤ 50대 이상

3. 당신의 직업은 무엇입니까?

① 학생 ② 자영업 ③ 직장인
④ 무직 ⑤ 기타( )

4. 당신의 월평균 소득 수준(용돈)은 얼마입니까? 〈단위:만 원〉

① 0~30 미만 ② 30~60 미만 ③ 60~100 미만
④ 100~200 미만 ⑤ 200 이상

II. PPL(간접광고)의 시청여부에 관한 질문들입니다.

1. TV, 영화 혹은 기타 프로그램을 통한 특정 브랜드 제품에 대한 간접광고 (PPL)를 본 적이 있습니까?
   ① 네 ▶ 다음 질문인 2번으로 가서 응답해 주십시오.
   ② 아니오 ▶ III번으로 가서 응답해 주십시오.

2. PPL을 어떤 프로그램에서 보셨습니까? (중복 선택 가능)
   ① 드라마 ② 예능 ③ 영화
   ④ 스포츠 ⑤ 기타 (   )

2-1. PPL이 가장 인상 깊었던 시청 프로그램의 이름은 무엇입니까? (   )

3. 귀하께서는 극장에서 영화를 월 평균 몇 편 관람하십니까? (   )편/월

4. 귀하께서는 하루 평균 몇 시간 TV를 시청하십니까? (   )시간

5. 귀하께서는 하루 평균 몇 시간 인터넷을 하십니까? (   )시간

III. 다음은 제품에 관한 여러분의 생각을 알아보기 위한 질문입니다.	전혀 아니다	다소 아니다	보통 이다	다소 그렇다	매우 그렇다
1. 나는 가격이 저렴한 제품을 선호한다.	①	②	③	④	⑤
2. 제품 구매 시 가격이 제품 선택에 영향을 미치지 않는다.	①	②	③	④	⑤
3. 나는 최신 트렌드의 제품를 선호한다.	①	②	③	④	⑤
4. 제품 구매 시 최신유행에 별 영향을 받지 않는다.	①	②	③	④	⑤
5. 나는 다기능을 가진 제품이 좋다.	①	②	③	④	⑤
6. 나는 제품 구매 시 기능을 따지지 않는다.	①	②	③	④	⑤
7. 제품 구매 시 브랜드가 결정적인 역할을 한다.	①	②	③	④	⑤
8. 제품 구매 시 브랜드에 별 영향을 받지 않는다.	①	②	③	④	⑤

9. 귀하께서는 최신 제품에 대한 정보를 주로 어디서 얻으십니까?

① 지인　　② 인터넷 검색　　③ 판매원
④ 프로모션　　⑤ 광고 ▶10번 질문으로 가주십시오
⑥ 기타(　　　)

10. 어떤 형태의 광고로 제품을 접하였습니까? (중복 선택 가능)

① TV CF　　② 인터넷 광고　　③ 신문·잡지
④ PPL(영화/드라마 등을 통한 간접광고)　　⑤ 기타(　　　)

IV. PPL(간접광고)에 대한 여러분의 생각에 관한 질문들입니다.	전혀 아니다	다소 아니다	보통	다소 그렇다	매우 그렇다
1. PPL을 보면 해당 제품에 대해 믿음이 가는 편이다.	①	②	③	④	⑤
2. PPL로 상품의 특징을 자주 보면 그 제품을 기억하는 데 도움이 된다.	①	②	③	④	⑤
3. 제품을 구입할 때 PPL의 영향을 받는다고 생각한다.	①	②	③	④	⑤
4. PPL 상품이 유행을 선도한다고 생각한다.	①	②	③	④	⑤
5. PPL이 상품에 대한 정보를 제공해 준다고 생각한다.	①	②	③	④	⑤
6. PPL에 나오는 연예인에 대한 호감이 상품의 선호도에 영향을 준다고 생각한다.	①	②	③	④	⑤
7. PPL을 하는 연예인이 주연일 때와 조연일 때 구매 의욕에 차이가 있다고 생각한다.	①	②	③	④	⑤
8. PPL이 제품 선호도에 영향을 준다고 생각한다.	①	②	③	④	⑤
9. PPL을 보고 제품에 대해 호감을 가진 적이 있다.	①	②	③	④	⑤

V. PPL(간접광고)과 구매 간의 관련성에 관한 질문들입니다.

① 의류 / 잡화	② 휴대전화	③ 화장품	④ 자동차	⑤ 액세서리	⑥ 기타

1. PPL을 보고 제일 많이 접한 제품 중 2개를 골라 우선 순위에 따라 나열해 주세요.
   - 1순위( )
   - 2순위( )

2. PPL을 보고 위의 상품을 구매한 적이 있으십니까?
   ① 네 ▶2-1번으로 가 주십시오.
   ② 아니오 ▶2-2번으로 가 주십시오.

2-1. 위의 보기에서 PPL로 구매를 결정하게 된 상품 중 기억에 남는 상품은 무엇입니까? ( )

2-2. PPL로 제품을 구매할 시, 위의 보기에서 어떤 제품을 구매할 의사가 있으십니까? ( )

2-3. 구매한 상품에 대한 만족도는 어떠셨습니까?
   ① 매우 만족한다 ② 약간 만족한다 ③ 보통이다
   ④ 약간 불만족스럽다 ⑤ 매우 불만족스럽다

2-4. 구매한 상품에 대한 기대 대비 만족도는 어느 정도로 생각하십니까?
   ① 매우 만족한다 ② 약간 만족한다 ③ 보통이다
   ④ 약간 불만족스럽다 ⑤ 매우 불만족스럽다

5.3 중소기업 브랜드의 브랜드 충성도에 관한 연구[16)]

안녕하십니까?

본 설문지는 중소기업 브랜드의 브랜드 충성도 제고에 관한 실증적 연구에 관한 연구를 위해 자료를 수집하고자 작성된 것입니다. 모든 응답은 통계적으로 처리되어 학문적 목적 외에는 일체 사용하지 않을 것이며, 응답자의 개인적인 내용이 별도로 평가되지 않습니다. 귀하께서 성의 있게 기입해 주신 내용들은 모두가 우리나라 중소기업의 발전을 위한 중요한 자료로 활용되어질 것입니다. 바쁘시더라도 부디 한 문항도 빠뜨리지 마시고 응답해 주시면 대단히 고맙겠습니다. 바쁘신 중에도 본 연구를 위해 도와주심에 머리 숙여 깊이 감사드립니다.

200O년 O월

OO대학교 대학원 경영학과
지도교수: O O O
연 구 자: O O O

문1. 귀하께서 구입하신 '중소기업 브랜드' 에 대하여 귀하께서 평소 가지고 계시는 의견을 묻는 질문입니다. 귀하의 평소에 가지고 있는 생각과 일치하는 항목의 번호에 모두 'V' 표시를 해 주십시오.

설문 항목	전혀 그렇지 않다	그렇지 않다	보통 이다	그렇다	매우 그렇다
1) 이 브랜드의 가격은 높은 편이다.	①	②	③	④	⑤
2) 이 브랜드의 매장은 다양한 상품구색을 갖추고 있다.	①	②	③	④	⑤
3) 이 브랜드의 매장에서 고품질의 브랜드를 구입할 수 있다.	①	②	③	④	⑤
4) 이 브랜드 매장의 서비스는 좋은 것 같다.	①	②	③	④	⑤
5) 이 브랜드 광고에 많은 비용을 투자를 한다.	①	②	③	④	⑤
6) 이 브랜드 광고비용은 경쟁 브랜드 광고비용에 비해 많다.	①	②	③	④	⑤
7) 이 브랜드의 광고는 쉽게 볼 수 있다.	①	②	③	④	⑤

문2. 다음은 귀하께서 구입하신 '중소기업 브랜드' 에 대해 지각된 품질에 관한 질문입니다. 귀하께서 평소 느끼고 있는 정도에 따라 해당 항목의 번호에 모두 'V' 표시를 하여 주십시오.

---

16) 본 설문지는 '장승규(2004), 기업 공동 브랜드의 충성도 제고에 관한 연구, 명지대학교 대학원' 석사학위 논문에 개제된 설문지를 토대로 발췌 및 재구성하였다.

설문 항목	전혀 그렇지 않다	그렇지 않다	보통 이다	그렇다	매우 그렇다
1) 이 브랜드는 고품질의 제품이다.	①	②	③	④	⑤
2) 이 브랜드는 기능적으로 뛰어날 것이다.	①	②	③	④	⑤
3) 이 브랜드는 믿을 만하다.	①	②	③	④	⑤

문3. 다음은 귀하께서 구입하신 '중소기업 브랜드'의 브랜드 연상 이미지에 관한 질문입니다. 귀하께서 평소에 느끼고 있는 정도에 따라 해당 항목의 번호에 모두 'V' 표시를 하여 주십시오.

설문 항목	전혀 그렇지 않다	그렇지 않다	보통 이다	그렇다	매우 그렇다
1) 이 브랜드의 몇몇 특성이 내 기억 속에 빠르게 떠오른다.	①	②	③	④	⑤
2) 이 브랜드의 이미지는 다른 경쟁 브랜드들 보디 호감이 간다.	①	②	③	④	⑤
3) 이 브랜드의 이미지는 다른 경쟁 브랜드들 보다 독특하다.	①	②	③	④	⑤

문4. 다음은 귀하께서 구입하신 '중소기업 브랜드'의 브랜드 충성도에 관한 질문입니다. 귀하께서 평소에 느끼고 있는 정도에 따라 해당 항목의 번호에 모두 'V' 표시를 해 주십시오.

설문 항목	전혀 그렇지 않다	그렇지 않다	보통 이다	그렇다	매우 그렇다
1) 이 브랜드는 내가 매우 좋아하는 브랜드이다.	①	②	③	④	⑤
2) 이 브랜드는 경쟁 브랜드와 품질, 가격 등 여러 가지 면에서 같더라도 나는 반드시 이 브랜드를 구입할 것이다.	①	②	③	④	⑤
3) 이 브랜드를 방문한 매장에서 구입할 수 없다면, 다른 매장에 가서라도 꼭 구입할 것이다.	①	②	③	④	⑤
4) 이 브랜드를 경쟁 브랜드보다 지속적으로 구입할 것이다.	①	②	③	④	⑤

5.4 여행지 선택에 미치는 SNS의 영향력

안녕하십니까. 저희는 OOO대 통계학과에 재학 중인 이OO, 홍OO입니다. 저희는 여행지의 선택에 있어서 SNS(Social Network Sevice)의 영향력에 대하여 조사하고자 합니다. 설문조사 응답에 소중한 시간을 내어 주셔서 감사드립니다.

인적사항

[1] 귀하의 성별은 무엇입니까? ① 남성 ② 여성

[2] 귀하의 연령대는 어디에 속하십니까?

① 20세~22세 ② 23~26세 ③ 27세~29세
④ 30~33세 ⑤ 34세 이상

[3] 귀하의 직업은 무엇입니까?

① 학생 ② 회사원 ③ 자영업
④ 공무원 ⑤ 무직 ⑥ 그 외

여행에 관하여

[1] 귀하는 평균적으로 한 해 동안 얼마나 국내외 여행(당일치기 관광 포함)을 다니십니까?

① 1번 이하 ② 2~3번 ③ 4~5번
④ 6~7번 ⑤ 8번 이상

[2] 귀하에게 있어서 여행의 목적은 무엇입니까?

① 휴식 ② 관광 ③ 사업
④ 쇼핑 ⑤ 친구나 가족 방문 ⑥ 그 외( )

[3] 귀하는 평소에 어떻게 여행을 계획하십니까?

① 여행사를 통해 예약 ② 인터넷을 통해 예약
③ 직접 예약(전화, 팩스) ④ 예약하지 않음 ⑤ 그 외( )

[4] 귀하는 여행지 선택 시 주로 어떤 경로로 정보를 얻으십니까?

① 인터넷 ② 신문/잡지 ③ TV/라디오
④ 가이드북/여행정보책자 ⑤ 친구/가족 ⑥ 그 외( )

[5] 귀하에게 있어서 여행 시 가장 중요한 것은 무엇입니까?
(1번 가장 중요하지 않은 것, 5번 가장 중요한 것)
① 숙소( ) ② 음식( ) ③ 쇼핑( )
④ 관광지 방문( ) ⑤ 항공/교통비( )

SNS(Social Network Service)에 대하여

[1] 귀하는 SNS(예: 싸월드, 페이스북, 트위터, 블로그 등)를 사용하십니까?
① 예(2번 문항으로) ② 아니오

[2] 귀하는 얼마나 많은 SNS를 이용하십니까?
① 1개 ② 2개 ③ 3개
④ 4개 ⑤ 5개 이상

[3] 귀하는 하루 평균 얼마나 자주 SNS에 접속하십니까?
① 5회 미만 ② 5회 이상~10회 미만 ③ 10회 이상~15회 미만
④ 15회 이상~20회 미만 ⑤ 20회 이상

[4] 귀하가 SNS 서비스에서 주로 작성하는 글은 어떤 분야입니까?
① 정치 ② 사회 ③ 경제
④ 일상 ⑤ 취미 ⑥ 문화
⑦ 기타(직접 기입 :) ⑧ 작성하지 않음

[5] 귀하는 SNS를 통해서 여행정보를 제공하는 사람을 얼마나 신뢰하십니까?

신뢰하지 않는다	1	2	3	4	5	6	7	신뢰한다

[6] 귀하는 SNS에 올라온 여행 후기의 사진을 얼마나 신뢰하십니까?

신뢰하지 않는다	1	2	3	4	5	6	7	신뢰한다

[7] 귀하는 SNS에 올라온 여행 후기의 글을 얼마나 신뢰하십니까?

신뢰하지 않는다	1	2	3	4	5	6	7	신뢰한다

[8] 귀하는 SNS에 올라온 여행 후기에 남겨진 댓글을 얼마나 신뢰하십니까?

신뢰하지 않는다	1	2	3	4	5	6	7	신뢰한다

[9] 귀하는 SNS를 통해 여행 정보를 수집하는 것이 효율성을 높여준다고 생각하십니까?

비효율적이다	1	2	3	4	5	6	7	효율적이다

자기효능감

다음은 읽은 메시지를 다른 사람과 SNS 서비스 내에서 공유하려고 할 때, 얼마나 자신감 있게 행동할 수 있는가에 관한 질문입니다.

[1] 당신은 여행을 가고자 하는 마음을 얼마나 적극적으로 SNS 서비스에 관련된 글을 적습니까?

전혀 적극적이지 않다	1	2	3	4	5	6	7	매우 적극적이다

[2] 당신은 과거에 다녀왔던 여행지에 대하여 SNS 서비스에 글을 적극적으로 설명합니까?

전혀 적극적이지 않다	1	2	3	4	5	6	7	매우 적극적이다

[3] SNS 서비스를 통해 귀하의 지인이 여행을 가고 싶다고 합니다. 당신은 다른 사람이 게시한 메시지에 적극적으로 응답하거나 의견을 제시합니까?

전혀 적극적이지 않다	1	2	3	4	5	6	7	매우 적극적이다

메시지의 신뢰성

[1] 귀하는 SNS가 주는 여행지의 숙박 정보가 정직하다고 생각하십니까?

정직하지 않다	1	2	3	4	5	6	7	정직하다

[2] 귀하는 SNS가 주는 여행지의 맛집 정보가 정직하다고 생각하십니까?

정직하지 않다	1	2	3	4	5	6	7	정직하다

[3] 귀하는 SNS가 주는 여행지의 관광지 정보(박물관, 유적지 등)가 정직하다고 생각하십니까?

정직하지 않다	1	2	3	4	5	6	7	정직하다

[4] 귀하는 SNS 서비스에 귀하의 지인들이 남긴 댓글이 유용하다고 생각하십니까?

유용하지 않다	1	2	3	4	5	6	7	유용하다

[5] 지인들의 댓글이 귀하의 여행지 선택에 얼마나 많은 영향을 끼칩니까?

영향을 끼치지 않는다	1	2	3	4	5	6	7	영향을 끼친다

메시지 공유 의도

다음은 메시지를 다른 사람과 SNS 서비스 내에서 공유할 의도가 있는지에 대한 질문입니다.

[1] 나는 다른 사람들과 나의 마음 혹은 상황을 공유하기를 선호한다.

전혀 아니다	1	2	3	4	5	6	7	매우 그렇다

[2] 나는 SNS 서비스 안의 다른 사람들이 정보를 요청하는 경우 공유를 한다.

전혀 아니다	1	2	3	4	5	6	7	매우 그렇다

[3] 정보가 부족한 경우, 외부 링크(타 SNS 서비스)도 직접 제공하여 공유할 의사가 있다.

전혀 아니다	1	2	3	4	5	6	7	매우 그렇다

4장

설문지 평가

1. 측정 및 오차

1.1 측정의 개념

측정이란 우리가 경험하는 사물 또는 그들 간의 관계에 일정한 규칙에 따라 숫자를 부여하는 것이다. 책의 분량, 키, 몸무게와 같이 우리가 경험하는 것을 인식할 때 책의 분량이 많고 적게, 몸무게는 무겁고 가볍게, 키는 크고 작게 등의 특성을 인식한다. 우리가 사물에 대해 경험적으로 인식하는 질적인 내용이 바로 사물에 대한 경험체계이다. 경험체계에 일정한 규칙에 따라 숫자를 부여한다. 일정한 규칙에 따라 부여된 숫자의 체계를 수리체계라고 하며, 측정은 경험체계를 수

- **개념적 정의(Conceptual Definition)**
측정대상이 되는 어떤 개념의 의미를 사전적으로 정의한 것.
(예: 라이프 스타일-사람들이 살아가는 방식,
사회 계층-한 사회 내에서 거의 동일한 지위의 사람들로 구성된 집단)

- **조작적 정의(Operational Definition)**
어떤 개념에 대해 응답자가 구체적인 수치를 부여할 수 있는 상세한 정의를 내린 것. 선행연구에서 인정되었거나, 객관적이어야 함.

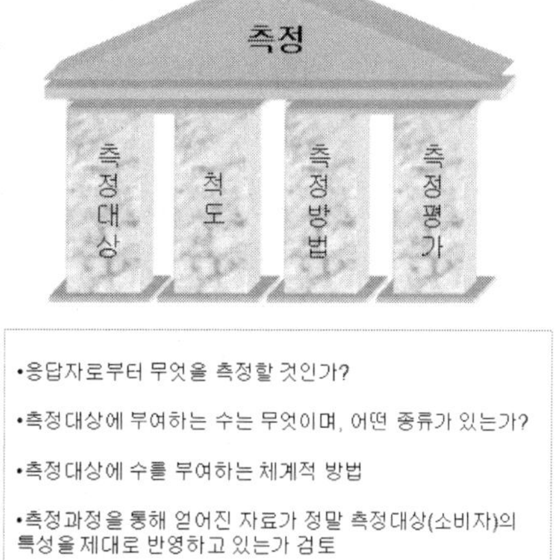

리체계로 바꿔 놓는 작업이다(이순묵, 2002). 측정을 하는 주된 이유는 측정값을 수량화해서 이를 바탕으로 비교, 분석을 하는 데 있다. 자연과학적 특성이 아닌, 사회과학적 특성, 즉 만족도나 의견, 태도를 측정하는 데는 직접측정이 곤란하여 설문지 등을 통한 간접측정 방법을 이용한다. 따라서 측정 시 객관성과 정확성을 유지하는 것이 어려운 문제이다.

1.2 측정의 오차

측정의 정확성이 떨어질 때는 많은 문제점들이 생긴다. 정부 부처별 부패 정도를 측정하는 문제는 부처 간에 심각한 문제를 야기할 수 있다. 부패 정도의 순위는 바로 해당 부처의 위상에 영향을 미치게 된다. 따라서 측정의 신뢰성과 타당성의 문제가 중요하다. 설문조사에서 조사도구인 설문지의 신뢰도와 타당도는 측정에 있어서 오류를 줄이고 측정의 의미를 부여해 주는 중요한 지표가 된다.

수집된 자료가 어떤 것이든 간에 어느 정도의 오차는 있게 마련이다. 그래서 우리는 이들 오차를 줄여서 자료가 사실을 좀 더 정확하게 반영할 수 있기를 바란다. 측정의 오차는 확률오차(random error)와 측정오차(measurement error)의 두 개로 분류된다.

측정오차

- 확률오차 (Random error)
  ⇒ 신뢰성(Reliability)
- 측정오차 (Measurement error)
  ⇒ 타당성(Validity)

■ 확률오차(random error)

확률오차는 모든 연구에서 발생하는 예측 불가능한 오차이다. 측정자의 피로, 기억, 감정의 변동과 같은 요인이 일관성 없이 영향을 미쳐서 발생시키는 오류이다. 이러한 오류는 신뢰성과 관련된 문제이다. 확률오차가 크면 신뢰도가 낮게 되고 반대의 경우는 신뢰도가 높게 된다. 예를 들어 사격 연습을 하는 사격선수가 총을 여러 번 쐈을 때 총알들이 넓게 흩어져 있으면 확률오차가 커서 그 총은 신뢰할 수가 없게 된다. 그러나 총알들이 한쪽에 몰려 있으면 신뢰도가 높다.

■ **측정오차(measurement error)**

측정오차는 측정결과가 체계적으로 한쪽으로 치우쳐 있는 경우를 말한다. 즉 조사도구에 관한 체계적 편향 효과가 된다. 예를 들어 초침이 없고 분침만 있는 시계로는 100m 달리기 경주에서 선수의 경주 시간을 초 단위까지 측정할 수 없다. 분 단위까지만 측정이 가능하므로 60초 이내의 경주 시간의 차이는 시계의 측정오차로 알 수 없게 된다. 이러한 오차 발생은 타당성(validity)과 관련된 것으로 문제의 개념을 측정도구가 실제로 측정하지 못함으로써 나타나는 오류이다. 측정오차가 작으면 작을수록 자료가 사실에 더 가깝게 된다. 그림에서 발사된 총알들이 중심 목표에서 벗어나 있으면 측정오차가 크다고 한다. 주요 관점은 목표지점으로부터 벗어난 정도이다. 총알들이 밀집되어 있지 않아도 목표지점으로부터 가까이 있으면 측정오차는 작게 된다. 바람직한 조사도구는 측정오차와 확률오차 모두가 작아야 한다. 즉, 타당도와 신뢰도가 높아야 좋은 조사도구이다.

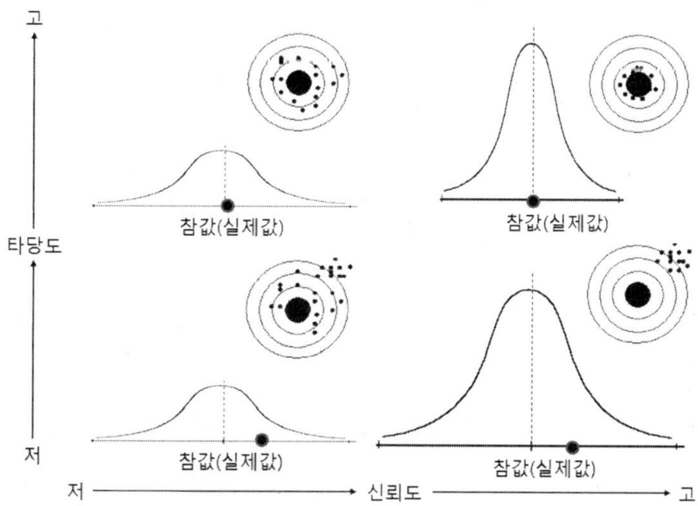

그림 4-1 타당도와 신뢰도의 개념

2. 타당도

2.1 타당도의 정의와 개념

타당도란 연구자가 측정하고자 하는 개념이나 속성을 얼마나 실제에 가깝게 측정하고 있는가를 나타내는 척도이다. 즉, 타당도는 연구자가 측정하려고 하는 개념을 측정도구가 얼마나 정확하게 측정하는가를 평가하는 기준으로 목적 적합성을 의미한다. 예를 들어 무게를 달기 위하여 저울이라는 척도를 사용하는 것은 타당하다. 그러나 이러한 자연현상과는 달리 사회현상이나 사람의 내면적인 상태를 정확히 측정하기 위한 도구의 개발은 쉽지 않다. 그러므로 측정과 관련된 타당도의 문제는 매우 중요한데, 이 문제는 주로 조사설계와 측정단계에서 일어난다.

예를 들어 공무원을 채용하기 위해서 실시하는 공무원 시험에서 지원자들의 공무원 직무수행능력이 있느냐를 측정하고자 한다. 이 경우 공무원 채용시험의 타당성이란 그 시험문제가 실제로 측정하고자 하는 '직무수행능력'을 실제적으로 측정하고 있으며 그것이 원래의 개념인 직무수행능력을 정확히 측정하고 있느냐를 말한다.

2.2 타당도의 종류

미국심리학회에서는 타당도를 내용타당도, 기준관련타당도 그리고 구성체타당도로 분류하고 있다.

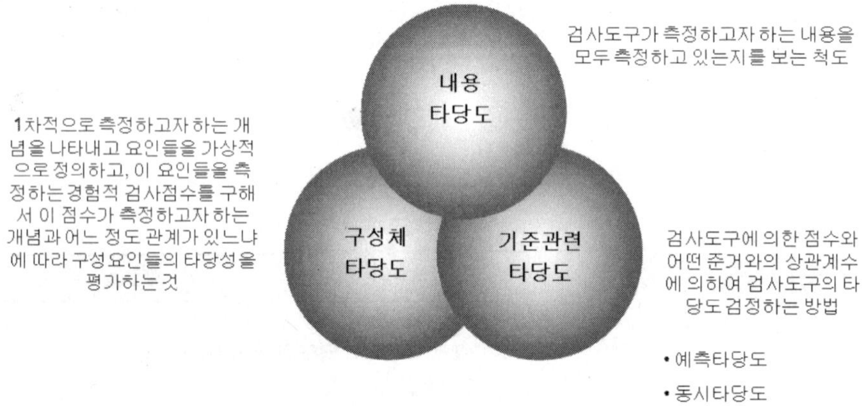

그림 4-2 타당도의 종류

2.2.1 내용타당도

내용타당도란 검사도구가 측정하고자 하는 내용을 모두 측정하고 있는지를 보는 척도이다. 소외감(alienation)에 대한 예를 들어 보자. 소외감(alienation)은 무력감(powerlessness), 무의미성(meaninglessness), 무규범성(normalessness),

고립성(isolation) 및 자기 소외성(self-estrangement)의 하위 개념으로 구성되어 있다. 이들 각 하위 개념을 측정하기 위해서는 각각 7~8개 항목의 문항을 만들어 각 하위 개념의 내용을 잘 반영할 수 있도록 해야 한다. 일반적으로 타당성을 높이기 위해서는 다음과 같은 점이 지적되고 있다(김해동, 1993).

① 소외감이 단일차원으로서의 의미를 나타내기가 어려울 때는 그 의미를 포괄할 수 있는 하위 개념의 의미를 열거하여야 한다.
② 각각의 의미에 대한 질문 항목을 7~8개 사용하여 그 의미를 잘 파악할 수 있어야 한다.
③ 제 기능을 하지 못하는 항목을 제거한다.

이러한 과정을 잘 준수해야 소외감에 대해 측정할 내용들이 적절히 잘 반영될 수 있어 측정도구의 내용타당도가 있게 된다. 내용타당도의 평가는 평가자에 따라 다를 수 있다. 수학만을 전공한 사람이 영어를 평가한다면, 그 평가가 제대로 이루어질 수 없다. 그러므로 내용타당도를 평가할 때는 그것을 평가할 수 있는 전뮤가가 해야 한다. 그러나 전문가마다 의견이 다를 수 있어 논란의 여지가 있다.

2.2.2 기준관련타당도(criterion-related validity)

기준관련타당도는 검사도구에 의한 점수와 어떤 준거와의 상관계수에 의하여 검사도구의 타당도를 검정하는 방법이다. 따라서 주관적인 내용타당도와 달리 객관적 타당도라고 할 수 있다. 측정하고자 하는 개념이 추상적일수록 측정하고자 하는 개념을 평가할 마땅한 개념을 찾기가 어렵다. 그러므로 사회과학 분야에서 사용되는 많은 추상적인 개념에는 기준관련타당도를 사용할 수 없다. 그리고 사용할 기준이 여러 개 가능하다면 기준 변수만큼의 기준관련타당도가 있게 된다. 이러한 점이 기준관련타당도의 사용에 한계가 있다. 기준관련타당도에서 기준이 되는 변수의 존재가 미래에 관계 되느냐 현재에 관계되느냐에 따라 예측타당도와 동시타당도로 나눌 수 있다.

■ 예측타당도

예측타당도는 준거타당도의 하나로서 제작된 검사에 얻는 점수와 준거로서 미래의 어떤 행위와의 관계로 추정되는 타당도이다. 즉 검사점수가 미래의 행위를 얼마나 잘 예측하느냐 하는 문제이다. 예측 타당도는 검사점수와 미래의 행동과의 관계에 의하여 추정되므로 계량화되는 특징을 지니고 있다. 예측타당도의 장점으로는 검사도구가 미래의 행위를 예언하여 주기 때문에 예측타당도가 높으면 선발, 채용, 배치 등의 목적을 위하여 검사를 사용할 수 있다. 단점으로는 도시 측정이 불가능하므로 검사의 타당성을 가정하기 위하여 시간적 여유가 필요하다. 그러므로 일정 시간 뒤에 측정한 행위와 검사의 점수 간에 상관계수에 의하여 타당도를 검정하기 때문에 검사를 실시하고 난 후 인간의 특성이 변화되지 않았다는 보장을 하기 힘들다.

■ 동시타당도

동시타당도는 측정도구의 측정값과 같은 시점에서 기준이 되는 기준값과의 관련성에 의해 측정된다. 기존에 타당성을 입증받고 있는 검사로부터 얻는 점수와의 관계에 의하여 검정하는 타당도이다. 동시타당도는 새로 제작한 검사에 의한 점수와 준거점수로 타당성을 인정받고 있는 검사의 점수와의 상관계수에 의해 평가된다. 동시타당도는 계량화되어 기준관련타당도에 대한 객관적인 정보를 제공할 수 있으며 타당도의 정도를 나타낼 수 있는 장점을 갖는다. 그러나 단점으로 기존에 타당성을 입증받고 있는 검사가 없을 경우 동시타당도를 추정할 수 없으며 기존에 타당성을 입증받는 검사가 있을지라도 기존에 타당성을 입증받는 검사에 의존한다는 것이다.

2.2.3 구성체타당도

구성체타당도란 1차적으로 측정하고자 하는 개념을 나타내고 요인들을 가상적으로 정의하며, 이 요인들을 측정하는 경험적 검사점수를 구해서 이 점수가 측정하고자 하는 개념과 어느 정도 관계가 있느냐에 따라 구성 요인들의 타당성을 평가하는 것이다. 권기만 등(2001)은 서울시의 반부패지수를 산출하기 위해서 부패유발이 행정제도, 행정통제, 그리고 사회조기문화 등 3개의 요인에 의한다고 정의하였다. 이 세 가지 요인이 구성체타당도가 있는가의 여부는 각 요인을 측정하는 문항들을 만들어 요약 상관관계가 낮은 요인별 점수를 구하고, 이들 점수와 부패유발 요인들의 총 점수와 상관을 구하면 된다. 만약 상관관계가 높으면 구성체타당도가 있다고 하고 상관관계가 낮으면 구성체타당도가 없다고 할 수 있다. 상관관계가 낮은 요인은 측정하고자 하는 개념을 구성하는 요인으로 보기 어려우므로 이 요인을 제외시킨다. 구성체타당도가 없게 나타나는 경우는 크게 두 가지 원인에 의한다. 하나는 측정개념을 구성하는 가상적 요인의 설정이 적절하지 못한 경우이고, 둘째는 요인을 측정하는 문항들을 제대로 만들지 못한 경우이다. 이때는 측정도구를 수정해야 한다. 따라서 구성체타당도를 높이기 위해서 요인들 간의 상관뿐만 아니라 요인을 측정하고자 하는 문항들 간의 상관도 높아야 한다.

3. 신뢰도

3.1 신뢰도의 개념 및 정의

신뢰도(reliability)란 측정에 있어 재현가능성(reproducibility)을 객관적인 척도로 나타낸 것으로 안정성을 의미한다. 즉 신뢰도가 1에 가까울수록 재현가능성이 높다는 말이다. 만약 체중계가 오래되어 체중을 측정할 때마다 다른 수치를 나타낸다면 이는 믿을 만한 체중계, 즉 신뢰할만한 측정도구라고 할 수 없다. 사람도 마찬가지로 만날 때마다 약속을 어기는 사람은 신용이 없는 사람, 믿을 수 없는 사람이 된다. 어제 한 이야기가 다르고, 오늘 한 이야기가 다른 경우 그 사람은 신뢰할 수 없는 사람이 된다. 검사도구 역시 믿을 만한 것이 있고, 믿을 수 없는 것이 있다.

검사도구의 타당성(validity)이 입증되었다면 신뢰성이 고려되어야 한다. 배우자를 선택할 때 미혼자라고 하여 모두 결혼 대상은 될 수는 없는 것과 마찬가지이다. 무게를 달기 위한 저울은 타당한 측정도구이지만 모든 저울이 신뢰할 만한 것이 아니다. 동일한 물건을 올려놓을 때마다 무게가 각기 다르게 측정된다면 이 저울은 신뢰할 만한 저울이 되지 못한다. 검사도구 역시 어떤 인간의 속성을 측정할 때마다 다른 점수를 얻는다면 이 검사도구 역시 신뢰할 만한 측정도구가 되지 않는다. 신뢰도란 측정하려고 하는 것을 얼마나 안정적으로 일관성 있게 측정하였느냐 하는 문제이다. 만약 측정 시 오차가 크다면 신뢰성은 떨어지게 된다. 그러므로 신뢰도란 측정의 내적일관성(internal consistency)을 말한다.

3.2 신뢰도의 종류

신뢰도 계수를 추정하는 방법은 이론적 모형이 제시하는 신뢰도의 기본 개념에 근거한다. 고전적인 접근 방법으로, 검사도구의 안정성을 측정하는 반복측정신뢰도(재검사신뢰도), 유사성을 측정하는 동형검사신뢰도, 그리고 분산의 비율 개념에 의한 문항 간 내적일관성신뢰도가 있다.

3.2.1 반복측정신뢰도

유사한 상황하에서 동일 표본, 즉 동일한 피험자 집단을 대상으로 동일한 측정도구를 이용하여 반복적으로 측정을 실시한 후 그 결과를 비교하는 방법이다. 동일한 검사를 두 번 실시하여 얻은 결과 두 검사 점수의 상관관계를 추정하는 방법

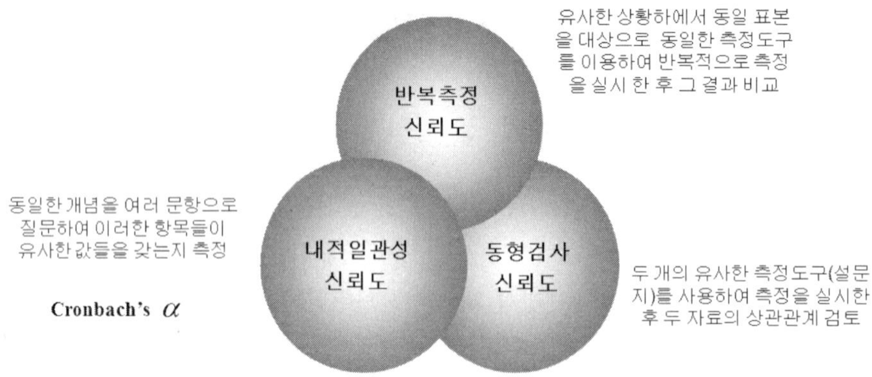

그림 4-3 신뢰도의 종류

이므로 검사도구의 안정성을 의미한다. 추정방법에 따라 피어슨(K. Pearson)의 단순 적률 상관계수 추정 공식에 의한 재검사신뢰도 등이 있다.

3.2.2 동형검사신뢰도

동형검사신뢰도란 두 개의 유사한 측정도구(설문지)를 이용하여 측정을 실시한 후 두 자료 간의 상관관계를 검토하는 방법으로, 두 검사의 유사성을 의미한다. Spearman과 Brown의 반분검사신뢰도 등이 있다. 하지만 두 개의 유사한 도구를 만드는 것이 어렵다.

3.2.3 문항 내적일관성신뢰도

검사도구의 내적일관성(internal consistency)인 신뢰도를 추정하는 방법으로 검사를 두 부분으로 나누어 부분 검사 간의 유사점을 추정하는 방법과 문항 하나 하나를 하나의 검사로 간주하여 문항들 간의 유사성 혹은 측정의 일관성을 검정하는 방법이 있다. 즉, 동일한 개념을 여러 문항으로 질문하여 이러한 항목들이 유사한 값들을 갖는지 측정하는 방법이다.

고전 검사 이론의 기본 가정에 의하여 측정의 오차 개념으로 동일 측정대상을 무한히 반복 측정하였을 때 측정치들이 똑같다면 신뢰도는 1이 된다. 이는 측정의 오차가 없음을 의미한다. 다시 말하여 동일한 측정대상을 같은 측정도구로 무한히 반복 측정하였을 때 생기는 진점수와 오차 점수의 분산에 기초한다. 관찰점수에서 진점수가 차지하는 비중이 크고, 오차점수가 차지하는 부분이 작으면 신뢰도가 높다고 할 수 있듯이, 관찰점수의 분산에서 진점수 분산이 차지하는 비율이 높고, 오차점수의 분산이 작다면 이는 일관성 있게 측정한 것으로 간주되어 신뢰도가 높게 된다. 어떤 대상을 측정하여 얻은 점수를 관찰점수라고 하며, 이를 X라고 할 때 관찰점수 X 는 그 측정대상이 지니고 있는 진짜 특성 혹은 진점수 T 와 측정과정에서 발생하는 오차점수 e 로 구성된다고 할 수 있으며 공식은 다음과 같다.

$$X = T + e$$

동일 대상을 무한히 반복 측정하였을 때 관찰점수가 항상 같았다면 이는 측정시마다 오차 없이 측정하였다고 할 수 있다. 그러나 이 같은 경우는 거의 불가능하므로 관찰점수는 각각 다르게 측정되는 경우가 흔하다. 사물의 특성이나 인간의 능력을 측정하였을 때 진짜 특성이나 진짜 능력인 진점수 추정방법에 대한 의문이 제기된다. 예를 들어 갑돌이가 10문항으로 제작된 수리검사를 5번 반복 실시하여 5, 6, 5, 4, 6점을 얻었을 때, 갑돌이의 진짜 수리 능력은, 즉 진점수는 몇 점일까 하는 의문이 제기된다. 진점수를 추정하는 가장 합리적인 방법은 관찰점수의 평균이 된다. 그러므로 진점수는 관찰점수의 기댓값 $T = E(X)$ 으로 추정된다.

관찰점수는 진점수와 오차점수로 합성되어 있으므로 반복측정하였을 때 관찰점수의 분산은 다음 공식에 의하여 진점수 분산과 오차점수 분산으로 합성되어 있음을 일 수 있다.

$$\sigma_X^2 = \sigma_{(T+e)}^2 = \sigma_T^2 + \sigma_e^2 + 2\sigma_{Te}$$

위 공식에서 진점수와 오차점수의 공분산인 σ_{Te} 은 항상 0이 된다. 이는 고전검사 이론 기본 가정에서 진점수와 오차점수의 상관계수가 0이기 때문이다. 쉽게 풀이하면 오차점수는 피험자 능력 수준인 진점수에 의하여 변화되는 것이 아니라 다른 측정변수에 의하여 영향을 받기 때문이다. 그러므로 오차점수는 진점수에 의하여 영향을 받지 않으므로 상관은 0이고, 상관이 0이라는 것은 공분산의 양이 0임을 의미하므로 다음 공식으로 변환된다.

$$\sigma_X^2 = \sigma_T^2 + \sigma_e^2$$

즉 관찰점수의 분산은 진점수 분산과 오차점수 분산으로 합성되어 있음을 알 수 있다. 즉 오차점수의 분산 부분이 0이면 측정오차가 없음을 의미하는 것으로 신뢰도가 1이 된다. 이는 관찰점수의 분산이 진점수의 분산과 같기 때문이다. 반대로 진점수 분산이 0이면 모든 관찰점수의 분산이 오차점수의 분산으로 되어 있음을 나타내는 것으로 신뢰도는 0이 된다. 그러므로 신뢰도는 관찰점수의 분산 중 진점수 분산이 차지하는 비율임을 알 수 있다. 따라서 신뢰도 공식은 다음과 같다.

$$\rho_{XX'} = \frac{\sigma_T^2}{\sigma_X^2}$$

또한 진점수 분산은 관찰점수 분산에서 오차점수 분산을 제거한 양이 되므로 위의 신뢰도 공식은 다음과 같이 쓸 수 있다.

$$\rho_{XX'} = \frac{\sigma_T^2}{\sigma_X^2} = \frac{\sigma_X^2 - \sigma_e^2}{\sigma_X^2} = 1 - \frac{\sigma_e^2}{\sigma_X^2}$$

완전히 신뢰할 수 있는 검사란 관찰점수 분산 전체가 진점수 분산이 되는 경우이며, 이때 신뢰도는 1이고 모든 측정의 오차는 0이 된다. 즉, $\rho_{XX'} = 1$이면 $\sigma_X^2 = \sigma_T^2$ 이고 $\sigma_e^2 = 0$이다. 이때의 측정은 오차 없이 이루어지게 된다. 오차가 존재하면 신뢰도는 1보다 작게 된다. 따라서 신뢰도와 측정의 오차의 관계는 다음과 같이 유도된다.

$$\rho_{XX'} = 1 - \frac{\sigma_e^2}{\sigma_X^2}$$

는 $\frac{\sigma_e^2}{\sigma_X^2} = 1 - \rho_{XX'}$를 의미하며, $\sigma_e^2 = \sigma_X^2(1 - \rho_{XX'})$, 즉 $\sigma_e = \sigma_X\sqrt{(1 - \rho_{XX'})}$의 형태임을 알 수 있다. 즉, 측정의 오차는 관찰점수와 1에서 신뢰도 계수를 뺀 값의 제곱근과의 곱이 된다(성태제, 2000).

내적일관성 추정방법으로는 문항점수의 분산과 공분산 개념을 이용한 KR-20 (Kuder-Rechardson 20), 분산분석을 이용한 Hoyt 신뢰도, Cronbach α 계수가 있다. 이상의 신뢰도 추정방법은 진점수의 분산을 관찰점수의 분산으로 나눈 비율에 기초한 개념으로서 KR-20, Hoyt 신뢰도, Cronbach α순으로 제안되었다. KR-20은 이분 문항에만 적용되고, Hoyt 신뢰도는 이분 문항뿐만 아니라 점수가 부여되는 문항의 신뢰도를 추정하며 추정방법이 분산분석방법을 사용하므로 복잡하게 여겨져 보편화되어 있지 않아 Cronbach α 계수가 흔히 사용되고 있다. Cronbach α 계수가 신뢰도 추정을 위하여 흔히 사용되는 이유는 이분 문항뿐만 아니라 연속적으로 점수가 부여되는 문항들의 신뢰도 추정이 가능하며, 신뢰도 계산 공식의 유도 과정과 개념이 보다 간단하기 때문이다.

■ Cronbach α

Cronbach(1951)는 문항내적일관성을 측정하기 위하여 검사를 두 부분으로 나누지 않고 문항점수의 분산을 고려한 Cronbach α 계수를 제안하였다. 검사 X가 문항 $Y_1,\ Y_2,\ \cdots,\ Y_k$으로 구성된 경우, 즉 $X(=\sum_{i=1}^{K} Y_i)$인 경우 Cronbach α 계수의 일반 공식은 다음과 같다.

$$\alpha = \rho_{XX'} = \frac{K}{K-1}\left(1 - \frac{\sum_{i=1}^{K} \sigma_{Y_i^2}}{\sigma_X^2}\right)$$

이때, K는 문항수이며, $\sigma_{Y_i}^2$는 i번째 문항에 응답한 피험자 점수의 분산, σ_X^2는 피험자들의 총점의 분산이다.

4. 타당도와 신뢰도 개선방안

타당성 개선방안

1. 타당성은 측정상의 체계적 오류임. 연구가설 설정이 잘못되었거나 개념에 대해 부정확하게 정의를 내리거나, 설문지 작성과정의 오류 등으로 인해 발생한다. 따라서 연구담당자의 연구분야에 대한 이론적 지식을 습득하는 것이 중요하다.
2. 타당성을 인정받은 측정방법을 이용하는 것이 좋다.
3. 사전조사를 통해 항목간 상관관계분석, 요인분석을 적용하여 문항제거 및 변수선택을 하여 개념을 측정하는 것이 좋다.

신뢰성 개선방안

1. 설문지의 문항별 설명을 명확히 하여 응답자별 해석상의 차이가 발생하지 않도록 한다
2. 조사원들에 대한 교육을 강화하여 설문을 명확히 이해하도록 하고, 질문방식 등을 표준화시킨다.
3. 답례품을 증정하여 성실한 응답을 구하거나, 길거리가 아닌 제과점, 커피숍과 같은 장소를 단기간 임대하여 조사하는 등 기후, 소음 등의 영향을 제거한다.
4. 성의가 없거나 일관성이 없게 응답한 설문지는 폐기한다.
5. 중요 질문의 경우, 유사한 질문을 이용하여 반복적으로 질문한다.
6. 기존의 조사를 통해 신뢰성이 높은 것으로 판명된 설문지 또는 측정항목을 이용한다.
7. 코딩 등 자료처리과정의 검증을 강화하여 자료처리상 오류를 줄인다.

5. 타당도분석과 신뢰도분석

5.1 타당도분석의 응용

타당성(validity)이란 조사자가 측정하고자 하는 개념을 얼마나 충실히 측정하고 있는지를 나타내는 것으로, 측정점수가 측정의 목적에 얼마나 부합하는지를 나타내는 개념이다. 타당도의 종류로는 내용타당도, 구인타당도, 준거타당도 등

이 있으나 이들은 대부분 측정변수와 잠재변수의 근접도를 적절히 반영하지 못한다는 단점이 있다. 일반적으로 사회과학 조사에서 많이 사용되는 타당도분석은 탐색적 요인분석(인자분석, Exploratory Factor Analysis)[17]이다. 여기서 탐색적 요인분석이란 요인의 구조 등에 관한 가설을 고려하지 않으며, 관찰변수들의 상관관계를 재생성시킬 수 있는 최소개수의 요인을 탐색해 내는 것이 목적이다. 이때 요인의 해석은 요인과 관찰변수 사이의 관계를 나타내는 요인 적재 행렬 등을 자료로부터 일단 추정한 이후 탐색적으로 이루어진다. 탐색적 요인분석의 요인 추출방법으로는 일반적으로 주성분 분석(PCA, principle component analysis)을 사용하고, 회전방법으로는 요인 간 관계를 명확히 하는 직교회전(varimax rotation) 방법을 채택하여 해석의 편의를 높일 수 있다. 요인분석에 관련한 이론적인 개념은 통계학과 학부 4학년 이상에서 배우는 다변량 분석기법으로 본 저서에서는 수학적인 개념은 제외하고 실제 연구논문 등에서 활용하는 사례를 중심으로 설명할 것이다. 아래 결과는 앞장의 설문지 사례 중 5.4절 중소기업 브랜드의 브랜드 충성도에 관한 연구의 분석결과이다. 상기의 연구는 3개의 내생변수(지각된 품질, 브랜드 이미지, 브랜드 충성도)와 2개의 외생변수(매장 이미지, 광고비용)로 구분하고 있으며, 탐색적 요인분석결과 이들이 각각 다른 특성을 갖는 요인들로 요인적재값이 잘 구분되는 것을 확인할 수 있었다. 또한 10개의 내생변수 문

표 4-1 탐색적 요인분석 결과

항목	변수	요인 1	요인 2	요인 3
지각된 품질	QUALITY1	0.023	0.197	0.643
	QUALITY2	−0.025	0.095	0.697
	QUALITY3	0.032	0.073	0.520
브랜드 이미지	BIMAGE1	0.092	0.811	−0.034
	BIMAGE2	0.264	0.851	−0.057
	BIMAGE3	0.050	0.819	0.198
브랜드 충성도	LOYALTY1	0.716	0.371	0.112
	LOYALTY2	0.800	0.108	0.014
	LOYALTY3	0.736	−0.015	−0.156
	LOYALTY4	0.780	0.108	0.027
고유값(eigenvalue)		4.080	1.741	1.253
누적 분산비(%)		40.801	58.211	71.743

17) 한편 구조방정식모형에서 측정모형에서의 계수추정치를 통상적으로 경험적 타당도라고 부르기도 하는데, 이는 관찰변수와 잠재변수가 표준화되어 있을 경우의 계수추정치(즉, 완전 표준화 추정치)가 관찰변수와 잠재변수 간의 상관계수가 되기 때문이다.

항 대신 3개의 요인으로 차원을 축소시켜도 자료의 설명력이 크게 떨어지지 않음을 누적 분산비(71.74%)를 통해 확인할 수 있었다. 따라서 탐색적 요인분석을 통한 타당도 검증결과, 본 문항들은 각각의 개념(요인)들을 측정하는 데에 타당한 목적적합성을 가진 것으로 판단된다.

5.2 신뢰도분석의 응용

타당도분석에서는 내용적인 측면에서 연구도구(즉, 설문문항)가 연구목적에 타당한지 여부를 검증하였다면, 신뢰도분석은 도구 자체가 안정적인지 여부를 검증하는 분석방법이다. 즉 신뢰성은 안정성, 일관성, 예측가능성, 정확성, 의존가능성 등으로 표현될 수 있는 개념이라고 볼 수 있다. 신뢰성을 측정하는 방법은 재검사법, 복수양식법, 반분법 등 여러 가지가 있는데 일반적으로 사회과학 조사에서 많이 사용되는 신뢰도분석은 동일한 개념에 대해 여러 항목을 이용하는 경우 문항내적일관성을 측정하는 값인 크롬바 알파(Cronbach's alpha) 계수를 이용한다. 크롬바 알파값을 이용한 신뢰도분석은 각 항목에 대한 설문 문항들의 안정성을 체크하는 방법이다. 신뢰도란 동일한 개념에 대해 측정을 반복했을 때 동일한 측정값을 얻을 수 있는 정도로서, 한 항목에 대한 측정값이 얼마나 일관성 있게 그리고 안정적으로 얻어지는가에 대한 것이다. 따라서 비슷한 성향을 갖는 사람이 비슷한 여러 문항에서 비슷한 성향으로 대답하는 일관성을 보이는지를 검증하는 것이다. 이때 측정하고자 하는 대상에 대한 크롬바 알파값이 0.7 이상이면 일반적으로 신뢰할 만하다고 판단할 수 있다(Nunnally, 1978). 타당도분석과 마찬가지로 문항내적일관성에 관련한 이론적인 개념은 앞 절에 소개되었으므로 이 절에서는 수학적인 개념은 제외하고 실제 연구논문 등에서 활용하는 사례를 중심으로 설명하도록 하겠다. 아래 결과는 앞장의 설문지 사례 중 5.4절 중소기업 브랜드의 브랜드 충성도에 관한 연구의 분석결과 중 일부이다. 앞서 타당도분석을 통해 본 연구 문항들이 연구목적에 적합함을 확인할 수 있었으나, 신뢰도분석을 통해 안정적인지 여부를 확인해 본 결과, 모든 요인이 크롬바 알파값이 0.7보다 커 연구문항들이 안정적으로 신뢰할 만하다고 판단할 수 있다.

표 4-2 신뢰성검정결과

항목	초기 문항수	최종 문항수	α 계수
지각된 품질	3	3	0.7687
브랜드 이미지	3	3	0.7587
브랜드 충성도	4	4	0.8318

다음은 또 다른 사례인 대학생들의 금융에 관한 관심도를 알기 위한 설문 문항이다. 아래 6개 문항에 대한 전체 크롬바 알파값은 0.888로 매우 높은 편이고, 항목이 삭제된 경우의 크롬바 알파값이 모두 이보다 높지 않으므로 금융에 관심도가 매우 일관적이게 신뢰도가 높다고 할 수 있다.

표 4-3 금융에 관한 관심도를 측정하는 설문 문항

금융에 관한 관심도	매우 그렇다	조금 그렇다	보통 이다	별로 그렇지 않다	전혀 그렇지 않다
1. 금융에 대해 관심이 있습니까?					
2. 펀드에 대해 알고 계십니까?					
3. CMA에 대해 알고 계십니까?					
4. 예금자 보호법에 대해 알고 계십니까?					
5. 청약 저축과 청약 예금과 청약 부금을 구분할 수 있습니까?					
6. 제1금융권과 제2금융권, 제3금융권을 구분할 수 있습니까?					

표 4-4 신뢰성검정결과

신뢰도 통계량	항목이 삭제된 경우 크롬바 알파값	크롬바 알파값 (6개 문항)
금융 관심도1	.879	.888
금융 관심도2	.858	
금융 관심도3	.857	
금융 관심도4	.856	
금융 관심도5	.876	
금융 관심도6	.881	

5장

표본추출법

1. 표본조사 개념 및 목적

대부분의 국가에서는 표본조사(sample survey)가 공인된 연구방법으로 널리 사용되고 있다. 물론 표본조사는 총조사(census)에 대한 상대적 개념이다. 민주화된 사회에서는 조사의 역할이 중요한데, 정책 입안자들은 조사에서 나타난 주민들의 요구가 바로 주민 전체의 태도, 선호 그리고 의견을 반영한 것이라고 생각하기 때문이다. 각 기업의 경영인들은 조사를 바탕으로 신제품을 홍보하고, 시장 전략을 세우게 되며, 정치인들은 선거 전략을 세우게 된다. 또한 많은 교수들은 조사연구 프로젝트의 결과를 기초로 하여 많은 논문이나 저서를 작성하게 된다. 작은 레스토랑도 직원들과 고객들에 대한 조사를 통하여 그들이 바라는 서비스에 대한 정보를 얻게 된다. 표본조사는 폭넓게 사용되고 있지만 신뢰성에 대하여 의구심이 사라지지 않고 있다. 즉, 비전문가들에게는 소수의 응답자로부터 얻어진 정보가 전체를 대변할 수 있는가에 대한 의문이 남아있는 것이다.

표본조사연구의 최종 목표는 모집단의 일부분인 표본을 연구하여 얻은 결과를 모집단으로 일반화하는 데 있다[18]. 일반화되는 과정에는 어떤 정보가 얻어져야 하는지, 그 정보가 어떻게 수집되어야 하는지, 그리고 누구로부터 그 정보를 얻어야 하는지 등이 고려된다. 이때 표본조사에서 얻은 표본자료로부터 모집단의 모수를 추정하는 데 있어 추정량의 정도(precision)에 영향을 미치는 중요한 요소로

18) 표본으로부터 얻은 결과를 모집단으로 일반화시키는 방법은 1910년대에 주류회사 연구원인 고셋(Gossett)이 회사 제품의 품질을 검정하는 문제를 해결하기 위해 고안하였다. 공장에서 생산된 제품의 품질을 시험하려면 전 생산량의 맛을 보아야 하므로 결과적으로 제품을 소비하게 된다. 그런데 전 생산량 모두를 검정하는 것은 불가능하므로 생산품의 극소수 부분에 대한 표본 검사를 통해 전 생산품의 질을 일반화하여 설명한 것이다. 그의 이론은 스튜던트(Student)라는 필명을 사용하여 발표되었다. 이는 오늘날 소표본이론(small sample theory)의 기초이론으로 자리 잡게 되었고, 스튜던트 t-분포는 여기에서 시작된 것이다.

는 다음과 같은 두 가지 사항을 들 수 있다. 첫째, 표본의 크기이다. 표본의 크기가 커짐에 따라 정도는 높아지게 된다. 둘째, 표본자료들 값의 변동의 정도인데 이 변동의 크기는 표본추출방법에 의해 어느 정도 조절된다.

2. 표본조사의 특성

2.1 표본조사의 장점

표본조사기법의 중요한 장점은 일부분으로부터 얻은 결과를 추론에 의하여 모집단 전체에 대하여 일반화할 수 있다는 점이다. 표본조사를 실행하는 데 드는 비용은 모집단 전체를 조사하는 것보다 훨씬 적게 든다. 따라서 적절히 사용한다면, 표본조사는 합리적인 자료를 수집하는 정확한 방법이 되며 개인, 기관 그리고 사회의 특성을 연구하는 기회를 제공하게 된다. 이것은 상대적으로 편향되지 않고 또 과학적인 정확한 방법으로 전체의 특성을 대표하는 표본에 대한 조사를 통하여 얻을 수 있다.

첫째, 경제성이다. 전체를 잘 대표하는 표본을 선택할 경우 표본조사는 전수조사를 할 경우보다 훨씬 비용을 절감할 수 있다. 실제 조사 비용뿐만 아니라 조사관리 비용과 자료 처리, 분석 비용 등 여러 가지 면에서 전수조사와 비교하여 더욱 비용을 절감할 수 있다. 특히 조사대상의 크기가 크다면 더욱 경제성이 높아지게 된다. 전수조사에 비해 큰 비용을 들이지 않고 조사가 가능하기 때문에 보다 광범위한 다양한 경우에서 표본조사를 적용하게 된다. 우리나라에서 전체 국민을 대상으로 하는 여론조사를 할 경우(대통령 후보 지지도 조사, 국회의원 후보 지지도 조사 그 외 등등) 전체 국민 중에서 몇 천 명 정도를 표본으로 선택하여 조사하는데 그 신뢰도는 높다. 〈표 5-1〉은 크기가 주어진 소규모 모집단에 대한 신뢰수준, 오차한계에 따른 최소 표본의 크기이다.

둘째, 신속성이다. 표본조사를 하다보면 조사결과의 신뢰성 못지않게 신속성이 문제가 되기도 한다. 예를 들면 국회위원 선거를 앞두고 사전에 여론조사를 하는 경우로, 선거일 투표 이전에 유권자의 지지성향을 알 수 있는 여론조사를 실시할 수 없다면 그것은 무의미할 것이다. 투표일 이전에 신속하게 유권자의 지지성향을 알아야만 적절한 선거운동 전략을 수립할 수 있으므로 신속성은 매우 중요한 요소가 된다. 통계조사를 신속히 해야 하는 경우 표본조사는 매우 유익하게 활용될 수 있다.

표 5-1 크기가 주어진 소규모 모집단에 대한 최소 표본의 크기

모집단의 크기	표본의 크기					
	95% 신뢰수준			99% 신뢰수준		
	±3%[19]	±5%	±10%	±3%	±5%	±10%
500	250a	218	81	250a	250a	125
1,000	500a	278	88	500a	399	143
1,500	624	306	91	750a	460	150
2,000	696	323	92	959	498	154
3,000	788	341	94	1,142	544	158
5,000	880	357	95	1,347	586	161
10,000	965	370	96	1,556	622	164
20,000	1,014	377	96	1,687	642	165
50,000	1,045	382	96	1,777	655	166
100,000	1,058	383	96	1,809	659	166

셋째, 심도 있는 조사가 가능하다. 조사대상의 크기가 매우 큰 모집단에서 전수조사를 할 경우 응답자의 지극히 단순한 정보만을 얻을 수밖에 없다. 그렇지 않으면 조사 및 조사결과의 처리가 복잡해져서 엄청난 시간, 인력과 장비가 필요하게 된다. 하지만 표본조사인 경우 조사대상의 크기가 전수조사의 비해 작으므로 각 대상에 대해 여러 가지 항목에 대해 전문 조사원을 통해서 심도 있는 조사가 가능하다.

넷째, 조사의 정확성이다. 전수조사를 할 때 모집단 전체에 대한 정보를 수집하게 되므로 표본조사처럼 일부 표본을 통해 모집단 전체를 설명하는 데서 생기는 오차는 생기지 않는다. 하지만 조사 자체가 방대해지므로 조사 및 조사관리 등이 부실해지기 쉽고 또 자료의 입력, 처리과정 등에서 착오가 생길 가능성이 커져서 오히려 표본조사보다 신빙성이 떨어지는 결과가 나타날 수 있다. 충분한 예산과 인력이 뒷받침되고 철저한 조사관리가 따르지 않는다면 전수조사는 잘 관리된, 전문인력에 의한 표본조사에 비해 조사의 정확도가 오히려 떨어지게 된다.

다섯째, 표본조사는 파괴검사의 경우에 적절하다. 공산품의 품질검사에서는 검사를 하고 나면 제품이 파괴되는 경우가 많다(제품의 수명검사 등). 예로 전구의 수명을 검사하려면 전구를 계속 켜놓고 있어야 하므로 검사를 마치면 전구는 전구의 역할을 하지 못하게 된다. 이런 조사에서 전수조사를 실시한다면 생산된 모든 제품이 제 역할을 하기도 전에 파괴되고 만다. 그러므로 현실적으로 전수조사는 불가능하다. 따라서 표본조사를 실시해야만 한다. 표본조사는 소수의 표본을 통해 전체 모집단의 특성을 추정해 나가는 것이므로 그 표본이 전체 모집단을 잘

19) 오차한계(Error Margin) 또는 허용오차

대표하고 있을 때만 효과적으로 사용될 수 있다는 점을 명심해야 한다.

2.2 표본조사의 단점

첫째, 표본조사에서는 무엇보다도 표본의 대표성이 확보되어야 하는데, 대표성이 있는 표본선정에는 어려움이 따른다. 표본의 대표성 확보를 위해 연구자는 모집단에서 조사대상을 선정할 때 모집단 전체를 대표할 수 있도록 무작위 표본추출이 이루어지도록 하는 등, 연구자의 작위적인 판단이나 의도가 개입되지 않도록 하는 것이 중요하다.

둘째, 표본조사는 표본의 크기를 어느 정도로 할 것인지 그 규모에 따라 표본오차(sampling error)가 달라지므로 허용되는 수준의 오차인 오차한계(허용오차, margin of error)를 달성할 수 있는 정도의 크기를 확보해야 한다.

셋째, 모집단 자체가 작은 경우 전수조사가 가능하므로 표본조사를 하는 의미나 효용이 떨어진다.

넷째, 복잡한 표본설계를 요하는 경우에는 시간이 많이 들고 오차가 많이 발생할 수 있다.

3. 표본조사에서의 오차

미지의 모수를 사전에 예측하거나 적은 비용으로 허용된 오차의 범위 내에서 모수를 추정하기 위해서는 모집단의 일부를 표본으로 추출하여 통계량을 계산해 내고 이를 토대로 하여 모수를 추정하게 된다. 이 과정에서 실제 상황과 차이가 나타날 수도 있고 표본추출과정이나 조사방법상의 문제 외에도 여러 가지 다른 이유에서 모수와 표본의 추정된 값 사이에는 차이가 있을 수밖에 없다. 이를 표본조사과정에서 발생하는 오차(error)라고 한다. 이는 크게 표본오차(sampling error)와 비표본오차(non-sampling error)로 나뉜다.

3.1 표본오차

표본오차(sampling error)는 모집단에서 일부를 추출하여 조사한 결과를 갖고 모집단 전체에 대한 추론을 하는 절차상에서 생기는 오차이며, 모집단 전부를 조사하여 통계량을 계산한다면 표본오차는 없어질 것이다. 표본오차를 최소화하고

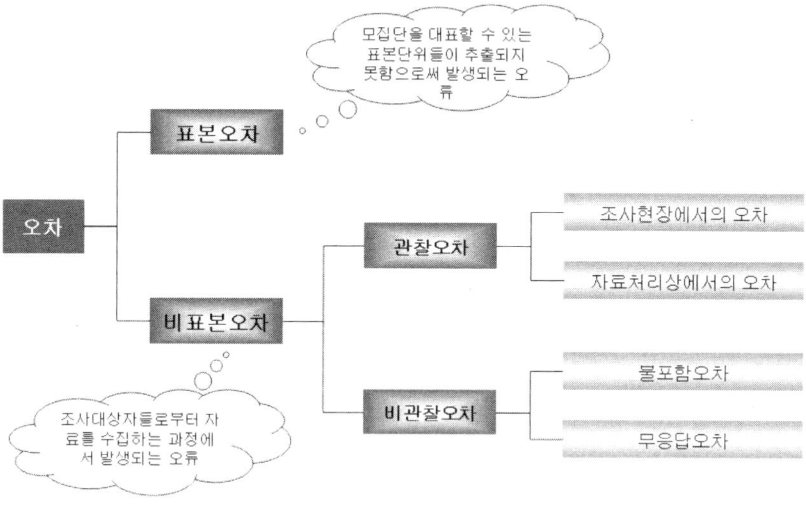

그림 5-1 표본조사의 오차

자 하는 연구들은 표본오차를 여러 분야에서 활용하면서 많이 진행되었다. 표본오차를 줄이기 위해서는 표본의 크기가 커야 하지만, 실제 표본조사에서는 경제적으로 예산의 제한 때문에 표본의 크기를 적절하게 결정해야 한다. 이때 고려해야 할 사항은 표본오차를 최소로 할 수 있도록 표본의 크기를 결정해야 한다는 점이다. 표본오차의 가장 큰 특징은 표본의 크기가 증가함에 따라 크기가 감소한다는 것이다.

3.2 비표본오차

표본조사나 전수조사의 두 가지 경우에서 발생 가능한 오차가 비표본오차(non-sampling error)이다. 표본오차는 모집단 전체를 관찰하지 않고 그중 일부를 추출해 관찰한 것을 이용하여 모수를 추정하기 때문에 생긴 오차를 말하며, 비표본오차는 조사의 계획단계에서부터 자료분석이나 보고서 작성의 최종과정까지 부주의나 실수 또는 원인을 알 수 없는 이유 중에서 생기는 오차를 말한다.

비표본오차의 특징은 전수조사와 표본조사에서 모두 발생할 수 있으므로 잘 관리된 표본조사에서 추정한 모수의 추정값은 비표본오차의 관리가 덜 된 전수조사의 모수의 값보다 정확도가 높을 수 있다.

비표본오차의 주요 발생 원인은 연구목적의 불명확성, 조사 범위의 불분명함, 모집단의 전 영역을 포함하지 못한 프레임 작성, 잘못된 개념의 정의, 자료 수집 방법의 결함과 분석될 자료의 도표화에서 생기는 오류 등으로 볼 수 있다. 비표본오차는 발생 요인에 따라 표본조사 준비단계에서 생기는 무응답오차, 자료수집이나 관찰과정 중에 생기는 응답오차와 수집된 자료처리과정 중에 생기는 종합표 작성의 오차로 구분될 수 있다.

표 5-2 비표본오차

관찰오차 (response error)	조사현장에서의 오차	조사자나 응답자가 설문 항목을 이해하지 못하거나 조사자가 면접과정에서 응답자에게 영향을 미치는 경우
	자료처리과정의 오차	코딩 등 데이터 핸들링 과정에서 실수함으로써 발생
비관찰오차 (nonrespons e error)	불포함오차	표본추출방법이 잘못되거나 표본프레임이 완전하지 않아 모집단에 포함된 대상이 표본으로 추출될 가능성이 없을 경우에 발생
	무응답오차	선정된 표본 중에서 접촉이 되지 않거나 응답을 거부한 무응답자들이 응답자들과 어떤 특성에서 큰 차이를 보이는 경우

3.2.1 관찰오차

■ **응답오차**(Response Error)

응답오차는 측정된 값과 참값의 차이를 말하며, 발생 원인은 다양하다. 발생 원인은 응답자에게 있을 수도 있고 조사자에게 있을 수도 있다. 때로는 두 가지 원인 사이의 상호작용이 있을 수 있고, 이에 따라 오차가 커지기도 한다. 측정도구나 기술의 결함에 의해서 응답오차는 생길 수 있지만 응답오차를 유발하는 주요 원인으로는 다음과 같은 것을 생각할 수 있다.

① 조사원에 대한 불충분한 감독
② 조사원의 경험 미숙과 훈련 부족
③ 자료수집과정상의 문제점과 응답자로 인해 발생되는 기타의 오차

■ **종합표 작성의 오차**(Tabulation Error)

수집된 자료를 처리 분석하는 과정에서 발생되는 오차는 편집방법, 코딩, 도표화 등의 결함에서 올 수도 있고 통계적 추정과정의 오류에서 생길 수도 있다. 오차 발생의 주된 기본자료의 검사 미흡, 코딩 또는 자료입력 등의 자료처리과정 중에 발생되는 오차와 결과 발표나 인쇄과정 중에 범해지는 기타오차로 구별할 수 있으며 원인별로 설명하면 다음과 같다.

① 기본자료의 검사 미흡

② 자료처리과정 중에 발생되는 오차
③ 공표과정에서 발생하는 오차

3.2.2 비관찰오차

■ 무응답오차(Non-Response Error)

표본모집단의 일부에 대한 자료를 얻을 수 없어서 생기는 관찰 불가능에 의한 오차를 말하며, 두 가지의 대표적인 요인은 응답자의 무응답과 모집단의 표본틀을 작성할 때 일부의 조사단위를 포함하지 못한 것이다. 무응답오차의 발생 원인은 표본으로 추출된 응답자(추출단위)가 응답을 거부하였거나, 부재 또는 설문지의 분실이나 미착(未着)으로 발생한다. 또한 전 모집단을 포함하지 못함은 표본모집단으로 정의된 것들 중에서 그 일부분인 몇 개의 추출단위들이 표본틀에 포함되지 않아서 실제 표본추출과정에서 제외된 경우에 발생된다. 무응답오차에 대한 대책은 다음과 같다. 자료수집절차 개선을 하는 것으로, 응답을 많이 할 수 있도록 절차를 개선함으로써 오차를 감소시키는 것이다. 자료응답을 익명으로 처리히는 방법도 한 예이다. 또 재방문을 하여 응답을 얻는 방법이 있으며, 무응답값을 다른 측정값이나 과거의 정보를 이용하여 유사한 값으로 대체하는 방법(imputation)이 있다. Stephan과 McCarty(1958)가 연구한 재방문 횟수와 응답을 얻는 비율과의 관계는 아래의 표와 같다.

표 5-3 재방문 횟수와 응답을 얻는 비율(%)

응답자 \ 방문 횟수	1회	2회	3회	불능	계
특정성인	37	32	23	8	100
불특정성인	70	17	8	5	100

■ 비표본오차의 측정과 제어

비표본오차 측정 시 적절한 방법의 적용과 이를 제어하기 위한 적당한 과정의 선정은 과정 중의 일부가 표본조사설계 중에 포함될 수 있으므로 표본조사 이전에도 세심한 주의가 필요하다. 오차의 측정과 제어를 위해서 정해진 과정과는 별도로 마지막 결과에서 나타날지도 모르는 다른 비표본오차 추정을 위한 독립적인 계획이 필요하게 될 수도 있다. 이 경우에 대비해서 보다 많은 비용이 들더라도 더욱 정밀한 자료수집과 처리방법이 요구된다. 다음에서 구체적으로 설명하고자 한다.

① 일관성 점검: 수집된 자료의 질을 점검하거나 어떤 항목을 포함하고자 할 때는 설문지나 일람표 작성에 특별히 주의를 해야 하며 만약 자료의 질에 대한 정보를 얻기 위한 항목의 조사가 간단하다면 모든 표본조사에 적용하고 그렇지 않은 경우에는 부차표본을 추출하여 그 단위에만 적용하는 것이 좋다.

② 표본점검: 오차의 탐지와 교정을 위해서 여러 실행과정 중에서 일부 작업을 독립적으로 복제하는 것이 전수조사나 표본조사에서의 비표본오차를 제어하는 방안이다. 훈련되고 경험 있는 비교적 작은 집단을 이용하여 작업과정의 일부를 선정하여 복제점검을 실시한다. 만약 표본이 적절하게 설계되고 점검작업이 효율적으로 실시된다면 비표본오차의 탐지뿐만 아니라 그 크기에 대한 윤곽을 얻을 것이며 조사업무 전 과정에 대해서 완전 점검이 가능하다면 최종결과의 질은 높아질 것이다.

③ 사후표본조사점검: 비표본오차를 측정하기 위해서 본 조사를 실시한 사람들보다 더 잘 훈련되고 경험이 많은 조사원을 이용하여 표본조사에 조사된 단위들의 부차표본에 대하여 재조사하는 방법을 사후표본조사점검이라고 한다. 사후표본조사점검은 표본점검의 한 유형으로, 더 효과적일 수도 있다.

4. 표본조사단계

표본조사단계를 요약해 보면 다음과 같다.

- **1단계** 연구의 핵심과 연구방법을 명시한다. 연구의 목적과 목표를 잘 설정해야 하며, 자료를 수집하는 방법을 결정해야 한다. 자료를 수집하는 방법은 연구에 소요되는 비용과 연구를 완성하는 데 걸리는 시간에 큰 영향을 미친다.
- **2단계** 연구일정과 예산을 책정한다. 연구목적과 방법이 결정되면 연구를 마칠 때까지의 일정표를 작성해야 한다. 일정표는 예측할 수 없는 지연에 대해 충분히 대응되고, 의뢰자의 요구를 만족시킬 수 있도록 유연성을 가지고 있어야 한다.
- **3단계** 기초 정보를 수집한다. 설문지를 작성하기 전에 관심 있는 집단과 중요한 개인으로부터 연구주제에 관련된 정보를 수집하는 것이 필요하다.
- **4단계** 표본추출틀(sampling frame)을 설정한다. 조사대상이 되는 모든 객체를 포함하고 있는 모집단이 조사연구주제의 표본추출틀이다. 개념적인 모집단(목표 모집단)이 정의된 후에 이 중에서 접촉과 식별이 가능한 모집단(조사모집단) 구성원들의 명부를 작성한다. 이 명부를 표본추출틀이라고 한다.

- **5단계** 표본 크기의 결정과 표본추출방법을 선택한다. 연구자는 조사하는 모집단이 거의 그대로 축소된 형태의 표본을 선택해야 한다. 일반적으로 큰 표본이 작은 표본보다 더 정확도를 갖는다. 정확도를 높이려면 표본의 크기를 크게 해야 하는데 이것은 시간과 비용이 많이 들게 된다. 그러므로 연구조사에 적절한 표본의 크기와 표본추출방법을 선택해야 한다. 표본추출과 관련해서는 다음 절에 자세히 다루도록 하겠다.
- **6단계** 설문지를 설계 작성한다. 설문지를 작성하기 전에 설문조사의 방법(면접, 우편, 전화조사 등)을 결정해야 한다. 각각에 따라 설문의 개수, 설문의 형태 등이 달라지기 때문이다. 설문지는 적절한 의미 있는 자료분석이 되도록 작성되어야 한다.
- **7단계** 설문지의 사전조사를 실시한다. 설문지가 준비된 후에 연구자가 설문지의 질문을 통하여 연구목표를 달성하는 데 필요한 정보를 얻을 수 있다고 믿으면, 실제 조사 상황에서 설문지를 사전에 검사하는 것이 필요하다. 이를 통해서 잘못 표현된 질문이 발견되기도 하고, 설문지가 전반적으로 다듬어질 수 있다.
- **8단계** 조사원의 선정한 후 훈련을 시킨다. 전화조사나 면접조사에는 훈련된 조사원이 필요하다. 훈련원은 연구의 성질이나 응답자의 특성에 따라 선정한다. 조사원이 될 사람은 연구자에 의하여 설문지를 사용하는 방법, 응답자의 응답을 유발하고 지속시키는 방법에 대해 훈련받는다.

그림 5-2 표본조사단계 개념도

- **9단계** 조사를 실시한다.
- **10단계** 설문지의 코드화와 자료의 전산화한다.
- **11단계** 자료분석과 최종 보고서를 작성한다.

5. 표본추출방법

신뢰할 수 있는 표본조사를 수행하기 위해서는 랜덤표본추출 같은 통계적인 개념과 면담기술 같은 현실적인 기술이 동반되어야 한다. 대표성(representativeness)을 확보하기 위하여 단순랜덤표본(simple random sample)을 얻는 것이 통계적으로는 좋다고 할 수 있으나 현실적으로는 그렇지 못하다. 표본조사틀(sampling scheme)을 얻기 힘들고, 표본으로 뽑힌 사람들을 조사하기 위하여 조사원을 전국으로 보내야 하기 때문이다. 이런 현실적인 어려움을 해결하기 위하여 실제 현장의 표본조사에서는 단순랜덤추출보다 복잡한 표본추출법을 사용하게 된다. 이에 대하여 이후 표본추출법의 종류에서 보다 상세하게 설명한다.

5.1 표본추출의 주요 용어

■ 요소

요소(unit)는 정보를 수집하는 단위이며 분석의 기초이다. 일반적으로 설문조사에서의 요소는 사람 또는 일정한 유형의 사람이다. 그러나 가족, 사회모임, 기업 등도 있다. 요소의 뜻을 모집단의 개념과 연관 지어 보면 모집단은 요소들의 총집합 내지 전수가 되는 셈이다.

■ 모집단

실제 연구를 위해 표본을 추출해 내는 대상의 전체를 모집단이라고 한다.

■ 조사모집단

20세 이상의 서울사람을 모집단으로 규정하고 이들로부터 표본을 추출하려고 할 때 그 명단을 모두 구할 수 없는 것이 현실이다. 이 때문에 결국은 작업 전 대상의 구성 요소들 가운데 입수 가능한 요소들만 대상으로 하여 표본을 추출하게 되는데, 이 경우에는 작업 전 대상이 모집단이 되는 것이 아니라 작업 전 대상 가운데 입수 가능한 요소들만이 현실적으로 모집단이 된다. 이러한 의미로서의 모집단을 조사모집단(survey population)이라고 한다. 또한 이를 표집모집단

(sampling population)이라고 한다. 이러한 관점에서 전술한 연구의 전체 대상인 모집단을 목표모집단(target population)이라고 한다. 예를 들어 특정 상품에 대한 소비자들의 반응을 연구한다고 할 때 조사의 편의상 대도시 지역의 소비자들로 한정시킬 경우 조사모집단은 실제 그 제품의 소비자 모집단보다 작아진다.

■ 표본조사틀

표본조사틀(sampling frame)은 표본 또는 여러 단계의 표본을 선정하는 표본추출단위의 실제 목록이다. 다시 말하면 표본추출과정의 어떤 단계에서 선택 가능한 모든 표본추출단위들의 목록을 말한다. 표본조사틀은 유권자 목록, 전화번호부, 종업원 명부, 학생명부 혹은 지도가 되는 경우도 있다. 단계가 하나인 표본추출설계에서 표본조사틀은 단순히 연구모집단의 목록이다. 그러나 위의 예처럼 복잡한 표본추출에서는 다음과 같은 여러 개의 표본조사틀이 필요하다. 첫 번째는 서울 시내의 동의 목록, 두 번째는 선정된 동 내에 있는 통의 목록, 세 번째는 선정된 통 내에 있는 반의 목록, 네 번째는 선정된 반 내에 있는 가구들의 목록 등이 필요하다.

■ 표본추출단위

표본추출단위는 표본추출의 단계에서 선정하고자 하는 요소 또는 요소의 집합이다. 단순하고 단계가 하나인 표본에서는 표본추출단위가 요소이다. 그러나 복잡한 표본에서는 여러 수준의 표본추출단위가 사용될 수 있다. 예를 들어 한 도시의 인구조사구역 중에서 구역의 표본을 선정하고, 선정된 구역에서 가구의 표본을 선정하고, 마지막으로 선정된 가구에서 성인의 표본을 선정할 수 있을 것이다. 이러한 3단계 표본추출에서 표본추출의 단위는 각각 인구조사구역, 가구, 성인이 되며 이 중에서 마지막 단위가 요소이다. 좀 더 구체적으로 단계를 나타내기 위해 제 1 표본추출단위, 제 2 표본추출단위, 최종 표본추출단위라는 용어를 사용한다.

■ 관찰단위

관찰단위 또는 자료수집의 단위는 정보를 수집하는 요소 또는 요소의 집합체이다. 분석단위와 관찰단위는 많은 경우 개인과 같이 동일하지만 언제나 그런 것은 아니다. 따라서 연구조사자는 가구의 모든 성원(분석단위)에 대한 정보를 수집하기 위해 가장(관찰단위)을 면접할 수도 있다. 분석의 단위와 관찰의 단위가 같을 때 연구조사자의 일은 간단하다. 그러나 많은 경우 이것이 불가능하거나 실행가능성이 없다. 이런 상황에서는 실제로 분석단위를 관찰하지 않으면서 분석단위와 관련 있는 자료를 수집하는 데 독창성을 발휘할 필요가 있다.

■ **모수**

모수(parameter)는 모집단에서 연구의 관심사항을 요약하여 기술하는 수치이다. 이는 특성값(characteristics)이라고도 불린다. 한 도시에서 전체 가족의 평균소득이나 시 인구의 평균 나이는 모수의 예이다. 많은 사회연구조사에서 핵심적 부분은 표본관찰에 기초하여 모집단의 모수를 추정하거나 검정하고자 하는 것이다.

■ **통계량**

통계량(statistic)은 표본에서 모수에 대응되는 값을 말한다. 따라서 표본에서 계산한 평균 소득이나 표본의 평균 나이는 통계량이다. 통계량은 모집단의 모수를 추정 또는 검정하기 위해 사용된다.

5.2 표본추출 과정

표본추출 과정은 다음과 같은 순서를 거친다.

■ **모집단의 확정**

모집단이란 연구의 대상이 되는 집단으로서 전수조사를 통하여 직접 자료를 수집하거나 표본조사에 의한 통계적 추정에 의하여 자료를 얻으려는 대상 집단을 말하며 그 연구결과를 일반화하고자 하는 근본적인 대상이다. 모집단을 명확히 규정하기 위해서는 연구내용, 연구범위, 표본단위, 시간 등을 명백하고 한정적으로 확정해야 한다.

■ **표본추출틀의 선정**

표본추출틀(sample frame)에서 최종적인 표본을 추출하게 되는데, 이때 이상

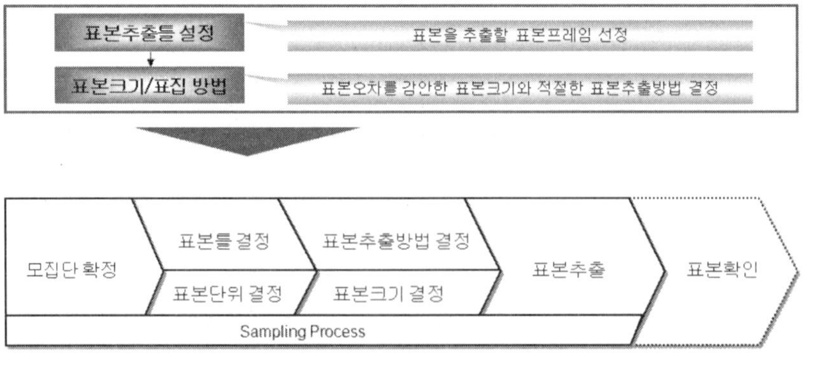

그림 5-3 표본추출 절차

적인 표본조사틀은 표출단위를 모두 포함하나 이중으로 포함되는 단위가 없어야 한다. 즉, 모집단을 잘 대표해야 한다.

그러나 실제로는 표본조사틀과 모집단이 일치하지 않기 때문에 '표본틀 오차'가 발생한다. 전형적인 표본조사틀 오차의 예는 다음과 같다.

- 일부의 표본추출 단위가 목록에서 빠져 표본틀이 불완전한 경우
- 원하는 구성목록은 구할 수 없고 집락목록만 이용하는 경우
- 모집단의 범위에서 벗어나는 다른 요소가 표본틀에 포함되어 있는 경우

■ 표본추출방법 결정

표본추출을 일정한 확률에 의해 표집하여 모집단에 대한 통계적 추론을 가능하게 하는 확률표본추출과 추출확률을 모를 때 통계적 추론에 한계가 있는 비확률 표본추출 중에서 어느 방법으로 표본추출할 것인지 결정한다. 확률표본추출이 이론적으로는 이상적이지만 현실적으로 불가능하거나 불필요한 경우가 많으므로 두 방법 모두 장단점을 갖는다. 자세한 내용은 다음 절에서 살펴보도록 하겠다.

■ 표본추출

표본추출단위 및 표본의 크기를 결정하고, 목적에 맞는 표본추출방법에 따라 표본을 추출한다.

6. 표본추출법의 종류

확률표본의 특성에는 두 가지가 있다. 하나는 조사모집단을 구성하는 모든 추출단위가 표본으로 선정되는 확률이 선정과정의 모든 단계에서 동일하게 되는 것이고, 다른 하나는 표본추출 시 표본으로 선정되는 추출단위들이 선정되는 확률이 서로 다르도록 선정하는 것이다. 이에 따라 표본추출의 방법을 확률표본추출법(probability sampling)과 비확률표본추출법(non-probability sampling)로 나눌 수 있다. 확률표본추출법은 조사모집단을 구성하고 있는 추출단위가 표본으로 선정되는 확률이 알려지는 경우이다. 이것은 모집단의 크기와 구성에 대한 지식이 완벽하고 철저하다는 것을 의미한다. 비확률표본추출법은 표본선정 과정이 논리적인 형식에 따르지 않는 경우이다. 즉, 조사모집단에 대한 지식에 한계가 있고 모집단 중의 특정 추출단위가 선정되는 확률을 결정할 수 없는 경우이다. 확률

표본추출법의 종류에는 단순임의추출법, 계통추출법, 층화추출법, 집락추출법이 있고, 비확률표본추출법에는 보행자 조사법, 유의추출법, 눈덩이추출법, 할당추출법 등이 있다.

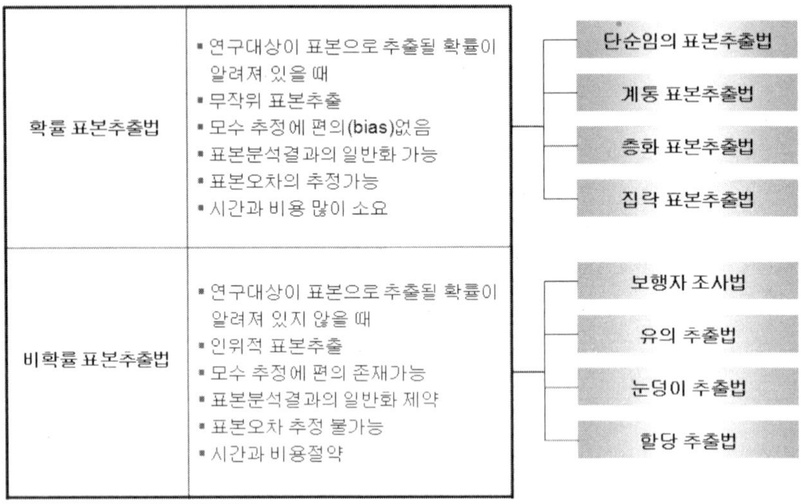

그림 5-4 표본추출법의 종류 및 특징

6.1 확률표본추출법

확률표본(Probability sampling)이란 어떤 표본이 뽑힐 수 있으며 뽑힐 가능성이 얼마인지 알 수 있도록 하여 뽑은 표본을 의미한다.

6.1.1 단순임의추출법(Simple Random Sampling)

표본추출방법에는 여러 가지 방법이 있는데 그중에서도 가장 간단한 방법이 단순임의추출법이다. 단순임의추출법의 정의는 다음과 같다. 크기가 N인 모집단에서 크기가 n인 표본을 추출하고자 한다면 $\binom{N}{n}$가지의 추출 가능한 표본들이 존재하게 된다. 이들 $\binom{N}{n}$가지의 표본의 추출확률을 모두 동일하게 해 주는 표본추출방법을 단순임의추출법이라고 한다.

단순임의추출법의 통상적인 절차는 표본추출틀을 구성하고 있는 개개의 표본추출단위 또는 잠재적인 응답자에게 일련번호를 부여하고 번호를 랜덤하게 뽑아서 대응되는 추출단위를 표본으로 선정하는 것이다. 이때 표본으로 선정되는 표본추출단위들은 어떤 특정한 추출단위에 치우치거나 편향되는 경향을 갖지 않도록 임의로 뽑아야 한다. 그리고 뽑혀진 표본추출단위들이 표본을 이루게 된다. 표본이 랜덤성(randomness)을 유지하기 위해서는 난수표(random table)를 이용한다. 또는 랜덤화를 위한 도구(random mechanics)를 이용한다. 하지만 실제로는 번잡함을 피하기 위하여 컴퓨터 프로그램에 의해 난수 발생(random number generation)을 이용한다. 컴퓨터 프로그램에 의한 난수는 모의 난수(pseudo random number)가 된다.

■ **장점**

① 확률표본추출 방법 중 가장 쉽고 용이하다.
② 모집단에 대한 사전지식을 요하지 않는다.
③ 모든 요소가 동일하고 독립적인 추출기회를 가지므로 편의가 없어 모집단을 잘 대표한다.
③ 표본오차 계산이 용이하고, 자료 분류에 있어 층화표본추출에 비해 오차의 개입가능성이 적다.

■ **단점**

① 연구자가 모집단에 대해 가지고 있는 지식을 활용할 수 없다.
② 동일한 크기의 표본인 경우 층화표출에 비해 오차가 크다.
③ 비교적 표본의 규모가 커야 한다.
④ 표본 프레임 작성이 어렵다.

개념

모집단의 전체 구성요소를 파악한 다음 개별요소에 대하여 일련번호를 부여하고 난수표를 이용하여 필요한 수의 표본을 추출하는 방법

장점

❑ 표본추출과정에서 발생될 수 있는 오류가 적음
❑ 표본오차의 계산이 용이

단점

❑ 모집단 목록 외에 다른 정보 이용 불가
❑ 동일한 표본크기의 경우 층화 표본추출법보다 대표성이 떨어짐

6.1.2 계통추출법(Systematic Sampling)

계통추출법은 조사모집단이 아주 크고 표본추출단위들이 편리하고 가능하게 숫자화될 수 없을 때 사용하는 데 적합한 확률추출법이다. 예를 들어 조사모집단이 4,000,000명이고, 2,000명을 표본으로 추출하고자 한다고 하자. 표본을 추출할 때 단순랜덤추출법을 사용하면 4,000,000명에서 숫자를 부여하는 것도 어려운 어렵고 난수표를 읽기도 어렵다. 따라서 연구자는 명부를 몇 개의 추출간격으로 구분하고 추출간격에서 계통적으로 표본을 얻는다. 2,000명의 표본단위들은 조사모집단에서 2,000명 중의 한 명을 대표하게 된다(4,000,000/2,000=2,000). 그러므로 선정 과정은 임의로 선택된 출발점에서 시작하여 매번 2,000번째마다 표본추출단위를 추출하는 것이다.

계통추출법은 중요한 속성별로 번호가 부여된 경우 층화의 효과가 생긴다. 순서화된 자료에서 고루고루 추출할 수 있기 때문이다. 예를 들어 고등학생 5,000명을 대상으로 한 모의수능고사의 성적 순위가 조사모집단이라고 하고 계통추출로 200명을 추출한다고 하자. 추출간격은 5,000/200=25가 된다. 그러므로 임의로 선택된 출발점에서 시작하여 매번 25번째마다의 추출단위를 선택하게 된다. 그러면 층화의 효과처럼 상, 중, 하의 성적을 가지고 있는 학생들을 모두 포함하여 선택된다.

모집단이 주기적인 성격을 갖는 경우 계통추출법을 사용하면 데이터의 편중현상이 나타날 수 있다. 간단한 예를 들면 조사모집단이 4, 8, 16, 20, 4, 8, 16, 20, 4…로 계속되고, 추출간격이 4라고 하고 시작점이 두 번째라고 하면 '8'만 계속해서 추출될 수 있고 다른 값들이 추출되지 않을 것이다. 즉, 8의 편중현상이 나타날 것이다. 이러한 점을 보안하기 위해 지그재그방법을 사용한다. 지그재그방법은 추출간격을 증가 또는 감소시키면서 표본을 추출하는 방법이다.

계통추출은 공장에서 제품이나 원료검사를 하기 위하여 표본을 뽑는 경우에도 사용된다. 어떤 공정으로부터 제품이 생산되어 나오는 경우에 일정시간 간격마다 하나의 표본을 뽑는 것은 시간적 계통추출을 하는 경우이다. 또 수입품의 검사 시에 선창이나 창고에서 표본을 뽑게 되면 표면에 있는 것만을 뽑게 되고 내부나 밑에서 표본이 뽑혀지는 것은 어려운 일이다. 이러한 경우에 운송 중에 일정 시간마다 표본을 뽑는 것이 이상적인 계통추출이 된다. 또 공장에서 제품검사를 매일 저녁에 한다면 저녁에는 공원이 피로해서 불량품이 나타날 가능성이 많게 된다. 이러한 점을 주의해서 계통추출을 한다면 좋은 표본을 얻을 수 있을 것이다.

■ 장점

① 표본추출이 용이하며 신속하다.
② 특히 모집단이 클 경우에 효과적이다.
③ 모집단 전체에 걸쳐 공평하게 추출할 수 있어 대표성이 높아진다.

■ 단점

① 조사단위가 체계적으로 무시된다.
② 모집단의 배열이 일정 주기와 특정 경향을 보일 경우 표본의 대표성이 저해될 수 있다.
③ 모집단의 구성 배열에 지나치게 신경을 쓰면 층화표출과 같은 결과로 오차 개입이 높아진다.

개념

하나의 모집단의 배열이 무작위로 되어 있을 때 체계적 수단을 동원하여 추출하는 방법.
즉 최초의 표본단위만을 무작위로 추출하고 나머지는 일정한 간격을 두어 추출.

장점

- 표본추출과정에서 발생될 수 있는 오류가 적음
- 표본오차의 계산이 용이

단점

- 모집단 목록 외에 다른 정보 이용 불가
- 동일한 표본크기의 경우 층화 표본추출법보다 대표성이 떨어짐

6.1.3 층화추출법(Stratified Random Sampling)

층화를 이용하는 표본조사방법은 실제로 가장 널리 사용되는 기법으로 볼 수 있다. 층화추출법은 모집단을 서로 겹치지 않는 층으로 분할한 후, 각 층에 단순임의추출법을 적용시켜 표본을 얻는 방법을 말한다. 이때 분할된 각각의 단위를 층(stratum)이라고 하고 층으로 분할하는 것을 층화(stratification)라고 한다. 그리고 층마다 계통추출을 행하면 층화계통추출법(stratified systematic sampling)이 된다.

일반적으로 층화추출법의 특징은 다음과 같다. 첫째, 모집단을 효과적으로 층

화할 경우 층화추출에 의한 추정은 단순임의추출법보다 추정량의 오차가 적게 되어 추정의 정도를 높일 수 있다. 층화를 하였을 때 각 층 내부에 있는 단위들의 값의 변동이 적을수록, 즉 층 내부가 동질적(homogeneous)일수록 층화의 효율은 더욱 커지게 된다. 이 말은 통계적인 의미로 추정량의 분산이 작게 된다는 말이다. 둘째, 전체 모집단에 대한 추정뿐만 아니라 각 층별로도 추정이 가능하다. 가령 전국을 대상으로 하는 조사일 경우 전국에 대한 추정량을 얻을 뿐만 아니라 더 나아가서 각 도별로도 추정치를 얻을 수 있게 된다. 대개의 전국 조사에서 전국에 대한 추정량뿐만 아니라 각 지역별 추정값도 요구하는 경우가 많으므로 이런 경우에 매우 효과적이다. 셋째, 조사관리가 보다 편리하며 조사비용도 절감할 수 있다. 층화추출 표본에서는 표본추출단위들이 표본으로 뽑힐 가능성이 다 같을 필요는 없다. 따라서 계획적으로 어떤 층을 표본에 많이 반영할 수 있는 여지가 있다. 넷째, 처음부터 모집단의 하위집단들에 속한 요소들 중 일정한 수를 반드시 확보함으로써 표본과 모집단의 동질성을 확보하고, 그 결과 표본의 대표성을 높일 수 있다. 동시에 하위집단의 동질성을 보장함으로써 표본의 크기도 줄일 수 있게 된다.

예를 들어 대학생의 의견을 조사한다고 하자. 대학에서 일반적으로 여학생수가 훨씬 적으므로, 단순임의표본에 뽑힌 여학생수가 적어서 여학생들의 의견을 알아내는 데 어려움이 있을 수 있다. 이 경우 여학생들만의 층(stratum)을 만들고, 남학생들로 또 다른 층을 만들어, 각 층으로부터 단순임의표본을 얻는 것이 좋다. 한 대학교에 27,000명의 남학생과 3,000명의 여학생이 있다고 하자. 크기가 500인 단순임의표본을 뽑는다면 약 50명 정도의 여학생이 표본으로 뽑힐 것으로 예상할 수 있다. 그러나 여학생 수가 너무 적으므로 대신 여학생이 200명이고 남학생이 300명인 층화표본을 뽑을 수 있다. 3,000명의 여학생 중에서 200명이 뽑히므로 한 여학생이 표본으로 뽑힐 가능성은 200/3,000이고, 한 남학생이 표본으로 뽑힐 가능성은 300/27,000이 된다. 이처럼 한 학생이 표본으로 뽑힐 가능성을 알고 있지만 그 가능성은 서로 다르다. 따라서 이 표본은 단순랜덤표본이 아니라 확률표본(probability sample)이라는 범주에 속한다.

표본으로부터 모수를 추정하는 방법은 표본추출법에 따라 다르며 매우 복잡할 수 있다. 앞에서도 설명하였듯이 층화는 모집단을 몇 개의 부모집단으로 분할하는 것이다. 층화의 요점은 각 층에 속하는 추출단위가 조사사항에 대해서 될 수 있는 한 동질적이 되게 하는 것이다. 따라서 층화의 기준이 문제가 될 것이다. 모집단에 있는 추출단위 간에 문제의 표식 측면에서 차이와 변동의 정도가 작은 만큼 정도가 높은 표본을 얻을 수가 있다. 그러므로 모집단을 층화하는 데 있어서 각 층 내에 있는 단위 간에 차이와 변동이 작게 됨에 따라, 다시 말하자면 각 층 내의 추출단위가 서로 등질이 되게 함으로써 표본의 정도가 좋아지는 것을 알 수 있다. 따라서 층화는 모집단에 있는 추출단위 간의 차이와 변동이 큰 경우에 그것이 표본의 정도에 미치는 영향을 될 수 있는 한 감소시키기 위한 수단이 된다. 층화하기 위한 기준에는 양적 기준, 질적 기준, 지역적 기준 등이 있다. 예를 들어 기업의 자본금별로 특징을 보고자 할 경우 자본금을 몇 개의 층으로 나는 것은 양적 기준에 의한 것이고, 산업별 특징을 보고자 하는 경우 농업, 상업, 공업, 어업 등과 같이 층화하는 경우에는 질적 기준에 대한 것이며, 도시와 농어촌으로 층화하는 것은 질적 기준에 의한 것이기도 하지만 지역적 기준에 의한 것이기도 하다. 기준의 설정은 조사사항의 특성에 따라서 적절히 선정하여 사용해야 한다.

층화추출법에서 더욱 중요한 문제는 각 층에 표본수를 어떻게 할당해서 뽑을 것인가의 문제이다. 앞에서 설명하였듯이 각 층마다 표본수가 같을 필요는 없다. 그러나 각 표출단위는 반드시 하나의 층에 속하도록 하여야 하며, 층화의 기준은 조사목적과 관련이 있어야 하고, 층화의 기준 또는 변수에 대한 자료가 정확해야 한다. 그리고 각 층 내에서 표출을 할 때 반드시 무작위 표본추출을 하여야 한다. 좋은 배분(할당)이란 최소비용으로 최대의 정도를 얻는 조사가 되게 하는 것을 의미한다. 추정량의 정도는 그 분산에 의해서 측정되므로 좋은 배정의 기준은 다음과 같다. 즉 주어진 추정량의 분산에 대해 비용을 최소로 하거나 주어진 비용에 대해서 추정량의 분산을 최소화하는 것이다. 표본을 배분하는 방법은 여러 가지가 있는데 가장 간단한 배분법은 표본수를 층화의 개수로 나누는 방법이고 두 번째로 간단한 배분은 층의 크기에 비례해서 표본을 각 층에 배분하는 것으로 비례배분(proportional allocation)이라고 한다. 다른 방법들로 최적(optimum) 분배, 네이만(Neyman) 분배, 데밍(Deming) 분배 등이 있다.

■ **장점**

① 중요 집단은 빼놓지 않고 표본에 포함시킬 수 있다.
② 동질적 대상은 표본의 수를 줄이더라도 대표성을 높일 수 있다.
③ 모집단의 각 층화집단의 특수성을 알 수 있으며 비교가 가능하다.

■ **단점**

① 층화 시 모집단에 대한 지식이 필요하다.
② 층화 시 근거가 되는 명부가 필요하며, 없을 경우 많은 시간과 노력이 소요되고 모집단을 층화하여 가중하였을 경우 원형으로 복귀하기가 어렵다.
③ 비례층화표본추출에서 모집단의 대표치를 구할 경우 특별한 통계적 조작이

필요하다.

개념	장점	단점
모집단을 2개 이상의 상호배타적인 집단(strata)으로 나누고 각 집단에서 무작위로 표본을 추출하는 방법. 각 층에서는 무작위 표본추출 - 비례 층화표본추출 : 각 층의 크기에 따라 비례하여 표본추출 - 비비례 층화표본추출 : 각 층의 크기를 무시하고 표본추출	❑ 표본의 대표성 높아짐 ❑ 층별 특성 파악 가능	❑ 층화를 위해 보다 많은 정보가 필요 ❑ 층화가 복잡하거나 잘못된 경우에는 표본오차가 커질 수 있으며 시간과 비용이 많이 듬

■ **비례층화표출**(Proportional Stratified Sampling)

모집단에서 각 층이 정하는 크기에 비례하여 추출표본의 크기를 할당하여 추출하는 방법으로 무작위표본추출이나 계통적표본추출보다 대표성 있는 표본추출이다.

■ **비비례층화표출**(Disproportional Stratified Sampling)

표본추출을 더욱 능률적으로 하기 위하여 각 층에 상이한 가중치를 주어서 추출하는 방법으로 전체 모집단의 특성보다는 각 층이 대표하는 부분 집단의 특성을 알려고 하는 경우에 사용한다.

■ **최적분할 비비례층화표본추출**(Optimum Allocation Disproportional Stratified Sampling)

보다 동질적인 층은 비교적 적은 수의 표본을 선정하고 다소 이질적인 층에서는 많은 표본을 선정하여 결과적으로는 가장 적은 표본으로서 요구되는 정확성의 수준을 유지할 수 있다. 이를 네이만 분배라고 한다.

6.1.4 집락추출법(Cluster Sampling)

표본조사의 목적은 최소의 비용으로 모수에 관한 정보를 빠르게 그리고 정확히 추정하는 데 있다. 모집단의 크기가 크면 몇 가지 어려움이 있다. 첫째는 프레임(추출대장)을 준비하는 데 어려움이 있고 둘째는 산재되어 있는 조사단위를 조사하기 위해 많은 비용이 든다. 셋째 조사단위가 널리 흩어져 있는 경우 조사를 관리하는 데 어려움이 있다.

예를 들면 서울시에 있어서 세대별 월당 교육비 지출액을 조사한다고 하자. 단순랜덤추출법을 쓰기 위하여 세대 리스트가 필요한데 세대 리스트를 얻기가 쉬운 일이 아니다. 계통추출법에서도 같은 문제에 봉착하며, 층화추출법을 적용하려면 같은 수입의 그룹이 같은 층에 있도록 서울시에 세대를 층화하여야 한다. 같은 수입의 그룹이 같은 이웃에 사는 경향이 있다고 하면 지역에 의해 서울시를 층화할 수 있으나 층화가 가능할지라도 각 지역에 있어서 세대 리스트를 만드는 일은 어렵다. 설사 층화가 가능하고 각 층별로 세대 리스트를 얻었다면 이 리스트로부터 임의의 표본을 뽑아 서울시 전역에 산재해 있는 세대를 방문하는 문제도 있다. 모집단이 클 경우 널리 흩어져 있는 세대를 방문하는 것은 많은 비용이 든다. 또한 조사자가 방문하여 조사하는 것이 여간 힘든 일이 아니다.

이러한 난점을 해결하기 위하여 모집단에 있는 조사단의 모임, 즉 집락을 추출단위로 쓴다. 집락표본은 추출 단위가 집합체로 되어 있는 단순랜덤추출법의 변형이다. 1차 추출 단위는 연구목적에 맞게 개별 단위를 집락(cluster)으로 만든 것이다. 이 집락들은 잘 분류된 모집단의 부분집합이어야 하며, 조사모집단의 특성이 잘 반영되도록 구성하여야 한다. 집락들은 전통적으로 시 또는 군, 센서스용 지역구 및 조사구 등으로 구성된다. 2차 추출 단위는 정보가 요구되고 있는 이들 집락 내의 개별 단위들이다. 이 단위들은 추출 과정의 후속 단계에서 임의로 선정된다. 모집단에 있는 모든 조사단위를 빠짐없이 기록한 프레임의 작성이 가능하지 않거나 또는 가능할지라도 그 작성을 위한 비용이 너무 많이 드는 경우 또는 조사단위가 널리 산재하여 조사관리가 어려운 경우에 있어서 집락임의추출법이 효과적이다. 이 추출방법은 집락을 추출 단위로 하여 임의추출하는 방법이다.

집락은 반드시 지리적으로 한군데 붙은 조사단위로 성립되는 것을 필요로 하지 않지만, 인구조사에 있어서 조사구나 리, 부락을 추출단위로 하는 경우와 같이 특히 지리적으로 한군데 붙은 조사단위로서 구성된 집락을 추출단위로 하는 추출법을 지역추출법(area sampling)이라고도 한다. 집락추출법의 단점은 각 단계마다 추가적인 표본오차가 발생할 가능성이 있고, 그 크기가 증가할 수도 있다. 하지만 여러 가지 상황하에서(면접조사일 경우) 실제적으로 시간과 비용에 대한 이점이 이런 단점보다 더 가치 있게 되는 경우도 있다. 추출단위 선정에 있어서 추출단위의 크기 및 그 내부에 있는 조사단위 간에 이질성 또는 등질성을 검토하는 것은 표본의 정도의 입장에서 매우 중요하다. 추출단위의 선택은 표본의 정도를 지배할 뿐만 아니라 조사비용에 대해서도 결정적인 영향을 준다.

예를 들어 집락추출법의 절차를 설명하면 다음과 같다. 어떤 중학교에 3학년 학생의 평균 신장을 측정한다고 하자. 3학년에는 10개 학급이 있다고 하면, 각 학급을 집락으로 생각할 수 있다. 10개 학급에서 2개 학급을 임의로 추출하여 뽑혀진 2개 학급의 학생들 전체를 표본으로 하는 방법을 집락추출법이라고 한다. 다른 표현으로 일단집락추출법(one-stage cluster sampling)이라고 할 수도 있다. 이 단계를 확장하면 이단집락추출법(two-stage cluster sampling)이 된다. 그러면 각 반은 1차 추출단위(primary sampling units), 반에 속하는 각 학생은 2차 추출단위(secondary sampling units)가 된다. 동일한 방법으로 3단 이상의 추출법을 정의할 수 있으며 3단 이상의 추출법을 다단집락추출법(multi-stage cluster sampling)이라고 한다.

■ **장점**

① 모집단의 목록이 없을 때 이용하기가 용이

② 광범한 모집단에 이용하여 비용이 절감

③ 모집단이 이질성이 높은 집락으로 분류되면 각 집락은 모두 차기조사의 표본으로 이용될 수 있음

④ 각 집락의 속성으로 모집단의 속성을 쉽게 추측 가능

■ **단점**

① 각 집락의 이질성을 확보하기 위한 분류의 기준설정이 어려움

② 다른 확률표본추출방법보다 표본오차가 더 커질 가능성이 있음

개념

모집단의 구성요소들이 군집화되어 있는 경우 군집을 표본단위로 하여 무작위 추출을 하고 추출된 군집 내에 있는 대상을 전수조사

장점

❑ 정렬이 잘 되어 있다면 고루 추출됨

단점

❑ 날짜를 기준으로 정렬되어 있는 경우, 특정 요일 또는 일자에만 표본이 추출되는 편중현상 야기

6.1.5 다단계표본추출법(Multistage Sampling)

우선 시와 군의 동, 읍, 면의 목록으로부터 동, 읍, 면의 표본을 뽑는다. 이어서 뽑힌 동, 읍, 면 내에 있는 모든 가구들의 목록으로부터 조사대상가구를 뽑아 조사한다. 이러한 다단계표본추출법(多段階標本抽出法, multistage sampling design)을 이용하면 단순임의표본추출의 현실적인 어려움을 극복할 수 있다. 즉 전국의 모든 가구들의 목록을 만들 필요가 없고, 단지 뽑힌 동이나 읍, 면 내의 가구들의 목록만 필요하게 된다. 이뿐만 아니라 표본으로 뽑힌 가구들은 좁은 지역 내에 모여 있으므로 조사 시에도 용이하다.

다단계표본추출법의 각 단계에서 계통추출법과 같이 단순랜덤추출법 이외의 방법으로 표본을 뽑을 수도 있다. 이 추출법은 시간이 적게 걸리고, 표본틀이 필요없다는 장점이 있는 반면 단점도 있다. 만약 3층 건물로만 이루어진 한 아파트촌에서 3개 주소마다 한 가구씩 뽑는 계통적 임의표본을 추출한다면 모두 같은 층에 있는 가구들만 표본으로 뽑히게 될 것이고, 일반적으로 높은 층에 사는 가구가 낮은 층에 사는 가구보다 부유하다는 점을 고려할 때 편의가 발생할 수도 있다. 다단계표본추출법의 초기단계에서 때로 층화추출법이 이용하기도 한다.

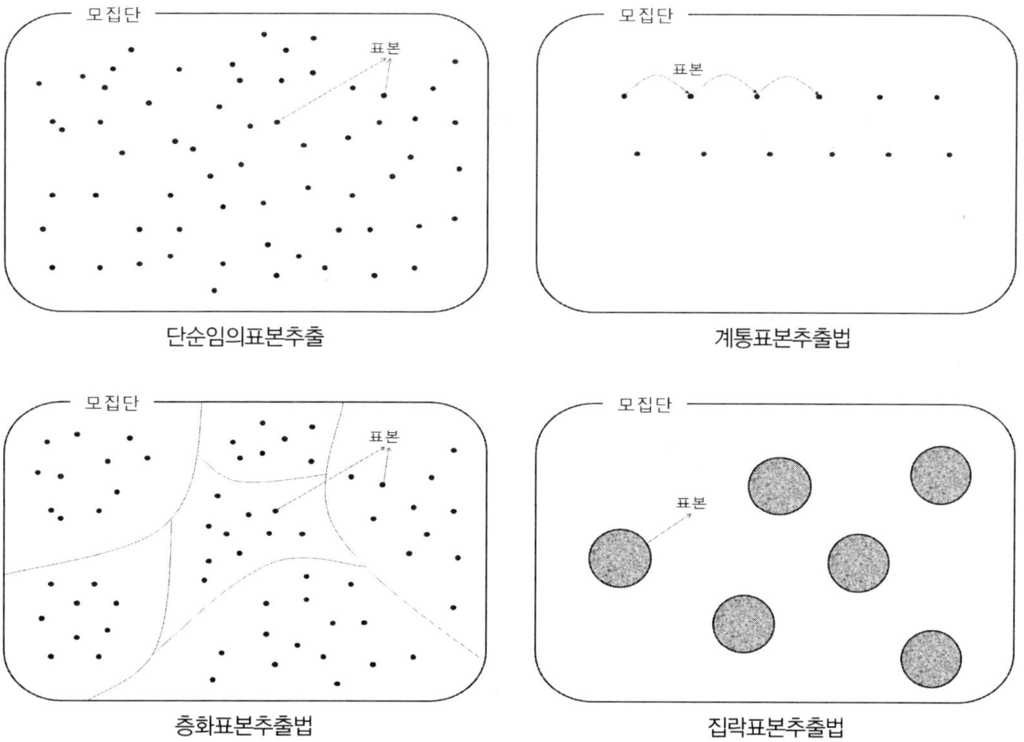

그림 5-5 확률표본추출 개념도

앞서 기술한 4가지 대표적인 확률표본추출법의 개념을 그림으로 표현하면 〈그림 5-5〉와 같다.

6.2 비확률표본추출법

비확률표본추출법의 특성은 특정한 응답자가 표본으로 뽑히게 될 확률을 연구자가 알지 못한다는 것이다. 그러므로 잠재적인 응답자들이 동일한 확률로 뽑혔다고 확신할 수 없다. 동일한 확률이 부여되지 않는다면 연구자는 정규분포가정에 의해서 분석할 수 없게 된다. 그러므로 표본자료는 정규성의 가정이 없기 때문에 표본과 관련되는 표본오차를 추정할 수 없다. 따라서 조사결과는 표본 자체에 대한 결과로 해석되어야 하고 전체 모집단에 대한 일반화가 불가능하게 된다. 그러나 비확률표본추출법은 연구자에게 유용한 표본추출방법이며, 확률표본추출법보다 경제적(비용, 시간 등)이다. 경제성 이외의 이유로 비확률표본추출법을 사용하는 경우는 다음과 같다. 첫째, 모집단 범위를 한정시킬 수 없는 경우 혹은 모집단 한계가 분명하더라도 표집틀을 구하지 못하는 경우이다. 둘째, 관련 자료를 가능한 많이 수집하는 데 목적을 갖는 탐색적 조사연구인 경우에 비확률표본추출법을 사용한다. 셋째, 의도적으로 표본을 구성하려고 하는 경우, 즉 조사자의 판단을 개입하여 연구하는 경우에 사용한다. 넷째, 모집단의 일반화에 관심이 있는 것이 아니라 민족학, 참여 관찰 등과 같이 특정 모집단으로 한정시키는 연구에 사용한다. 비확률추출법에서 가장 흔히 사용하는 방법은 다음과 같다.

6.2.1 편의표본추출(보행자조사법, Convenience Sampling)

보행자 조사법은 간편추출법(편의표본추출, convenience sampling) 중의 하나이다. 예를 들면 백화점 앞을 지나가는 사람들을 대상으로 면접 조사하는 것이다. 이 경우 목표모집단(target population)이 쇼핑객이고, 확률추출의 원리에 입각해서 보면 조사모집단(survey population)으로서 모든 쇼핑객을 명부로 작성하는 것이 요구될 것이다. 보행자 조사에서는 이 조사모집단이 작성되지 않으며, 결과적으로 조사모집단으로부터 어떤 특정의 보행자가 선정되는 확률을 결정될 수 없게 된다. 더우나 응답자를 선정하는 데 있어서 면접자 개인의 유의적인 요소가 작용하게 되어 표본이 목표모집단을 잘 대표하게 되는지 불확실성을 초래하게 된다.

보행자조사법으로 얻어진 자료는 표본 자체로서 연구자들이 얻고자 하는 결과를 일반화시킬 수 없다는 사실을 인식해야 한다. 이렇게 얻어진 결과들은 확률추출법에 기초한 조사연구 사업을 준비하기 위한 비공식 수준의 사전지식으로 사용할 수 있을 것이다.

개념	장점	단점
표본선정의 편리성에 기준을 두고 마음대로 표본을 선정	❏ 모든 표본추출법 중에서 가장 비용이 적음 ❏ 시간 절약	❏ 모집단을 적절히 대표할 수 없음

6.2.2 판단추출법(Judgement Sampling)

유의표본은 연구자가 응답자를 뽑는 데 있어서 전문적인 판단을 이용하는 것이다. 예를 들면 연구자가 어떤 특정사회에서 청소년과 관련되는 문제에 대해 조사를 실시한다면, 응답자 대상을 청소년 문제에 특별한 지식을 갖고 있다고 생각하는 전문가들을 주요 응답자로 선정하여 면접조사하고 분석을 하게 된다. 이런 표본추출방법을 유의추출법이라고 한다.

개념	장점	단점
조사자가 모집단에 대한 지식이 많은 경우에 유용 조사자가 연구목적상 주관적인 판단에 의해 표본을 선정.	❏ 대표성이 다른 추출방법에 비해 높을 가능성	❏ 모집단에 대한 충분한 정보가 없는 경우 적합한 표본선정 못함

6.2.3 눈덩이추출법(Snowball Sampling)

눈덩이추출법은 잠재적인 응답자들의 신원을 확인하여 접촉하는 것이 곤란한 경우 사용된다. 예를 들어 마약 복용자들을 대상으로 한 조사를 실시하고자 하면, 마약 복용자들이 모집단이 되는데 그들을 접촉하는 것에는 어려움이 있다. 그러므로 마약 복용자 한 명을 섭외하여 조사를 하고 그 사람을 통해 다른 사람을 조사하고, 또 그 사람을 통해 다른 사람을 조사하는 것이다. 이렇게 점차적으로 조사대상을 확대하는 방법을 눈덩이추출법이라고 한다.

6.2.4 할당추출법(Quota Sampling)

할당추출법은 조사목적의 중요성과 관련된 특정한 한 개 또는 여러 개의 특정 변수들에 관한 전체모집단의 구성 비율이 표본에 반영되도록 하는 방법이다. 연구자가 특별히 성의 관점에서 대규모 모집단을 대표하는 표본을 얻는 데 관심이 있다면 모집단의 55%가 여성이고 45%가 남성이면, 연구자는 표본이 모집단과 같은 성비(性比)가 반영되도록 만드는 것이다. 할당추출법은 비례층화추출법과 유사한 것처럼 보일 수 있으나 각 부분집단에 할당된 표본의 응답자가 랜덤하게 선정되지 않는다는 점에서 다른 비확률추출법과 동일하다.

개념	비고
비확률 표본추출법 중에서 가장 정교한 기법. 모집단의 특정분포를 고려하여 세분화하고 세분화된 집단별로 구성, 집단별 구성수에 비례하게 표본크기를 할당하고 할당된 수를 편의표본추출법으로 표본추출	❑ 층화표본추출법과 비교: 모집단을 상호배타적인 집단으로 세분화하는 점은 유사. ❑ 각 집단에서 무작위 표본추출이 아니라 편의표본추출한다는 점은 차이.

6.2.5 Chunk

우리 주변에서 많이 볼 수 있는 방법이다. 예를 들면 백화점에서 고객의 만족도 조사를 위해 백화점 입구에 상자를 두고 앙케트를 실시하는 방법이다. Chunk의 단점으로는 극단적인 것만이 의견에 반영될 수 있다는 점이다. 즉 백화점에 악의가 있거나, 어떤 직원에 악의가 있는 사람이 의도적으로 상자에 의견을 넣을 수 있다는 점이다.

7. 표본크기

7.1 표본설계 및 표본크기의 의의

표본은 모집단을 대표하여 추출대장으로부터 뽑혀진 추출단위(sampling unit)들의 집합으로 모집단의 축소판이라고 볼 수 있다. 표본조사를 통해 전체 모집단의 특성을 추론하고자 할 때 필요한 자료들은 바로 이 표본을 통해서 구해지게 된다. 그러므로 올바른 표본의 선택은 표본조사에서 핵심적인 부분이 된다. 여기서 올바른 표본이란 모집단을 효과적으로 잘 대표하는 표본을 의미한다. 표본조사를 위해 모집단을 잘 대표하는 표본을 뽑을 수 있도록 하는 과정을 표본설계(design of sampling survey)라고 한다. 마치 건축설계사가 건물을 설계하듯이 표본조사에서도 모집단을 효과적으로 대표할 수 있는 표본을 추출할 수 있는 설계를 해야 한다. 효과적으로 대표할 수 있는 표본이란 최소의 비용으로 원하는 만큼의 대표성과 정확성을 갖는 표본을 의미한다.

일반적으로 표본크기에 대한 오해를 짚어보면 다음과 같다. 모집단의 일정비율 이상을 뽑아야 하는가? 표본크기는 일정 수 이상이 되어야 하는가? 표본이 크면 무조건 정밀도가 그만큼 비례해서 높아지는가? 이들에 대한 대답은 모두 아니오이다. 표본크기가 표본오차를 무조건 줄여주지는 않으며 오히려 비표본오차를 높일 가능성이 커지므로 표본크기는 이들을 고려하여 결정해야 한다.

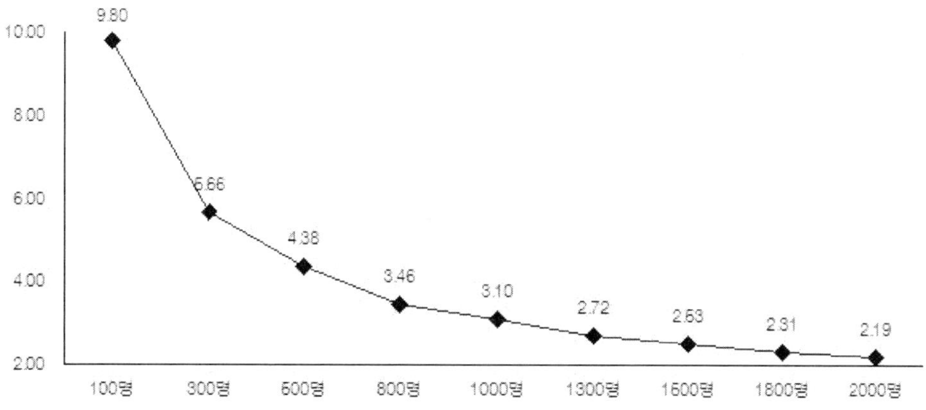

그림 5-6 표본크기에 따른 오차 감소

크기가 주어진 모집단에 대한 최소표본의 크기

모집단의 크기	표본의 크기					
	95% 신뢰수준			99% 신뢰수준		
	±3%*	±5%	±10%	±3%	±5%	±10%
500	250[a]	218	81	250[a]	250[a]	125
1,000	500[a]	278	88	500[a]	399	143
1,500	624	306	91	750[a]	460	150
2,000	696	323	92	959	498	154
3,000	788	341	94	1,142	544	158
5,000	880	357	95	1,347	586	161
10,000	965	370	96	1,556	622	164
20,000	1,014	377	96	1,687	642	165
50,000	1,045	382	96	1,777	655	166
100,000	1,058	383	96	1,809	659	166

* 오차한계(Error Margin) 또는 허용오차

표본설계

- 가능한 한 비용이나 노력이 적게 들면서도 모집단의 특성을 올바르게 반영할 수 있는 표본추출방법은 무엇인가?
- 표본오차를 목표 정도(precision)의 수준 이내로 유지하면서도 최소의 비용이 드는 적절한 표본의 크기는 얼마인가?
- 표본으로부터 자료가 주어질 때 그로부터 모집단에 관한 정보인 모수(parameter)를 어떤 방식으로 추정할 것인가?

1. 연구 목적 및 조사의 유형
2. 조사예산
3. 시간의 제약
4. 신뢰구간을 이용한 표본의 결정

- 표본추정치의 허용할 수 있는 오차의 범위를 결정
- 그에 따른 신뢰수준 결정 (95% , 99%)
- 신뢰수준에 해당하는 정규분포 하 표본통계량 Z
- 그에 따른 표본 수 n 결정

7.2 표본크기의 결정 방법

일반적으로 표본크기를 결정하는 데 고려하는 사항들은 다음과 같다. 정밀도와 신뢰도를 가장 우선순위에 두고 확률표본추출방법으로 표본을 추출할 것인지, 혹은 편의성과 경제성을 중점으로 하고 비확률표본추출방법으로 표본을 추출할 것인가? 주어진 시간과 비용은 어느 정도인가? 모집단이 얼마나 동질한가(지리적 여건 등)? 분석범주가 얼마나 세분화되어 있는가? 등을 고려하여 결정해야 한다.

특히 연구자가 허용하는 신뢰수준 및 오차한계를 이용하여 표본크기를 결정하는 경우를 생각해 보자. 오차한계는 $Z_{\alpha/2}\dfrac{\sigma}{\sqrt{n}}$로 이루어져 있으므로 표본크기는 오차한계 수준에 따라 결정할 수 있다.

7.2.1 모비율 추정에서의 표본크기 결정

모비율에 대한 사전정보가 있는 경우는 다음에 따라 표본크기를 결정한다.

$$n = \frac{\hat{p}(1-\hat{p})Z_{\alpha/2}}{d^2}$$

이때 d^2은 오차한계(허용오차)를 의미한다. 예를 들어 모비율이 $p = 0.6$인 경우, 95% 신뢰수준하에서 오차한계를 5%로 유지하고 싶다면, 표본크기는 다음과 같다. 즉, 95% 신뢰수준과 5%의 허용오차를 위한 최소의 표본크기는 189이다.

$$n = \frac{0.6 \times 0.4 \times 1.96}{(0.05)^2} = 188.16$$

한편, 모비율에 대한 사전정보가 없는 경우는 성공확률 $\hat{p}$를 0.5로 가정하여 표본크기를 결정한다. 위와 같은 가정하에서 표본의 크기는 최소 196명 이상이 되어야 함을 알 수 있다.

$$n = \frac{0.5(1-0.5)Z_{\alpha/2}}{d^2}$$

마지막으로, 모집단의 크기가 크지 않은 경우는 다음 공식을 이용할 수 있다.

$$n = \hat{p}(1-\hat{p}) / \left[(d^2 / Z_{\alpha/2}) + \hat{p}(1-\hat{p})/N \right]$$

7.2.2 모평균 추정에서의 표본크기 결정

무한 모집단으로 가정할 수 있는 경우(모집단의 크기가 큰 경우)는 다음에 따라 표본크기를 결정한다. 예를 들어 모분산이 $\sigma = 3$인 경우, 95% 신뢰수준하에서 오차한계를 5%로 유지하고 싶다면, 표본크기는 다음과 같다. 즉, 95% 신뢰수준과 5%의 허용오차를 위한 최소의 표본크기는 139이다.

$$n = \left(\frac{\hat{\sigma} Z_{\alpha/2}}{d^2} \right)^2$$

모집단의 크기가 크지 않은 경우의 표본크기는 다음에 따라 결정한다.

$$n = \frac{\hat{\sigma}^2}{(d^2 / Z_{\alpha/2})^2 + \hat{\sigma}^2 / N}$$

2부

설문조사 분석

6장

PASW 기본활용

1. PASW의 사용법 기초

1.1 PASW 시작과 종료

시작 메뉴에서 시작하기	작업표시줄의 시작 버튼을 누른 다음 **프로그램 메뉴**를 선택하고, PASW Statistics 18 를 선택하면 프로그램이 실행된다.
단축아이콘으로 시작하기	PASW Statistics 18 바탕화면에서 PASW 실행아이콘을 더블클릭하면 프로그램이 실행된다.
종료하기	PASW를 종료하기 위해서는 파일 메뉴에서 Exit를 선택하면 실행되는 모든 작업을 종료하게 되며, 이때 작업자가 자료를 저장하지 않았다면, 작업하던 데이터에 대한 저장 여부를 묻는 대화상자가 나타난다. 창닫기 아이콘을 클릭해도 역시 마찬가지이다.

1.2 분석 기본단계

■ **1단계: PASW 데이터 편집기 안에 데이터 불러오기**

데이터 편집기에 분석할 자료를 불러오는 단계로 PASW에서 작성된 파일은 물론 스프레드시트 파일, 데이터베이스 파일, 텍스트 파일 등을 불러오거나 데이터 편집기에서 직접 자료를 입력할 수 있다.

■ **2단계: 메뉴에서 프러시저 선택**

메뉴에서 테이블이나 도표를 작성하거나 통계분석을 위한 프러시저를 선택한다.

■ **3단계: 분석하고자 할 변수들의 선택**

분석하기를 원하는 변수를 지정한다. 이때 데이터 윈도우에 있는 자료의 변수명들이 해당 프러시저의 대화상자에 나타나므로 이를 이용하면 된다.

■ **4단계: 결과의 설명**

프러시저를 실행하면 결과가 나타난다.

1.3 PASW 윈도우의 설명

PASW의 윈도우는 PASW 데이터 윈도우, PASW 출력결과 목록(viewer) 윈도우, PASW 출력결과 윈도우, PASW 명령문 편집기 윈도우, PASW 스크립트 편집기 윈도우 등으로 구성된다. PASW에서 사용되는 메뉴의 명령은 데이터 윈도우에 자료가 존재하는 경우에 가능한 것이 대부분이므로 데이터 윈도우에서 작업하는 것을 주로 설명한다.

PASW를 실행시키면 사용자가 원하는 작업 선택하여 실행할 수 있는 〈그림 6-1〉과 같은 윈도우가 나타난다.

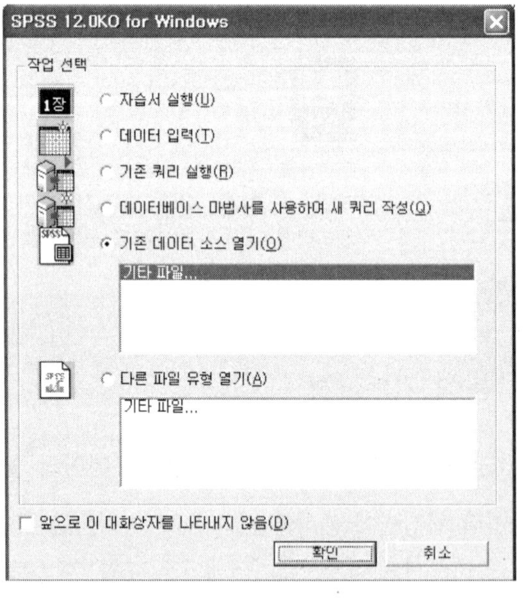

그림 6-1 파일열기 윈도우

분석하고자 하는 데이터를 선택한 후 확인을 선택하면 〈그림 6-2〉와 같은 데이터 윈도우가 나타난다. 데이터 윈도우의 구성을 살펴보면 다음과 같다.

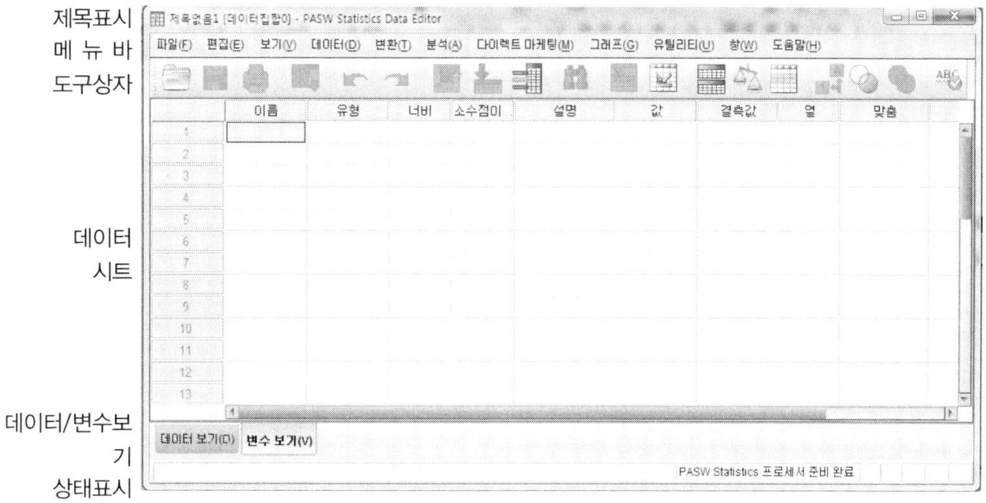

그림 6-2 데이터 윈도우

■ **제목 표시**

새로운 데이터 파일을 작성할 때는 이곳에 "제목없음"으로 표시되고, 이미 작성된 파일을 읽었을 경우에는 데이터 파일의 이름이 표시된다.

■ **메뉴바**

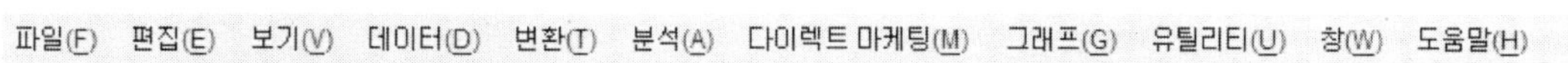

데이터 편집기에서 사용할 수 있는 대부분의 명령이 나열되어 있는 곳이다.

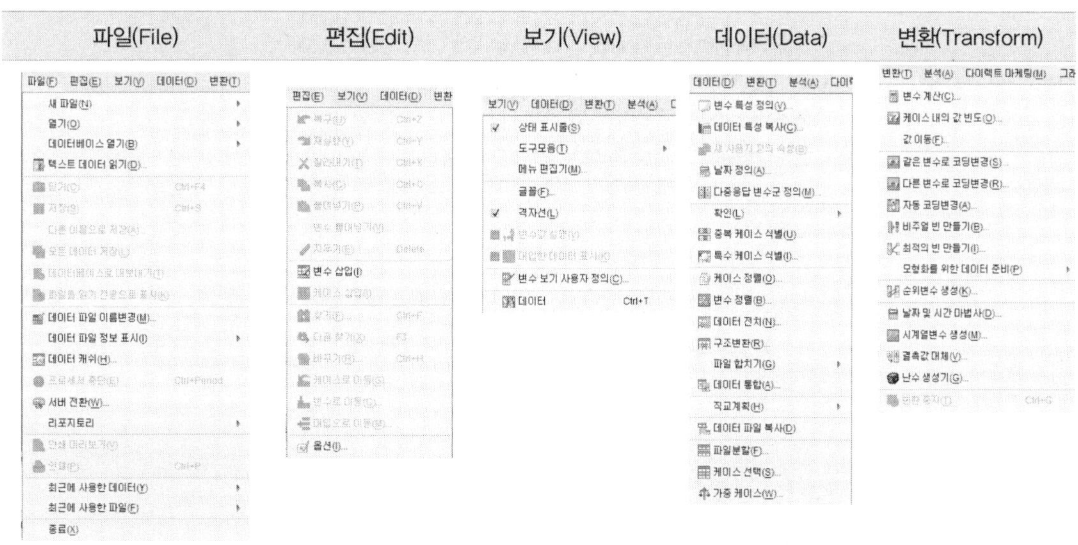

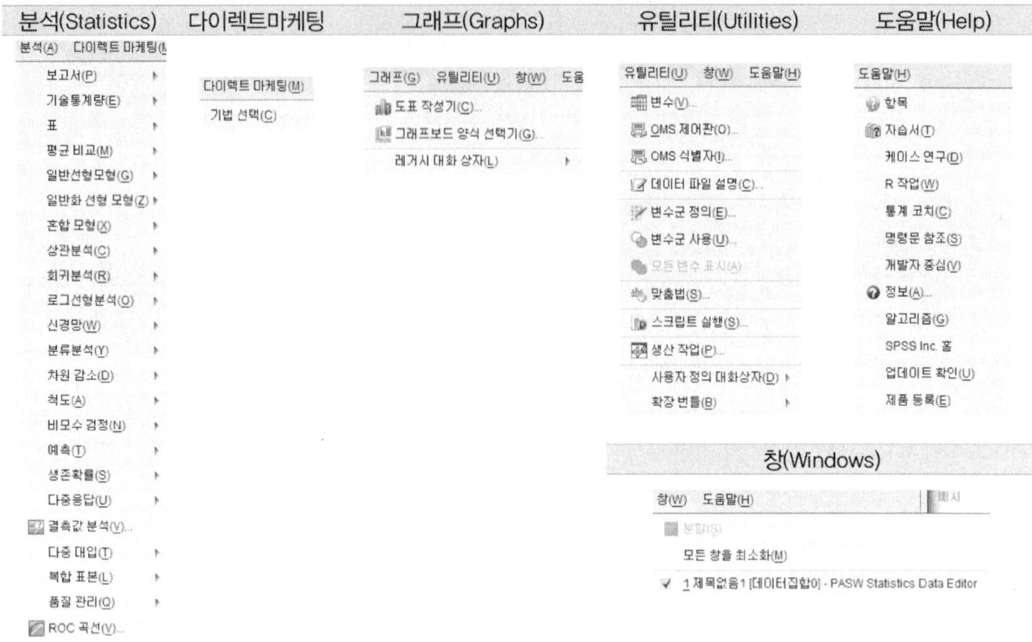

파일(File)	저장된 데이터나 다른 프로그램에서 작성된 파일(텍스트, 스프레드시트, 데이터베이스 파일 등)을 불러오거나 새로운 파일의 작성 및 저장, 출력 등을 하는 메뉴
편집(Edit)	각 윈도우의 편집(수정, 복사, 삭제 등)이 가능하며, 편집 옵션을 변경하는 메뉴
보기(View)	편집창의 모양을 사용자의 편의에 따라 설정하는 메뉴
데이터(Data)	데이터 파일을 전체 또는 부분적으로 수정하는 메뉴
변환(Transform)	데이터셋의 변수를 변환하거나 조건을 주어 새로운 변수를 생성하는 메뉴
분석(Statistics)	각종 통계분석을 하는 메뉴
다이렉트마케팅	마케터의 눈높이에 맞는 분석모듈 활성화 메뉴
그래프(Graph)	결과를 고해상도 그래프로 작성하는 메뉴
유틸리티(Utilities)	각종 변수를 확인하고 정보를 확인하는 메뉴
창(Windows)	윈도우의 배열과 속성을 결정하는 메뉴
도움말(Help)	각종 메뉴에 대한 도움말이 문자와 그림으로 설명되어 있는 도움말 메뉴

■ **도구상자**

자주 사용되는 명령어를 사용하기 편하도록 아이콘으로 제공하는 부분이다.

아이콘	설명
열기	이미 작성된 파일을 불러올 때 사용(파일 → 열기)
저장	작업한 내용을 저장(파일 → 저장)
인쇄	프린터로 출력(파일 → 인쇄)
대화상자 다시 불러오기	최근 대화상자에서 작업하였던 내용을 기억하여 실행
복구	바로 전에 실행한 내용을 재실행하거나 취소(편집 → 복구)
케이스로 이동	데이터 윈도우에서 원하는 케이스로 이동(편집 → 케이스로 이동)
변수로 이동	데이터 윈도우에서 원하는 변수로 이동(편집 → 변수로 이동)
변수정보	현재 작업 중인 변수명과 라벨을 보여 줌(유틸리티 → 변수정보)
찾기	원하는 데이터를 찾음(편집 → 찾기)
케이스 삽입	하나의 관찰값을 삽입(편집 → 케이스 삽입)
변수 삽입	하나의 변수를 삽입(편집 → 변수 삽입)
파일 분할	지정조건에 따라 데이터가 분리됨(데이터 → 파일분할)
가중케이스	원하는 관찰값들에 가중값을 부여(데이터 → 가중케이스)
케이스 선택	원하는 조건식에 맞는 관찰값을 만듦(데이터 → 케이스 선택)
변수값 설명	셀에 있는 데이터를 숫자나 문자로 볼 수 있음(보기 → 변수값 설명)
변수군 사용	변수에 새로운 형태를 지정(유틸리티 → 변수군 사용)

1.4 자료 입력하기

PASW에서 자료를 입력하는 방법은 일반 스프레드시트 프로그램에서 입력하는 것과 거의 유사하다. 다만 PASW에서는 셀에 직접 수식으로 입력할 수 없고 변수 계산 메뉴를 이용한다는 점이 엑셀과는 다르다. PASW 데이터 윈도우에서 〈그림 6-3〉과 같이 사용자가 원하는 자료를 입력한다. 이때 변수명은 자동으로 VAR00001부터 차례대로 부여된다.

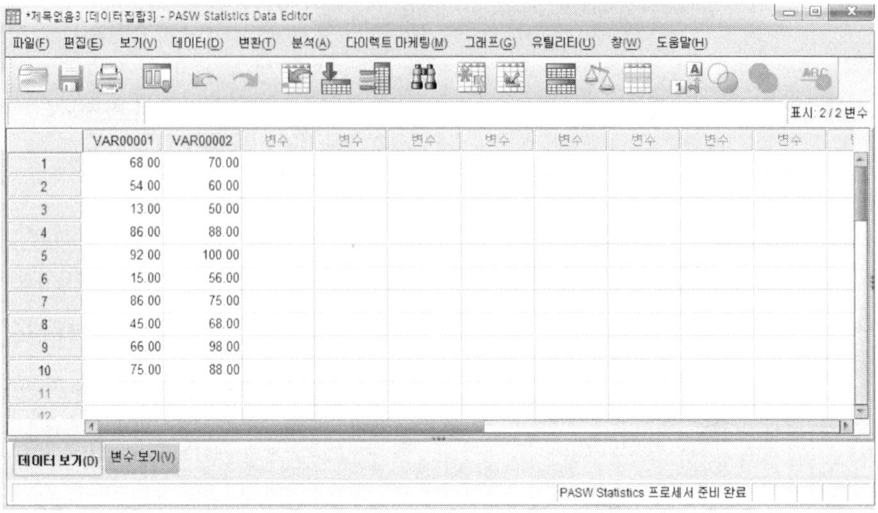

그림 6-3 데이터 입력

1.5 자료 저장하기

앞에서 작성한 데이터를 저장해 보기로 하자.

> 파일 → 저장(S) , Ctrl+S , 도구상자의 저장아이콘
> 파일 → 다른 이름으로 저장(A)

① **파일** 메뉴에서 **저장**을 선택하면 〈그림 6-4〉와 같은 저장하기 대화상자가 나타난다. 이때 처음 저장할 경우에는 데이터를 **다른 이름으로 저장하기** 대화상자가 나타나고, 일단 한 번 파일명을 부여하고 나면 대화상자가 나타나지 않고 그 이름으로 계속 저장된다. 파일 이름을 다르게 저장하려면 이때는 파일 메뉴에서 **다른 이름으로 저장**을 선택하면 된다.

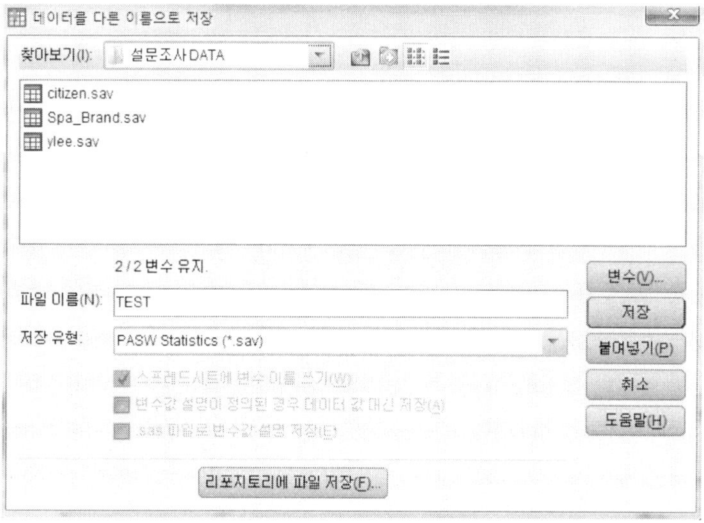

그림 6-4 다른 이름으로 저장하기 대화상자

② 대화상자에서 먼저 저장 위치에 저장할 폴더를 지정한 후에 파일이름을 입력하고, 파일형식을 지정한 후에 **저장** 버튼을 클릭하면 된다. 위는 설문조사 DATA 폴더에 PASW 데이터 형식인 TEST.sav 파일로 저장한 것이다.

1.6 자료파일 열기

PASW 18에서는 자료의 호환성이 높아진 점이 장점이다. SPSS 10.0 이전 버전에서는 예를 들어 Excel 자료를 불러오려면 여러 단계를 거쳤던 반면에 그 이후부터는 데이터 확장자인 .sav 파일과 마찬가지로 열기 메뉴를 선택하는 것으로 가능해졌다.

지금부터 PASW 사용법을 알아보기 위한 예제 데이터는 PASW 기본 예제 데이터인 citizen.sav 파일이다.

파일(F) 메뉴에서 **열기(O)**를 한 후 4가지, **데이터, 명령문, 출력결과, 스크립트, 기타** 중에서 **데이터**를 선택한다. 데이터를 선택하면 〈그림 6-5〉와 같이 파일열기 대화상자가 나타나는데, 이때 불러오기를 하려는 파일이 위치한 폴더를 지정한 후 파일을 선택하고 **열기**를 선택하면 데이터가 열린다.

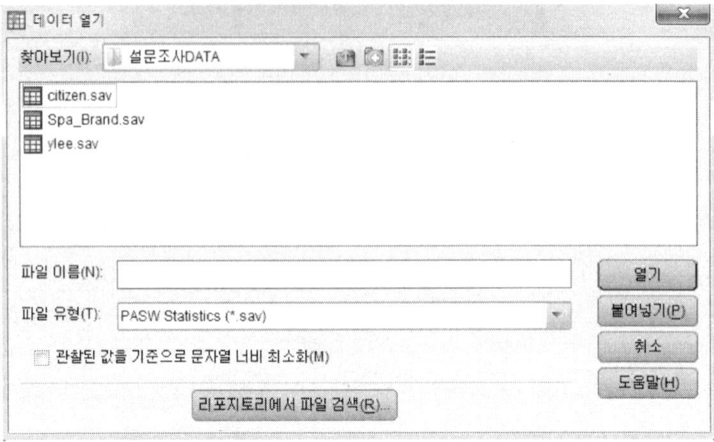

그림 6-5 파일열기 대화상자

다른 형식의 파일을 열 때에는 파일형식을 다른 형식으로 고쳐 준다. 하지만 디폴트는 PASW 데이터 파일인 PASW(*.sav)로 지정되어 있다. 불러오기를 한 결과 데이터 시트에서 보면 각 행은 관찰값(observation 또는 case)을 의미하고, 각 열은 변수(variable)를 의미한다.

표 6-1 파일 형식

선택 사양	설명
PASW(*.sav)	PASW에서 만들어진 데이터 파일
PASW/PC+(*.sys)	PASW/PC+ 상에서 저장되었거나 만들어진 데이터
Systat(*.syd)	Systat으로 작성된 페이키 파일
PASW portable(*.por)	Macintosh나 OS/2와 같은 다른 운영체제에서 만들어진 portable PASW 파일
Excel(*.xls)	Excel 스프레드시트 파일
Lotus(*.w*)	Lotus 1-2-3의 스프레드시트 파일
SYLK(*.slk)	SYLK 포맷으로 저장된 Excel과 Multiplan 스프레드시트 파일
Dbase(*.dbf)	DBase Ⅰ, Ⅱ, Ⅲ, Ⅳ로 작성된 데이터베이스 파일
TEXT(*.txt)	ASCII 형식
Data(*.data)	탭(tab)에 의해 분리된 값을 갖고 있는 ASCII 형식
All(*.*)	모든 파일

1.7 변수 및 변수값에 설명(Label) 붙이기

변수명이 임의로 부여된 경우나 다른 이름으로 변경하고자 하는 경우 또는 한글로 변수명을 부여하고자 하는 경우가 종종 있다. 또한 자료의 입력 편의상 1, 2,

… 등과 같이 숫자로 입력한 자료를 출력 시에는 한글이나 영문이 직접 나타나게 하고자 할 경우도 있다. citizen.sav 파일을 이용하여 변수명이나 관찰값들이 출력될 때 한글로 출력되도록 지정하는 방법을 설명하겠다(이를 '보통 라벨을 부여한다'라고 한다).

변수보기 탭을 선택하면 라벨을 붙일 수 있는 윈도우가 나타난다. 이전 버전까지는 데이터 메뉴에서 변수정의를 선택함으로써 한 변수 한 변수에 대하여 정의하였던 것에 반하여 SPSS 12.0 버전부터는 〈그림 6-6〉와 같이 전체 변수에 대하여 라벨을 부여할 수 있게 되었다. 변수보기 시트는 이름, 유형, 자리, 소수점이하 자리, 설명, 값, 결측값, 열, 맞춤, 척도로 구성되어 있다. 변수값이 문자형이면 맞춤은 오른쪽으로, 숫자이면 왼쪽으로 정렬되고, 척도는 명목척도, 순서형척도로 구분할 수 있다.

그림 6-6 변수보기 시트

① 먼저 X1변수에 대하여 변수정의를 하면, **설명**에 **나이**라고 직접 입력하면 된다. 그러고 나서 X1변수의 **값** 부분의 셀을 클릭하고, ⋯을 누르면 〈그림 6-7〉과 같은 변수값 설명 대화상자가 나타난다.

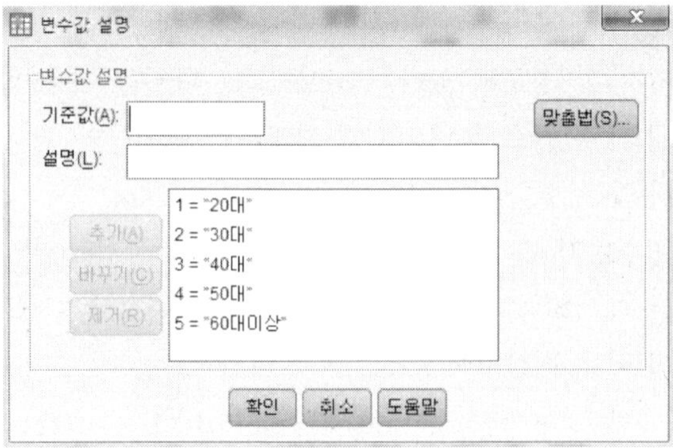

그림 6-7 변수값 설명 대화상자

② 변수값 설명 대화상자에서 **변수값(U)**에 **1**, **변수값 설명(E)**에 **20대**라고 쓰고, **추가(A)**를 클릭하면 X1변수값 1은 20대를 의미한다. 같은 방법으로 2는 30대, 3은 40대, 4는 50대, 5는 60대 이상이라고 정의한 후 **확인**을 누른다. 변경사항이 있을 시, 변경할 변수값 설명을 클릭 후 **변경** 버튼을 눌러 변수값 설명을 변경할 수 있으며, **제거** 버튼을 누르면 해당 변수값 설명을 제거할 수도 있다. 이와 같이 데이터에 대해 변수를 정의하면, 한글로 된 분석결과(출력물)를 얻을 수 있다.

x1

		빈도	퍼센트	유효 퍼센트	누적퍼센트
유효	1	45	12.2	12.2	12.2
	2	101	27.4	27.4	39.7
	3	110	29.8	29.9	69.6
	4	63	17.1	17.1	86.7
	5	49	13.3	13.3	100.0
	합계	368	99.7	100.0	
결측	시스템 결측값	1	.3		
합계		369	100.0		

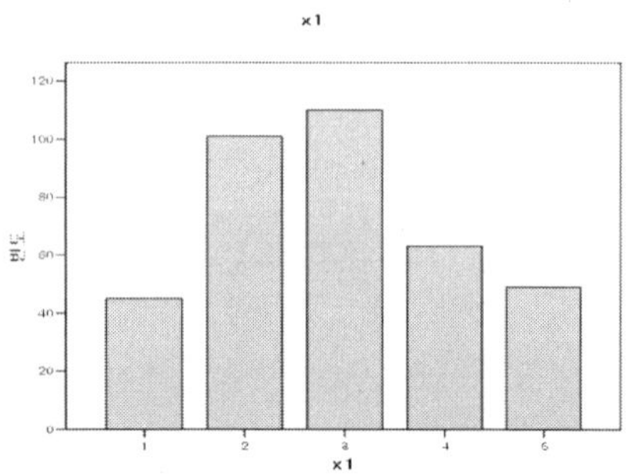

나이

		빈도	퍼센트	유효 퍼센트	누적퍼센트
유효	20대	45	12.2	12.2	12.2
	30대	101	27.4	27.4	39.7
	40대	110	29.8	29.9	69.6
	50대	63	17.1	17.1	86.7
	60대이상	49	13.3	13.3	100.0
	합계	368	99.7	100.0	
결측	시스템 결측값	1	.3		
합계		369	100.0		

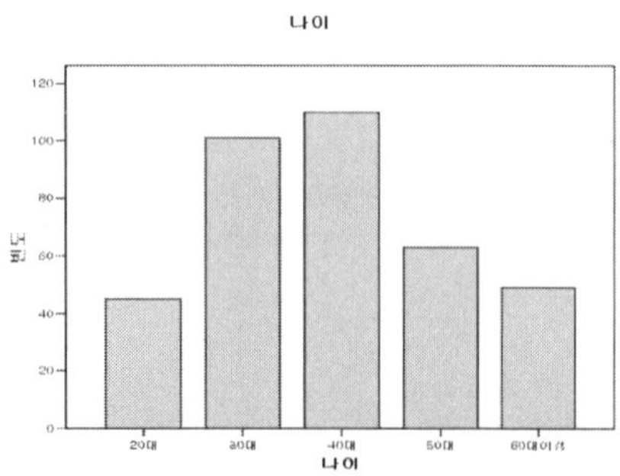

그림 6-8 변수값 설명 유무에 따른 출력 결과

표 6-2 변수설명 및 변수값 설명 붙이기 Syntax

```
Variable Labels x1 '나이'.

Value Labels x1 1 '20대' 2 '30대' 3 '40대' 4 '50대' 5 '60대이상'.
```

1.8 변수계산

자료를 이용하다 보면, 여러 변수들을 이용하여 하나의 변수를 생성시키는 경우가 있다. 예를 들면 객관적으로 측정하기 어려운 어떠한 사회현상이나 개념을 측정하기 위해 여러 개의 측정항목을 통하여 하나의 개념을 측정하는 경우가 있는데, 이를 조작적 정의(operational definition)라고 한다. 이렇듯 적절하게 구성된 조작적 정의에 의하여 개념에 대한 점수화를 구현하는 경우에 있어서, 개념을 구성하는 각 측정항목에 동일한 가중치를 주는 산술평균을 이용하는 방법과 각 측정항목의 개념에 대한 기여 정도를 계산하여 그 기여 정도에 따라 가중치를 달리 주는 방법이 있다. 예를 들면 직무만족도라는 개념을 측정하기 위하여 문항1 - 문항5를 이용하는 경우를 생각해 보자(citizen.sav).

그림 6-9 변수계산 대화상자

■ **동일한 가중치 이용(산술평균)**[20]

직무만족도 = (문항1 + 문항2 + 문항3 + 문항4 + 문항5)/5

이미 입력된 변수를 토대로 하여 직무만족도라는 새로운 변수를 생성하고자 할 경우에는 **변환(T)** 메뉴에서 **변수계산(C)**을 선택하면 변수계산 대화상자가 나타나고 여기서 수식을 입력하면 된다.

표 6-3 변수계산 Syntax

```
Compute
직무만족도 = (x5_1 + x5_2 + x5_3 + x5_4 + x5_5 )/5.
```

1.9 변수생성 및 변경

항목의 범주가 매우 세분화되어 있어 특정 범주에 응답자수가 소수인 경우와 몇 개의 범주를 합쳐 새로운 변수를 생성하는 경우를 생각해 보자. 새로운 변수를 생성하는 방법에는 몇 가지 방법들이 있는데 때에 따라서 편리한 방법을 선택하면 된다. 그중 하나는 **코딩변경** 명령문을 사용하는 것이고, 다른 하나는 **케이스선택**이라는 명령문을 사용하는 것이다. 사용자마다 각기 더 편리한 방법이 있지만 여기에서는 이 두 방법에 대해 소개하고자 한다.

1.9.1 새로운 변수생성: 코딩변경

코딩변경은 항목범주를 축소시키거나 변수값을 변경할 때 사용되는 방법이다. 예를 들어 citizen.sav 파일에서 최종학력 항목은 ① 초졸, ② 중졸, ③ 고졸, ④ 대졸, ⑤ 무학으로 총 5개 범주로 구분되어 있다. 분석 및 해석의 편의를 위하여 무학 〈 초졸 〈 중졸 〈 고졸 〈 대졸 순서대로 서열을 맞추고 싶은 경우, 변수값을 변경해야 한다. 즉, ①은 ②로, ②는 ③으로, ③은 ④로, ④는 ⑤로, ⑤는 ①로 코딩변경을 하고자 한다. 즉, 변경 후 코딩은 각각 ① 무학, ② 초졸, ③ 중졸, ④ 고졸, ⑤ 대졸을 의미하도록 변경하고자 한다.

이때 **코딩변경** 메뉴를 이용하면 한 번의 명령으로 매우 쉽게 항목을 축소, 코딩값을 변경시킬 수 있다. 먼저 〈그림 6-10〉과 같이 **변환(T)**에서 **다른 변수로 코딩**

20) 기여 정도에 따른 가중치 이용(가중평균):
직무만족도 = α_1 ×문항1 + α_2 ×문항2 + α_3 ×문항3 + α_4 ×문항4 + α_5 ×문항5.
이때 α_1, α_2, α_3, α_4, α_5는 각 문항의 기여 정도에 따른 가중치이다.

변경(R)...을 선택하면 〈그림 6-11〉이 나타난다. **최종학력(x3) 변수**를 선택 후 화살표 버튼을 클릭하고, 출력변수 부분에서 변수명을 **최종학력_New**라고 입력하고 **바꾸기(C)** 버튼을 클릭하면, 물음표가 **최종학력_New**로 변한다.

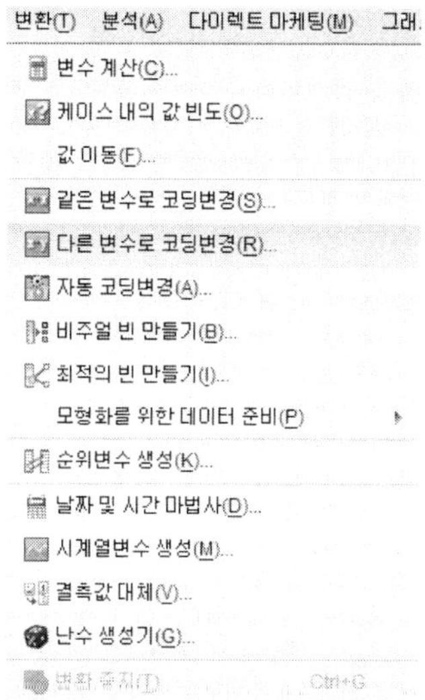

그림 6-10 다른 변수로 코딩변경

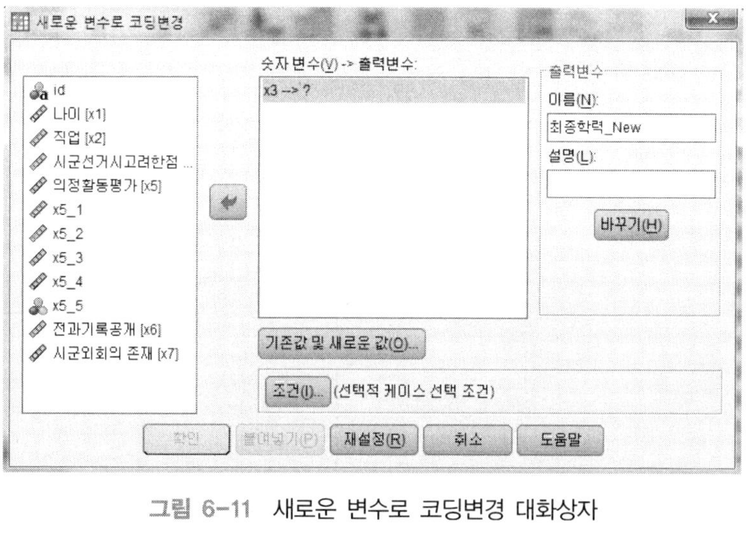

그림 6-11 새로운 변수로 코딩변경 대화상자

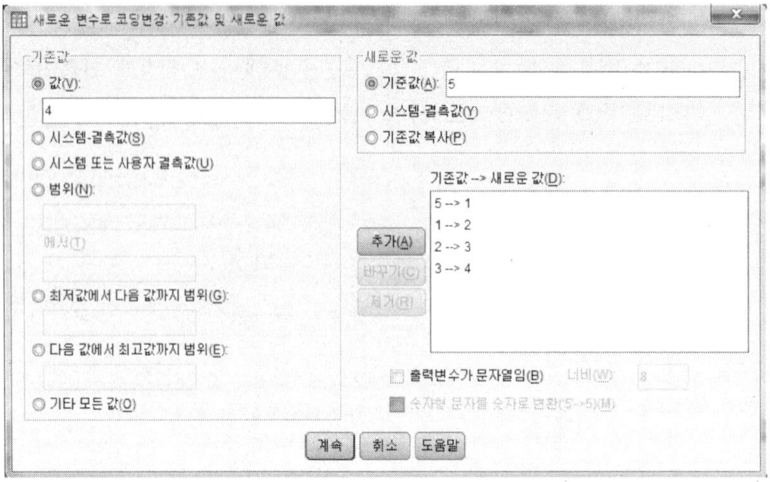

그림 6-12 기존값 및 새로운 값 대화상자

기존값 1을 새로운 값 2로 입력 후 **추가** 버튼을 누르고, 비슷한 절차로 기존값 2를 새로운 값 3으로, 기존값 3을 새로운 값 4로, 기존값 4를 새로운 값 5로, 기존값 5를 새로운 값 1로 **추가**시킨 후 **계속** 버튼을 누르면, 〈그림 6-12〉 대화상자가 닫히고 〈그림 6-11〉 대화상자만 남는다. **확인** 버튼을 누르면 위에서 지정한 대로 코딩값이 변경된 새로운 변수 **최종학력_New**가 생성된다. 지정한 대로 제대로 변경되었는지 확인하고자 하는 경우, 변경 이전의 변수와 변경 후 새로운 변수에 대한 빈도분석을 실시하면 간단히 확인할 수 있다. 단, 새로운 변수 **최종학력_New**의 경우, 변수설명 및 변수값 설명을 입력하지 않았으므로, 출력결과가 한글이 아닌 숫자인 것을 확인할 수 있다.

표 6-4 원변수와 새로운 변수 빈도표 확인

최종학력

		빈도	퍼센트	유효 퍼센트	누적퍼센트
유효	초졸	30	8.1	8.2	8.2
	중졸	38	10.3	10.4	18.5
	고졸	164	44.4	44.7	63.2
	대졸	133	36.0	36.2	99.5
	무학	2	.5	.5	100.0
	합계	367	99.5	100.0	
결측	시스템 결측값	2	.5		
합계		369	100.0		

최종학력_New

		빈도	퍼센트	유효 퍼센트	누적퍼센트
유효	1.00	2	.5	.5	.5
	2.00	30	8.1	8.2	8.7
	3.00	38	10.3	10.4	19.1
	4.00	164	44.4	44.7	63.8
	5.00	133	36.0	36.2	100.0
	합계	367	99.5	100.0	
결측	시스템 결측값	2	.5		
합계		369	100.0		

다음으로 최종학력_New에서 무학 및 초졸, 중졸인 범주를 합치는 경우를 생각해 보자.

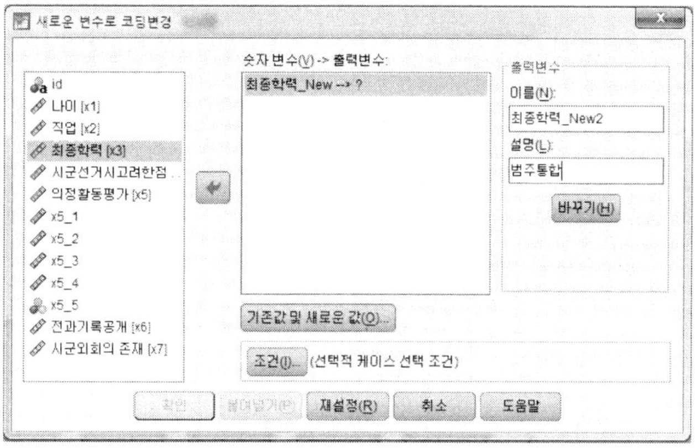

그림 6-13 새로운 변수로 코딩변경 대화상자

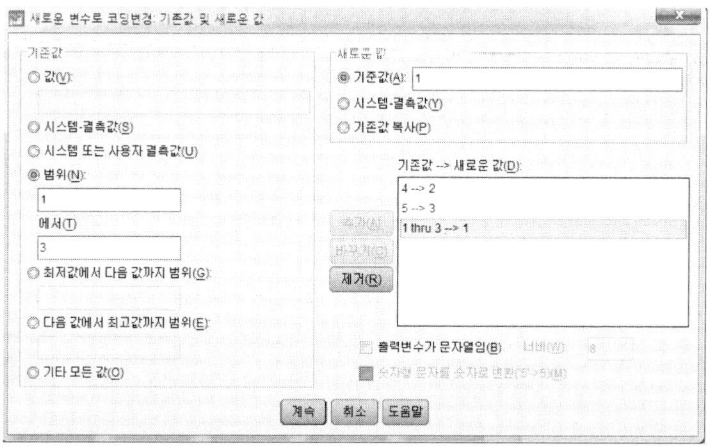

그림 6-14 기존값 및 새로운 값 대화상자

표 6-5 변수변경(Recode) Syntax

Recode x1
(5=1) (1=2) (2=3) (3=4) (4=5) **into** 최종학력_New.

Recode 최종학력_New
(Lowest thru 3=1) (4=2) (5=3) **into** 최종학력_New2.

1.9.2 새로운 변수 생성하기: 케이스 선택

앞에서 사용한 방법이 좀 더 일반적인 사용방법이라고 하면 케이스 선택 방법은 약간 편법을 사용한 방법이라고 할 수 있다. 이 방법을 이용하여 연령 구분이 30대 이하와 40대 이상 두 개의 범주를 갖는 새로운 변수를 생성해 보자. 여기에서는 **데이터(D)**에서 **케이스 선택(C)...**이라는 메뉴를 사용한다. 케이스 선택 명령문은 사용자가 원하는 케이스만을 선택하는 명령어로 filter_$ 변수명이 생성되어 사용자가 원하는 케이스의 변수값은 1로, 그 외의 값은 0으로 생성시키는 작업을 한다.

메뉴바에서 **데이터(D)**에서 **케이스 선택(C)...**을 선택하면 〈그림 6-15〉와 같이 케이스 선택 창이 활성화된다. 두 번째, **조건을 만족하는 케이스(C)**를 선택한 후 아래 **조건(I)...**을 클릭하면 〈그림 6-16〉과 같은 **케이스 선택 : 조건**창이 나타난다. 조건을 **x1<=2**라고 입력한 후 **계속** 버튼을 선택하여 케이스 선택 창으로 돌아온 다음 **확인** 버튼을 누른다.

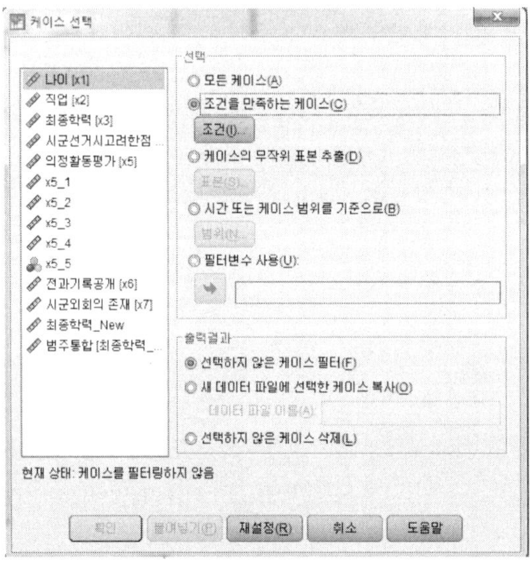

그림 6-15 케이스 선택 대화상자

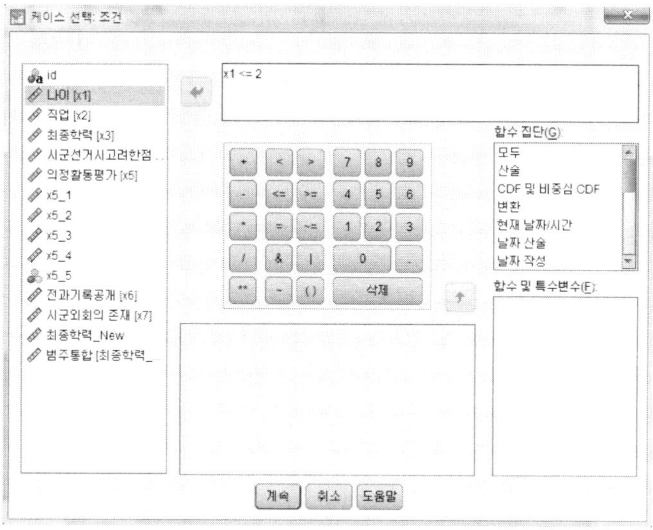

그림 6-16 케이스 선택 조건 대화상자

데이터 보기 시트의 마지막 부분을 보면 **filter_$ 변수**가 생성되었음을 볼 수 있다.

그림 6-17 변수보기 시트에서 필터변수 존재 확인

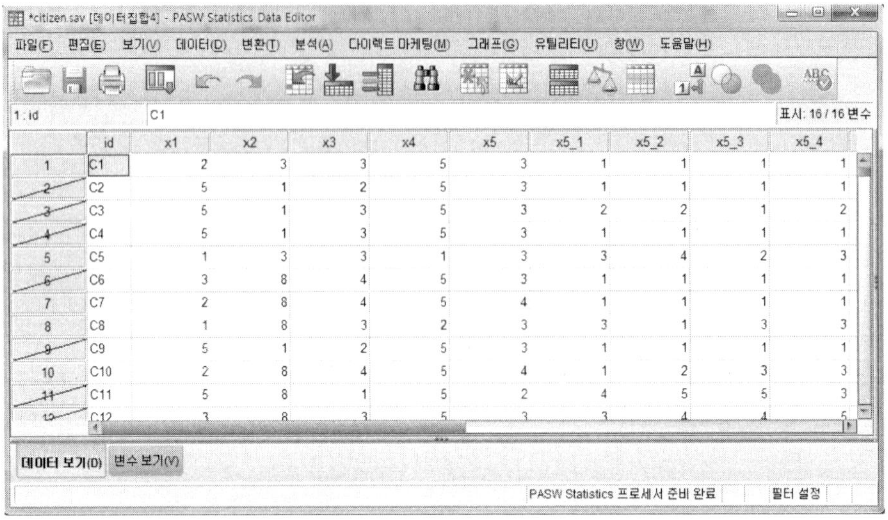

그림 6-18 데이터보기 시트에서 필터변수 존재 확인

생성된 것이 확인되면 다시 **케이스 선택**으로 돌아가 선택부분에서 **전체 케이스** (A)을 선택한 후 **확인** 버튼을 선택하면, 데이터보기 시트 내 대각선으로 표기된 필터표시가 없어지는 것을 확인할 수 있다. 변수명을 AGER로 바꾸고, 변수값 1을 **"30대 이하"**, 0을 **"40대 이상"**이라고 설명을 첨부한다.

표 6-6 변수명 변경(rename) Syntax

```
Rename Variables (filter_$ = AGER).

Recode AGER
(1 '30대 이하') (0 '40대 이상') into AGER.
```

2. 자료요약

이번 절에서 설명하는 자료요약은 설문지 분석에서 가장 일반적이면서 기본적으로 들어가는 결과로 응답 빈도나 퍼센트, 평균, 표준편차와 같은 기초통계량 등의 정보를 나타내는 표를 작성하는 방법을 설명한다. PASW에서는 일반적 통계표와 기초 통계표를 제공하여, 다양한 표를 쉽게 작성할 수 있게 도와준다.

2.1 질적자료요약

2.1.1 표(table) 작성하기

우리가 자료를 분석할 때 기본적으로 보는 것이 양적자료의 경우 기초통계량이고, 범주형 자료의 경우에는 빈도표이다. 여기에서는 PASW 기본 예제 데이터인 citizen.sav 파일을 이용하여 직업 문항에 대하여 빈도표를 작성하여 보자.

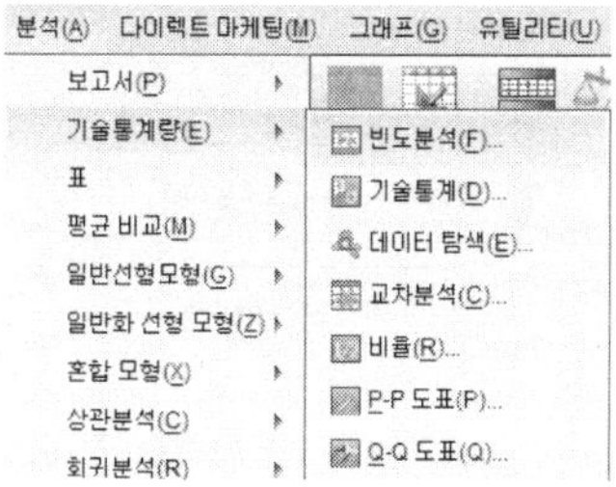

그림 6-19 빈도분석

① 〈그림 6-19〉과 같이 **분석** 메뉴에서 **기술통계량**을 선택하고, **빈도분석...**을 선택하면 〈그림 6-20〉과 같은 빈도분석 대화상자가 나타난다.

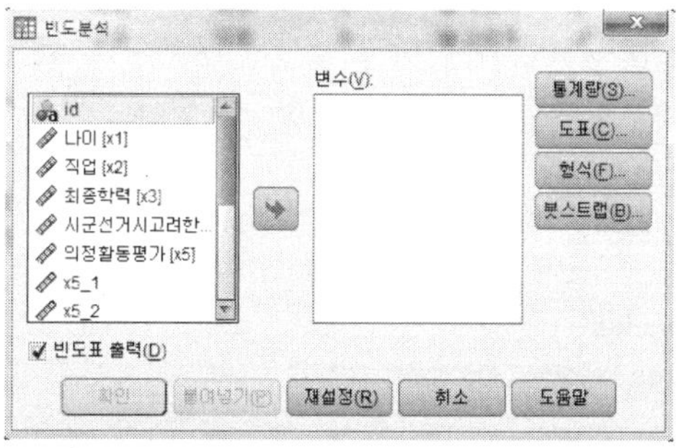

그림 6-20 빈도분석 대화상자

② 빈도분석 대화상자에서 **직업[x2]**을 선택한 후에 변수(V)의 **화살표 버튼을 클릭**하거나 해당 **변수를 더블클릭**한 후 **OK** 버튼을 클릭하면 〈그림 6-21〉과 같이 PASW 뷰어가 활성화된다.

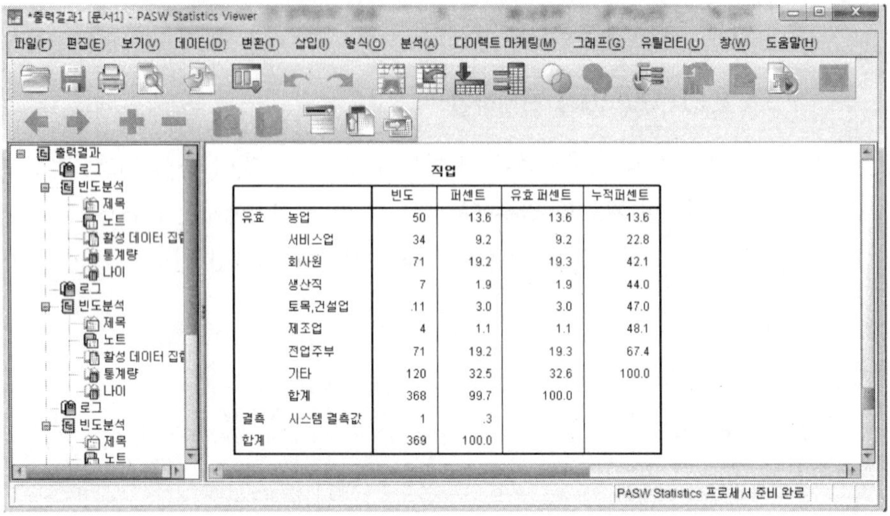

직업

		빈도	퍼센트	유효 퍼센트	누적퍼센트
유효	농업	50	13.6	13.6	13.6
	서비스업	34	9.2	9.2	22.8
	회사원	71	19.2	19.3	42.1
	생산직	7	1.9	1.9	44.0
	토목,건설업	11	3.0	3.0	47.0
	제조업	4	1.1	1.1	48.1
	전업주부	71	19.2	19.3	67.4
	기타	120	32.5	32.6	100.0
	합계	368	99.7	100.0	
결측	시스템 결측값	1	.3		
합계		369	100.0		

그림 6-21 빈도분석 대화상자

거주지 문항에 대한 응답자는 369명 중 368명이고 1명이 무응답을 하였다. 직업별 도수와 퍼센트, 유효응답자수에 대한 퍼센트, 누적 퍼센트가 제시되고 있는 것을 볼 수 있다. 위의 〈그림 6-21〉에서 출력결과는 옵션이 디폴트일 경우의 결과물이고, 〈그림 6-21〉에서 통계량 버튼을 클릭하면 원하는 통계량을 지정할 수 있다. 또한 도표를 출력하고자 할 경우에도 〈그림 6-21〉에서 도표 버튼을 클릭하면 원하는 형태의 도표를 지정할 수 있다.

표 6-7 빈도분석(Frequencies) Syntax

```
Frequencies
Variables = x2 / Barchart.
```

PASW에서는 다양한 표를 작성할 수 있다. 앞 소절의 빈도표는 가장 간단한 형태이며, PASW의 가장 큰 장점을 꼽으라고 하면 여러 형태의 통계표 작성을 들 수 있다. PASW에서 테이블 작성방법과 통계표 출력결과는 매우 세련되었고 쉽게 작성할 수 있다. citizen.sav 파일을 이용하여 직업별 시민들의 의정활동에 대한 만족도(x5) 문항의 응답결과의 빈도와 퍼센트를 구하는 표를 작성해 보자.

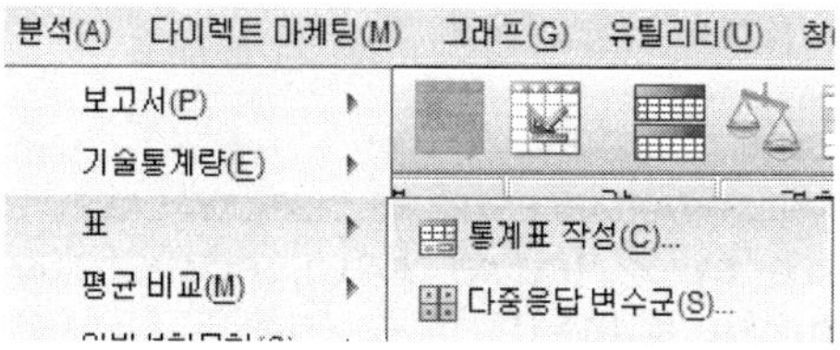

그림 6-22 통계표 작성

① 〈그림 6-22〉와 같이 **분석** 메뉴에서 **통계표 작성(T)**을 선택하면 〈그림 6-23〉과 같은 통계표 대화상자가 나타난다.

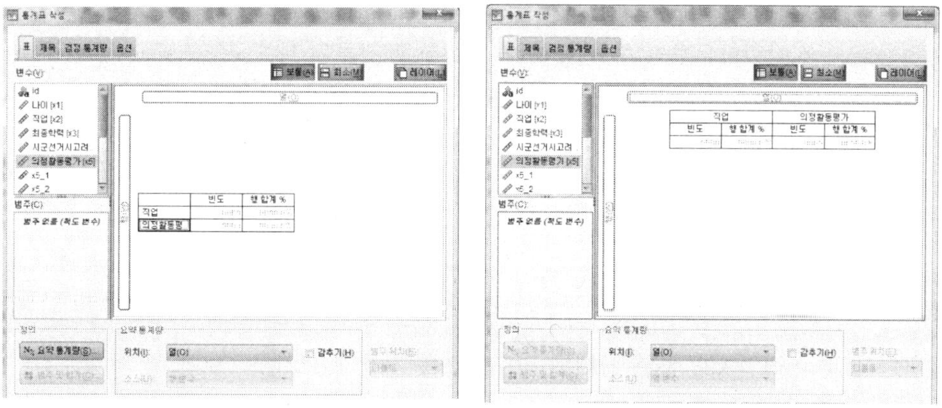

그림 6-23 통계표 작성 대화상자(왼쪽: 행, 오른쪽: 열)

② 일반적 통계표 대화상자에서 **직업[x2], 의정활동평가(x5)**를 선택한 후 마우스를 이용하여 드래그한 후 **행(C)**과 **열(R)**로 각각 옮긴다. 이때 각 변수에 대한 **빈도**와 **퍼센트**를 출력하기 위해 각 변수명을 선택한 후 **요약 통계량(S)...**를 선택한다. **평균**이 **디폴트**로 지정되어 있으므로, 각 변수별 빈도와 퍼센트를 구하려고 한다면 **행%**을 선택하여 **추가(A)**한 후 **계속, 확인**을 클릭하면 결과물이 출력된다.

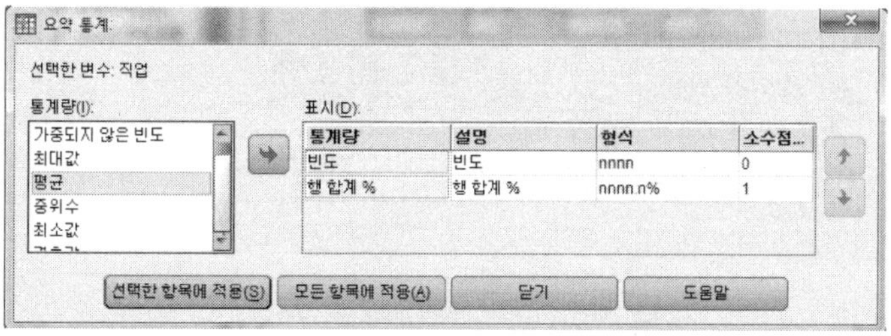

그림 6-24 요약 통계량 대화상자

표 6-8 통계표 작성(CTable) Syntax

```
CTABLES
/VLABELS VARIABLES=x2 x5 DISPLAY=LABEL
/TABLE BY x2 [COUNT F40.0, ROWPCT.SUM PCT40.1] + x5 [COUNT F40.0, ROWPCT.SUM PCT40.1].
```

2.1.2 그래프 작성하기

데이터 시각화는 양적이든 질적이든 수치로 표현된 자료를 그래프를 이용하여 시각화함으로써 자료를 요약·정리하고 자료의 배후구조(Latent structure)를 파악하는 것을 말한다. PASW에서는 다른 통계프로그램에 비해 그래프를 작성하기 쉬우며, 인터페이스도 좋고 그래프 종류도 다양하다.

PASW에서 그래프를 작성하려면 그래프(G) 메뉴를 선택한 후 자신이 원하는 그래프를 선택하면 된다.

(1) 막대도표

직업(x2) 문항에 대해 막대도표를 작성해 보자.

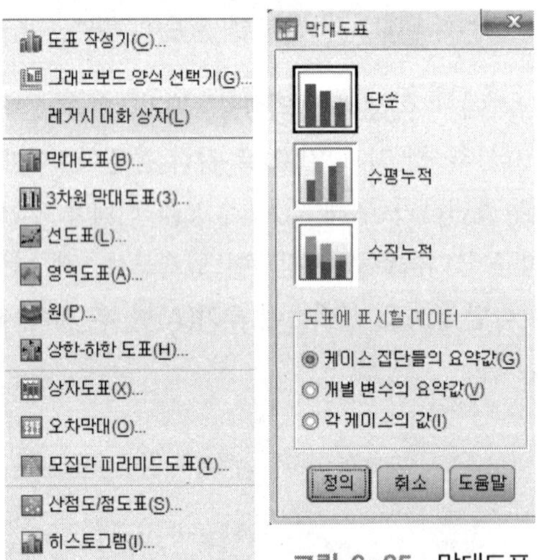

그림 6-25 막대도표

① **그래프(G)** 메뉴에서 **막대도표(B)**...를 선택하면 〈그림 6-25〉와 같은 막대도표 대화상자가 나타난다.

② 막대도표 대화상자에서 **단순**을 선택한 후에 **정의** 버튼을 클릭하면 〈그림 6-26〉과 같은 막대도표를 그릴 대화상자가 나타나고, 직업(x1)을 선택한 후에 **범주축** 화살표를 클릭하여 입력한 후에 **확인** 버튼을 클릭하면 된다.

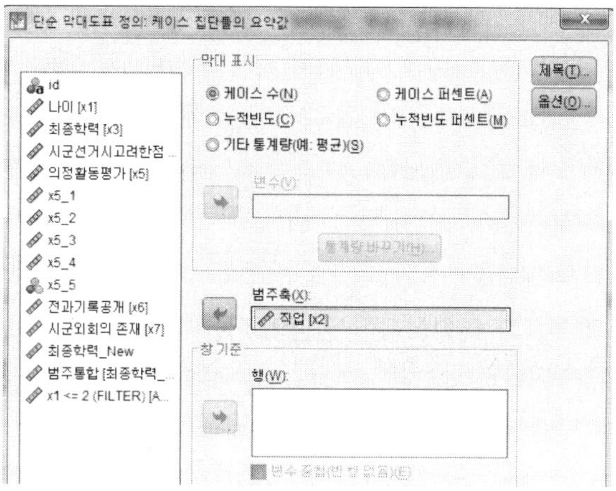

그림 6-26 단순 막대도표 정의 대화상자

결과는 〈그림 6-27〉과 같다.

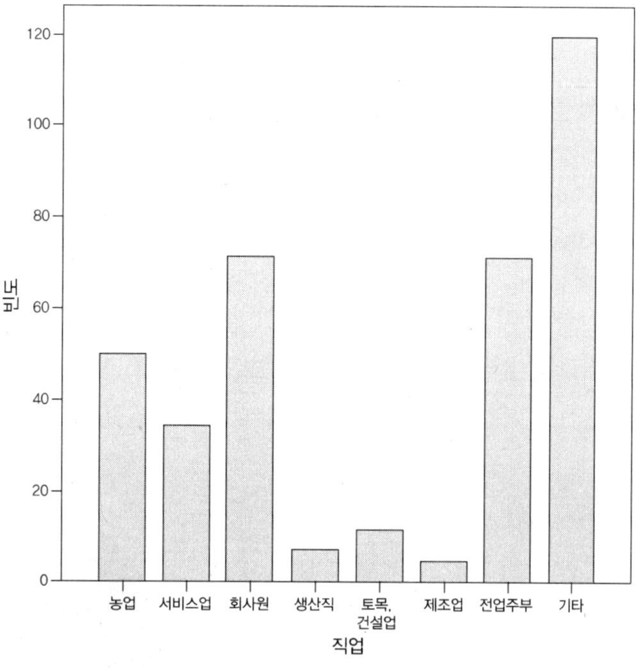

그림 6-27 막대도표 결과

이번에는 거주지 문항으로 원도표를 그려 보자.

① **그래프(G)** 메뉴에서 **원도표(E)...**를 선택하면 〈그림 6-28〉과 같은 원도표 대화상자가 나타난다.

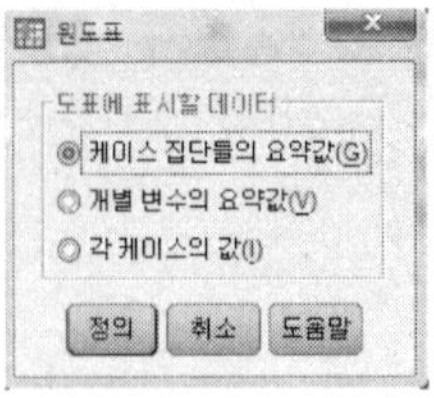

그림 6-28 원도표 대화상자

② **원도표 대화상자**에서 **정의** 버튼을 클릭하면 〈그림 6-29〉 변수선택 대화상자가 나타나는데, **직업(x2)**을 선택한 후에 **조각 기준변수 화살표**를 클릭하여 입력한 후에 **확인** 버튼을 클릭하면 된다.

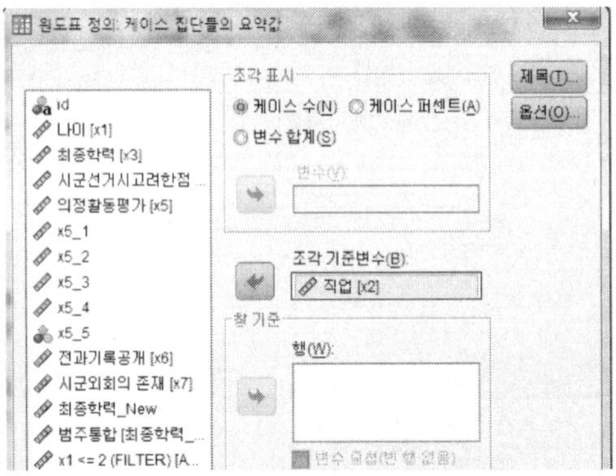

그림 6-29 원도표 정의 대화상자

각 거주지별로 원그래프를 그린 결과이다. 나타난 결과를 보면 직업의 구성은 기타라고 응답한 비율이 가장 크며, 전업주부, 회사원의 응답비율이 비슷하며 농업, 서비스업 등으로 이루어져 있음을 알 수 있다.

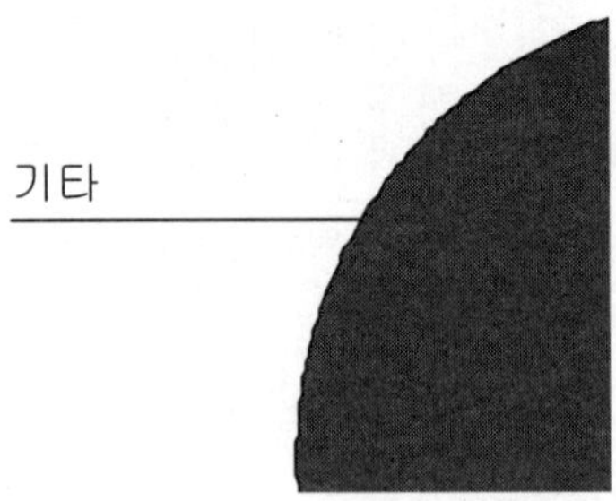

그림 6-30 원도표

2.2 양적자료요약

2.2.1 표(table) 작성하기

앞 절의 질적자료요약에서는 표를 작성하는 데 있어 빈도와 퍼센트로 자료를 요약하는 반면 만족도와 같은 양적자료의 경우 평균과 표준편차를 이용하여 위와 비슷한 형태의 표를 작성할 수 있다.

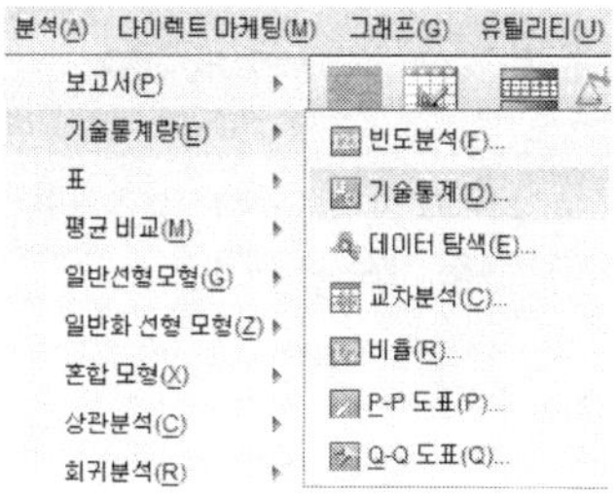

그림 6-31 기술통계 분석

citizen.sav 파일을 이용하여 의정활동평가 만족도 항목에 대하여 기술통계량을 산출해 보자. 하위영역인 x5_1부터 x5_5의 기술통계량 역시 관심사라면, 이들 변수를 모두 오른쪽으로 이동시켜 확인을 누르면 〈그림 6-34〉와 같이 하나의 출력결과 표로 얻을 수 있다.

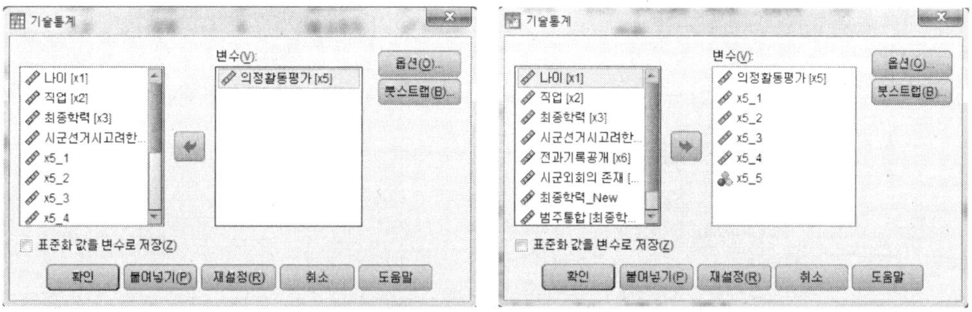

그림 6-32 기술통계 대화상자

기술통계량

	N	최소값	최대값	평균	표준편차
의정활동평가	366	2	5	3.26	.755
유효수 (목록별)	366				

그림 6-33 기술통계량 출력결과

기술통계량

	N	최소값	최대값	평균	표준편차
의정활동평가	366	2	5	3.26	.755
x5_1	353	1	5	1.98	.944
x5_2	356	1	5	2.18	1.029
x5_3	355	1	5	2.30	1.003
x5_4	355	1	5	2.27	1.009
x5_5	355	1	5	2.11	1.009
유효수 (목록별)	349				

그림 6-34 기술통계량 출력결과

표 6-9 기술통계량(Descriptives) Syntax

```
Descriptives Variables = x5 x5_1 x5_2 x5_3 x5_4 x5_5
 /Statistics = Min Max Mean Stddev.
```

2.2.2 그래프 작성하기

양적자료의 경우 그래프를 이용한 자료요약으로는 히스토그램이 있다. 히스토그램은 **그래프(G)**의 **히스토그램(I)** 메뉴를 이용하여 작성할 수 있다. 히스토그램을 작성하고자 하는 변수를 클릭하여 오른쪽으로 이동시키고, **확인**을 누르면 〈그림 6-36〉과 같은 히스토그램 결과를 얻을 수 있다.

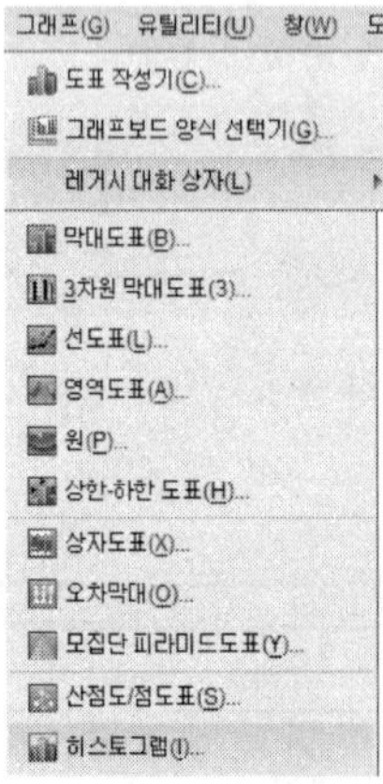

그림 6-35
히스토그램 대화상자

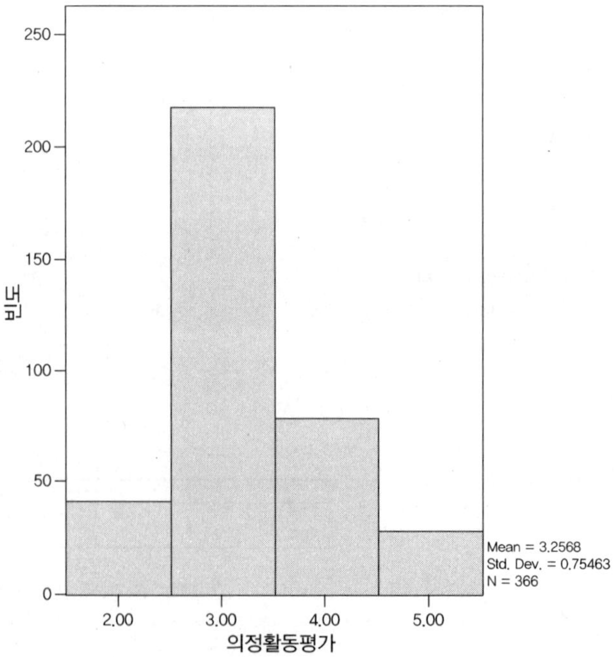

그림 6-36 히스토그램

3. 자료분석

3.1 질적자료분석

질적자료를 이용한 자료 요약뿐만 아니라 통계적 추론을 수행하는 경우를 생각해 보자. 예를 들어 서울 시내 강남 거주자들은 타 지역 주민에 비해 보수적인 성향을 가질 것이라는 가설에 대해 통계적 가설검정을 수행하는 경우를 생각해 보자. 연구자가 고려하는 관심 변수는 서울시 거주 지역, 정치적 성향이다. 이때 서울시 거주 지역을 강남 지역과 타 지역 두 범주만을 고려한다면 이항형 변수, 강남 지역, 강북 지역, 강서 지역, 강동 지역으로 세 개 이상의 범주를 갖는다면 다항형, 혹은 범주형 변수가 관심 대상일 것이다. 마찬가지로 정치적 성향 역시 몇 개의 범주를 갖는 범주형 변수라고 볼 수 있다. 이렇듯 범주형 변수에 대한 일변량 분석(빈도분석), 혹은 변수 간의 관계(교차분석)를 파악, 혹은 검정하는 방법을 설명하겠다.

3.1.1 빈도분석

빈도분석은 질적자료 혹은 범주형 자료에 대한 대표적인 자료요약 방법이다. 앞 절의 '2. 자료요약' 중 '2.1. 질적자료요약'을 보면, 빈도분석을 수행하여 빈도표를 생성하는 방법을 확인할 수 있다.

3.1.2 교차분석(χ^2 검정)

교차분석은 지정한 두 범주형 변수에 대한 교차분석표를 보여 주는 분석방법이다. 빈도분석을 통하여 한 변수의 분포를 살펴보는 것도 중요하지만 때로는 서로 다른 변수에 대하여 각각의 범주들이 어떠한 방식으로 상호 분포되어 있는지 알아볼 필요가 있다. 예를 들어 빈도분석에서는 각 항목별 범주의 비율만을 알 수 있지만, 동질성검정을 위한 교차분석에서는 각 항목별 범주의 비율을 성별에 따라 동질한지 다른지 확인할 수 있다. 또한 흡연과 비만 여부, 이 두 변수가 서로 독립인지 여부를 검정하는 변수 간 연관성 검정을 수행할 수도 있다. 이를 각각 범주형 자료에 대한 동질성검증(Homogeneity Test), 독립성검증(연관성, Independence Test)이라고 한다. 이러한 동질성, 독립성검정을 위해 교차분석을 실시하여 통계적 유의성을 판단할 수 있다. 두 방법은 검정을 수행하는 목적과 연구가설, 자유도 산출방식에는 차이를 두지만, 통계량 산출방법 및 자유도 결과값은 동일하다. 카이제곱값은 기대빈도와 관찰빈도의 차이에 의해 계산되며 기대빈도와 관찰빈도와의 차이가 클수록 카이제곱값이 커진다. 두 범주형 변수가 각각 $i=1,\cdots,I,\quad j=1,\cdots,J$개의 범주로 구성되어 있는 $I\times J$ 분할표를 생각해 보자. 각 셀에 대한 관찰빈도를 O_{ij}라고 하고, 각 셀에 대한 기대빈도를 E_{ij}라고 할 때 카이제곱값을 계산하는 공식은 다음과 같다.

$$\chi^2=\sum_i\sum_j\frac{(E_{ij}-O_{ij})^2}{E_{ij}},\quad E_{ij}=n_{..}\times\left(\frac{n_{i.}}{n_{..}}\right)\times\left(\frac{n_{.j}}{n_{..}}\right)$$

이때 $n_{..}=\sum_i\sum_j O_{ij}$, $n_{i.}=\sum_j O_{ij}$, $n_{.j}=\sum_i O_{ij}$ 이며, 즉 총합, 열 합계, 행 합계를 의미한다.

■ **독립성검정**

자료가 두 개의 기준에 의해 분류되는 경우 이들 두 가지 분류 기준이 서로 관련이 있는지, 아니면 독립인지를 알고자 하는 경우가 많다. 즉 범주형 자료에서 두 개의 범주형 변수 간에 연관성(association)이 존재하는지, 아니면 서로 독립인지를 알기 위해 독립성 검정(test of independence)이 적용된다. 2차원 분할표로 정리된 범주형 자료에서 두 개의 범주형 변수 간의 연관성(association)이 존재하는지를 알고자 하는 경우 위에서 서술한 것처럼 카이제곱 독립성검정을 이용한다. 독립성검정을 위한 가설은 다음과 같다.

H_0 : 행과 열의 변수는 서로 독립이다. (즉 $H_0:\ p_{ij}=p_{i.}\times p_{.j}$)
H_1 : 행과 열의 변수는 서로 독립이 아니다. (즉 $H_1:\ p_{ij}\neq p_{i.}\times p_{.j}$)

이때 관측도수와 기대도수의 차이에 대한 검정통계량은 자유도$(I-1)(J-1)$인 카이제곱분포를 따른다. 만약 귀무가설이 사실이 아니라면 관측도수와 기대도수의 차이가 커지게 되므로 검정통계량의 값은 증가하게 되어 임계치 이상의 검정통계량 값을 가지면 귀무가설을 기각하게 된다.

한 예로, 다음의 〈표 6-10〉은 연령대와 선호채널 간에 어떤 관계가 있는지를 알아보기 위해 300명의 시청자를 랜덤 추출하여 조사한 결과이다. 유의수준 5%

표 6-10 연령대와 선호채널 간의 분할표

	KBS	MBC	SBS	EBS
10대	14	20	60	38
20대	9	12	58	54
30대	1	4	12	18

에서 검정하여 보자.

<표 6-11>은 연령대와 선호채널 간의 기대도수를 나타낸다. 예를 들어 20대가 SBS를 선호하는 기대도수는 $n_{2.}n_{.3}/n$ =(133)(130)/300=57.63이다.

표 6-11 연령대와 선호채널 간의 기대도수

	KBS	MBC	SBS	EBS
10대 미만	56	15.84	57.20	48.40
10-20대	64	15.96	57.63	48.77
30-40대	2.80	4.20	15.17	12.83

검정통계량값은 다음과 같이 계산할 수 있다. 계산된 χ^2 값 29는 카이제곱분포표로부터 찾을 수 있는 기각치 $\chi^2_{0.05}(6) = 12.59$ 보다 작으므로 유의수준 5%에서 귀무가설 H_0를 기각할 수 없다. 그러므로 연령대와 선호채널은 서로 관련이 있다고 할 수 없다(서로 독립이다).

$$\sum_{j=1}^{J}\sum_{i=1}^{I}\frac{(O_{ij}-E_{ij})^2}{E_{ij}} = \frac{(14-56)^2}{56} + \frac{(20-15.84)^2}{15.84} + \cdots + \frac{(18-12.83)^2}{12.83} = 29$$

■ **동질성검정**

한 변수에 대한 각각의 범주가 또 다른 변수에 동질적인(Homogeneous)지를 알아볼 때 동질성검정을 이용한다. 독립성검정을 위한 분할표에서는 전체 관측도수를 고정된 값으로 생각하지만 동질성검정에서는 분할표의 하나의 행을 각각 독립된 모집단으로 취급한다. 행의 합 $n_{i.}$을 고정된 값으로 생각한다.

> H_0 : 각 모집단의 분포는 동일하다. (즉 H_0: $p_{i1} = p_{i2} = \cdots = p_{i.}$)
> H_1 : 각 모집단의 분포는 동일하지 않다. (즉 H_1: not H_0)

한 예로, 직업별로 암 발생 비율이 동일한가를 알아보기 위하여 사무직, 교육직, 관료직, 상업종사자 네 직업군에서 랜덤표본을 추출하여 암 환자의 수를 조사한 자료이다. 카이제곱 분석을 통하여 직업별로 암 발생 환자의 비율이 동일한지 동질성 여부를 검정할 수 있다.

표 6-12 직업별 암 발생 비율 분할표

	암에 걸림	정상	합계
사무직	32	268	300
교육직	51	199	250
관료직	67	233	300
상 업	83	267	350

```
Crosstabs
  /TABLES=변수명1 BY 변수명2 변수명3
  /FORMAT= AVALUE TABLES
  /CELLS= COUNT ROW COLUMN
  /COUNT ROUND CELL .
```

3.2 양적자료분석

3.2.1 평균분석

일변량 평균분석은 양적자료 혹은 연속형 자료에 대한 대표적인 자료요약방법이다. 앞 절의 '2. 자료요약' 중 '2.2. 양적자료요약'을 보면, 기술통계량을 생성하여 평균분석을 수행하는 방법을 확인할 수 있다.

3.2.2 평균비교

평균비교는 양적자료 혹은 연속형 자료의 평균이 그룹(질적, 혹은 범주형 변수)별로 차이를 보이는지 여부를 검정하는 대표적인 자료요약방법이다. 이때 그룹이 2개라면 T-test(T-검정)를 이용한 평균비교를 수행하고, 그룹이 3개 이상이라면 Anova(분산분석)를 이용한 그룹 간 평균비교를 수행한다.

■ **T-검정**

먼저, T-검정은 두 모집단의 평균이 차이가 있는지 없는지를 판단하는 통계적 검정 방법으로 '두 모집단의 평균 간에는 차이가 없다'라는 귀무가설과 '두 모집단의 평균 간에는 차이가 있다'라는 대립가설 중에 하나를 선택하는 통계적 검정방법이다. 그러나 T-검정을 수행할 때 연구대상 및 목적을 주의해서 살펴보아야 한다. 연구대상이 독립인 두 집단을 대상으로 하는 것인지, 혹은 연구대상이 동일하지는 않은지, 그룹 간 비교가 실험전후와 같은 형태를 띠는 것인지를 살펴보아야 한다. 왜냐하면 독립인 두 집단을 비교하는 평균검정과 대응쌍으로 이루어진 평균비교는 통계적으로 서로 다른 검정법이기 때문이다. 독립인 두 집단은 각 집단의 평균 및 분산을 이용하여 이들 집단의 평균이 유의한 차이를 보이는지 여부를 검정하는 데 비해, 대응쌍으로 이루어진 집단의 평균비교는 각 대응 개체별로 집단 간 차이를 비교해야 한다. 따라서 이론적으로는 두 집단이라기보다는 오히려 일변량 평균검정 방법을 이용한다. 단, 대응쌍 평균비교를 이용하면 개체단위로 두 집단 간에 얼마나 차이가 있는지 미리 자료를 생성하지 않고 자동적으로 매칭시켜 평균비교를 해 준다는 차이가 있다.

독립적인 두 표본의 차이 검정은 크게 모분산을 아는 경우와 모분산을 모르는 경우로 나누어 적용된다. 또 모분산을 모르는 경우는 두 집단의 분산이 동일하다고 가정하는 경우와 그렇지 않은 경우(이분산인 경우)로 나누어 적용된다.

- **모분산을 아는 경우**: 서로 독립인 2개의 정규모집단 $N(\mu_1, \sigma_1^2)$와 $N(\mu_2, \sigma_2^2)$에서 크기가 각각 n_1, n_2인 표본을 랜덤추출하여 표본평균 $\overline{X_1}$, $\overline{X_2}$를 얻을 수 있다. 이때 두 집단의 평균 비교는 이들 평균의 차이인 $\overline{X_1} - \overline{X_2}$의 표본분포를 통해 파악할 수 있다. $\overline{X_1} - \overline{X_2}$의 표본분포는 정규분포 $N\left(\mu_1 - \mu_2, \frac{\sigma_1^2}{n_1} + \frac{\sigma_2^2}{n_2}\right)$를 따르므로,

$$Z = \frac{(\overline{X_1} - \overline{X_2}) - (\mu_1 - \mu_2)}{\sqrt{\frac{\sigma_1^2}{n_1} + \frac{\sigma_2^2}{n_2}}}$$

은 표준정규분포를 따른다. 이 검정통계량을 이용하여 두 모평균 차이 유무에 대한 가설검정을 할 수 있다.

표 6-13 모분산을 아는 경우의 T-검정 요약

귀무가설(H_0)	대립가설(H_1)	기각역	검정통계량
$\mu_1 = \mu_2$ (즉, $\mu_1 - \mu_2 = 0$)	$\mu_1 > \mu_2$	$Z \geq z_\alpha$	$Z = \frac{\overline{X_1} - \overline{X_2}}{\sqrt{\frac{\sigma_1^2}{n_1} + \frac{\sigma_2^2}{n_2}}}$
	$\mu_1 < \mu_2$	$Z \leq -z_\alpha$	
	$\mu_1 \neq \mu_2$	$\lvert Z \rvert \geq z_{\alpha/2}$	

- **모분산을 모르는 경우($\sigma_1 = \sigma_2$ 일 때)** 실제로 두 모집단의 분산을 아는 경우는 극히 드물다. 따라서 Z 검정통계량을 그대로 사용할 수 없다. 하지만 모분

산의 값은 모르지만 두 집단의 분산이 같다는 가정($\sigma_1 = \sigma_2 = \sigma$)을 할 수 있다면 검정통계량에서 σ 에 대한 합동추정량(pooled estimator)을 이용한다.

$$Z = \frac{(\overline{X_1} - \overline{X_2}) - (\mu_1 - \mu_2)}{\sqrt{\frac{\sigma_1^2}{n_1} + \frac{\sigma_2^2}{n_2}}} = \frac{(\overline{X_1} - \overline{X_2}) - (\mu_1 - \mu_2)}{\sigma\sqrt{\frac{1}{n_1} + \frac{1}{n_2}}}$$

이때 두 집단의 표본분산인 s_1^2, s_2^2 을 이용한 합동추정량은 다음과 같다.

$$s_p^2 = \frac{(n_1 - 1)s_1^2 + (n_2 - 1)s_2^2}{n_1 + n_2 - 2}$$

Z 검정통계량에서 σ 대신 합동추정량 s_p 를 대입하면 검정통계량은 자유도 $\nu = n_1 + n_2 - 2$ 인 t 분포를 따른다.

$$t = \frac{(\overline{X_1} - \overline{X_2}) - (\mu_1 - \mu_2)}{s_p\sqrt{\frac{1}{n_1} + \frac{1}{n_2}}}$$

표 6-14 모분산을 모르는 경우의 T-검정 요약(등분산가정)

귀무가설(H_0)	대립가설(H_1)	기각역	검정통계량
$\mu_1 = \mu_2$ (즉, $\mu_1 - \mu_2 = 0$)	$\mu_1 > \mu_2$	$t \geqq t_\alpha$	$t = \frac{\overline{X_1} - \overline{X_2}}{s_p\sqrt{\frac{1}{n_1} + \frac{1}{n_2}}}$
	$\mu_1 < \mu_2$	$t \leqq -t_\alpha$	
	$\mu_1 \neq \mu_2$	$\lvert t \rvert \geqq t_{\alpha/2}$	

- **모분산을 모르는 경우($\sigma_1 \neq \sigma_2$ 일 때)** 두 집단의 분산이 같다는 가정을 하기 어려운 경우에도 표본평균의 차 $(\overline{X_1} - \overline{X_2})$의 표준편차는 $\sqrt{\sigma_1^2/n_1 + \sigma_2^2/n_2}$ 이 된다. 하지만 σ_1^2과 σ_2^2의 추정량 s_1^2과 s_2^2을 대입한 통계량은 귀무가설하에서 자유도 $\nu = n_1 + n_2 - 2$인 t 분포를 따르지 않는다.

$$t' = \frac{(\overline{X_1} - \overline{X_2}) - (\mu_1 - \mu_2)}{\sqrt{\frac{s_1^2}{n_1} + \frac{s_2^2}{n_2}}}$$

이 경우 수정된 T-검정인 Behrens-Fisher 방법 혹은 Cochran 방법 등이 적용된다.

- Behrens-Fisher의 방법: 통계량 t' 은 귀무가설하에서 근사적으로 자유도 ν 인 t 분포를 따른다. 이 경우 자유도의 계산에서 자유도 ν 가 정수가 아닐 때에는 사사오입하여 이용한다. 우선 표본의 크기가 n_1, n_2이고 표본분산을 s_1^2, s_2^2이라고 할 때 여기에서 구한 검정통계량 t' 의 자유도는 다음과 같다.

$$\nu = \frac{(s_1^2/n_1 + s_2^2/n_2)^2}{(s_1^2/n_1)^2/(n_1-1) + (s_2^2/n_2)^2/(n_2-1)}$$

표 6-15 모분산을 모르는 경우의 T-검정 요약(이분산가정-1)

귀무가설(H_0)	대립가설(H_1)	기각역	검정통계량
$\mu_1 = \mu_2$ (즉, $\mu_1 - \mu_2 = 0$)	$\mu_1 > \mu_2$	$t' \geq t_\alpha(\nu)$	$t' = \dfrac{\overline{X_1} - \overline{X_2}}{\sqrt{\dfrac{s_1^2}{n_1} + \dfrac{s_2^2}{n_2}}}$
	$\mu_1 < \mu_2$	$t' \leq -t_\alpha(\nu)$	
	$\mu_1 \neq \mu_2$	$\lvert t' \rvert \geq t_{\alpha/2}(\nu)$	

- Cochran의 방법: 우선 자유도$(n_1-1), (n_2-1)$에 대응하는 t 분포에서의 α 임계치 $t_\alpha(n_1-1)$과 $t_\alpha(n_2-1)$을 구한다. 그러면 t' 에 대응하는 판정 기준값 t_α^1은 $w_1(=s_1^2/n_1)$, $w_2(=s_2^2/n_2)$을 이용하여 다음과 같이 계산된다.

$$t_\alpha^1 = \frac{w_1 t_\alpha(n_1-1) + w_2 t_\alpha(n_2-1)}{w_1 + w_2}$$

표 6-16 모분산을 모르는 경우의 T-검정 요약(이분산가정-2)

귀무가설(H_0)	대립가설(H_1)	기각역	검정통계량
$\mu_1 = \mu_2$ (즉, $\mu_1 - \mu_2 = 0$)	$\mu_1 > \mu_2$	$t' \geq t_\alpha^1$	$t' = \dfrac{\overline{X_1} - \overline{X_2}}{\sqrt{\dfrac{s_1^2}{n_1} + \dfrac{s_2^2}{n_2}}}$
	$\mu_1 < \mu_2$	$t' \leq -t_\alpha^1$	
	$\mu_1 \neq \mu_2$	$\lvert t' \rvert \geq t_{\alpha/2}^1$	

■ **분산분석(ANOVA, ANalysis Of VAriance)**

분산분석(ANOVA)이란 모집단이 셋 이상인 경우 각 집단들의 평균이 같은지를 알아보는 통계적 검정 방법이다. 이것은 각 처리집단 간에 얻은 표본평균들의 분산과 각 처리집단 내의 분산을 비교함으로써 각 처리의 평균들의 차이가 통계적으로 의미있는 것인지를 보는 것이다. 귀무가설에 기각되어 각각의 모평균이 서로 같지 않다는 결론에 도달하였다면, 그 다음은 당연히 어느 모평균들 간에 차이가 있는지를 알아보는 것이다. 물론 이런 모평균들의 비교는 대응되는 표본평균값들의 비교로 수행된다. 그리고 이런 종류의 평균들 간의 비교를 수행하는 일련의 통계분석 절차를 다중 비교(multiple comparisons)라고 한다.

분산분석의 개념을 이해하기 위하여 다음과 같이 k 개 처리를 각각 n 번 반복 실험한 경우를 생각하자[21]. i 번째 처리의 j 번째 측정치를 Y_{ij} 로 표시한다. 모평균이 각각 μ_1, μ_2, $\cdots$, μ_k 이고, 모분산이 다 같이 σ^2 인 k 개의 모집단에서 각각 독립적으로 크기 n 인 랜덤표본을 추출하였다면 자료는 다음과 같이 표현할 수 있다.

표 6-17 일원분산분석의 데이터 구조

처리	1	2	......	k	
	Y_{11}	Y_{21}	......	Y_{k1}	
	Y_{12}	Y_{22}	......	Y_{k2}	
	$\vdots$	$\vdots$		$\vdots$	
	Y_{1n}	Y_{2n}	......	Y_{kn}	
계	$Y_{1.}$	$Y_{2.}$	......	$Y_{k.}$	$Y_{..}$
평균	$\overline{Y}_1$	$\overline{Y}_2$	......	$\overline{Y}_k$	$\overline{Y}$

다음과 같은 수학적 모형을 생각하자.

$$Y_{ij} = \mu_i + \epsilon_{ij}, \qquad i = 1,2,\cdots,k \qquad j = 1,2,\cdots,n$$

여기서 μ_i 는 i 번째 처리의 모평균이고, ϵ_{ij} 는 i 번째 처리의 j 번째 측정치에 따르는 오차항을 나타낸다. 그리고 ϵ_{ij} 는 i, j 에 관계없이 $E(\epsilon_{ij}) = 0$, $V(\epsilon_{ij}) = \sigma^2$인 정규분포를 따른다고 가정한다. 이때 $\mu = (\mu_1 + \mu_2 + \cdots + \mu_k)/k$, $\tau_k = \mu_k - \mu$ 라고 하면, 위의 수학적 모형은 다음과 같이 표현된다.

$$Y_{ij} = \mu + \tau_i + \epsilon_{ij}, \quad i = 1,2,\cdots,k \quad j = 1,2,,\cdots,n$$

일원분산분석의 분산분석표를 작성하기 위한 각 제곱합과 자유도는 다음과 같다.

21) 이 예는 완전임의배열법(CRD: Completely Randomized Design)에 의한 실험 예로, 처리 이외에는 어떤 요인도 반응값에 영향을 미치지 않는다는 실험조건을 생각할 것이다(이에 대한 자세한 내용은 백운봉(1989) 참조).

$$
\begin{aligned}
CF &= Y_{..}^2/kn, \quad df = 1 \\
TSS &= \sum\sum Y_{ij}^2 - CF, \quad df = kn-1 \\
SS_t &= \frac{1}{n}\sum Y_{i.}^2 - CF, \quad df = k-1 \\
SS_e &= TSS - SS_t, \quad df = k(n-1)
\end{aligned}
$$

여기서 CF는 보정항(Correction Factor), TSS는 전체 제곱합(Total Sum of Squares), SS_t 는 처리간 제곱합(Sum of Squares due to Treatment)이고, SS_e 는 처리내 혹은 오차 제곱합(Sum of Squares due to Error)이다. 이들 각 제곱합을 해당 자유도로 나눈 것을 평균 제곱합(Mean Squares)이라고 한다. 위의 모형하에서 각 평균 제곱합(MS)의 기댓값은 다음과 같다.

$$
\begin{aligned}
E[MS_t] &= \sigma^2 + n\sum\tau_i^2/(k-1) = \sigma_t^2 \\
E[MS_e] &= \sigma^2
\end{aligned}
$$

만약 $\tau_1 = \tau_2 = \cdots = \tau_k = 0$(또는 $\mu_1 = \mu_2 = \cdots = \mu_k$)이면 두 평균 제곱합의 기댓값은 같게 될 것이다. 따라서 k 개의 모평균이 같다는 귀무가설 $H_0: \mu_1 = \mu_2 = \cdots = \mu_k$ 이 $H_0: \sigma^2 = \sigma^2_t$ 로 바뀌게 되어 결국 분산비에 대한 F 검정을 실시하게 된다. 분산분석법이라는 명칭은 여기에 기인한 것이다.

표 6-18 분산분석표

변 인	자 유 도	제곱합(SS)	평균제곱(MS)	분산비
처 리 간	$k-1$	SS_t	$SS_t/(k-1) = MS_t$	$F = MS_t/MS_e$
처 리 내	$N-k$	SS_e	$SS_e/(N-k) = MS_e$	
전 체	$N-1$	TSS		

귀무가설하에서 분산비 F가 자유도 $k-1$, $N-k$ 인 F분포를 따르므로 만약 분산비 F가 $F_\alpha(k-1, N-k)$ 값보다 크면 H_0: $\tau_1 = \tau_2 = \cdots = \tau_k = 0$이라는 귀무가설을 기각하게 된다. 이때 $N = kn$ 이다.

계획된 실험인 경우에는 각 처리별 반복수가 같은 것이 보통이지만 경우에 따라서는 부득이 처리별로 반복수가 다를 수도 있다. 특히 조사연구를 통해 자료를 수집하였을 경우 각 분류항목별 반복수가 다른 것이 일반적이다. 지금 k 개의 처리가 있고, 이들 각각을 $n_1, n_2, \cdots, n_k$ 회씩 반복 실험하였다고 하자. 그러면 총 실험횟수는 $n_1 + n_2 + \cdots + n_k = N$ 으로 된다. 이때 i 번째 처리의 j 번째 측정치를 Y_{ij} 로 표시하기로 하면 각 제곱합은 다음과 같이 계산된다.

$$\begin{aligned} CF &= Y_{..}^2/N, \quad df = 1 \\ TSS &= \sum\sum Y_{ij}^2 - CF, \quad df = N-1 \\ SS_t &= \sum Y_{i.}^2/n_i - CF, \quad df = k-1 \\ SS_e &= TSS - SS_t, \quad df = N-k \end{aligned}$$

T-test

Syntax

```
T-TEST
  GROUPS = 변수명1(1 2)
  /MISSING = ANALYSIS
  /VARIABLES = 변수명2 변수명3 변수명4 변수명5 변수명6 변수명7
  /CRITERIA = CI(.95) .
```

Anova

Syntax

```
ONEWAY
  변수명2 변수명3 변수명4 변수명5 변수명6 변수명7 BY 변수명8
  /MISSING ANALYSIS
  /POSTHOC = SCHEFFE ALPHA(.05).
```

3.2.3 상관분석

다중선형회귀모형의 분석에 앞서 기술통계량 및 피어슨 상관행렬을 구하였다. 상관계수는 확률변수들 사이의 직선관계 정도를 나타내는 측도로서, 산점도상의 관측치들이 변수 간의 선형관계를 나타내는 직선 주변에 어느 정도 집중되어 있는지를 정한다는 점에서 형집중도라는 의미를 지니며, −1과 +1 사이의 값을 갖는다. 자료가 가진 두 변수 사이의 연관관계를 그리기 위해서는 표본에서 얻은 N 개의 값, 즉 (x_i, y_i), $i = 1, 2, \cdots, n$ 에 기초하여 이 측도가 지니는 두 변수 사이의 관계를 기하적으로 살펴보는 것이 도움이 될 것이다. 이를 위한 여러 방법들 중 아주 간단한 것으로 짝짓는 관찰점들을 2차원 좌표상에 플롯하는 산점도(scatter diagram)를 생각할 수 있다. 산점도를 통해 대략적인 연관관계를 파악할 수 있을 것이다. 마찬가지로 상관계수의 부호와 크기도 실제로 그 값을 계산하기에 앞서 일차적으로 산점도를 통해(어느 정도 주관성이 있지만) 그런 대로 유추가 가능하다. X, Y의 관측치들로 그리는 산점도의 형태는 일반적으로 타원(ellipse) 형태를 취하며, 이 타원이 긴 럭비공 모양을 가질수록 상관계수의 절댓값이 1에 가깝게 된다. 이때 상관계수의 부호는 타원의 장축이 기울어진 방향과 같게 된다. 이와 같은 타원이 무한히 잡아 늘여져서 그 자체가 장축과 같아지면, 이때의 상관계수의 절댓값은 1이 되어 완전상관관계가 성립하게 된다.

두 변수 X와 Y를 각각 모평균이 μ_x, μ_y, 모분산이 σ_x^2, σ_y^2, 모상관계수가 ρ인 이변량 정규분포를 갖는 모집단으로부터의 확률변수들이라고 하자. 이때 X와 Y 간의 모상관계수는 다음과 같이 정의한다. 이는 곧 Pearson의 단순상관계수[22] 이기도 하다.

$$\rho_{XY} = \frac{\sigma_{XY}}{\sqrt{\sigma_X^2}\sqrt{\sigma_Y^2}} \quad , \quad -1 \leqq \rho \leqq 1$$

여기서 σ_{XY}는 X와 Y의 공분산(covariance)으로 $\sigma_{XY} = E[(X-\mu_X)(Y-\mu_Y)]$으로 정의된다. $\rho = 1$인 경우는 완전한 양의 상관관계를, $\rho = -1$인 경우는 완전한 음의 상관관계를, $\rho = 0$인 경우는 상관관계가 없다는 것(무상관)을 나타낸다. 특히 확률변수(X, Y)가 2변량 정규분포(Bivariate normal distribution)를 따르는 경우 $\rho = 0$은 두 확률변수 X, Y가 서로 통계적으로 독립임을 의미한다.

표본상관계수는 다음과 같이 정의할 수 있다.

$$\hat{\rho} = r_{xy} = \frac{\sum_{i=1}^{n}(x_i - \bar{x})(y_i - \bar{y})}{\sqrt{\sum_{i=1}^{n}(x_i - \bar{x})^2}\sqrt{\sum_{i=1}^{n}(y_i - \bar{y})^2}} = \frac{s_{xy}}{s_x \, s_y}$$

이때 $s_x = \sum_{i=1}^{n}(x_i - \bar{x})^2$, $s_y = \sum_{i=1}^{n}(y_i - \bar{y})^2$, $s_{xy} = \sum_{i=1}^{n}(x_i - \bar{x})(y_i - \bar{y})$이다. 표본상관계수 r은 ρ의 성질을 그대로 갖는다.

표본상관계수 r의 함수인 확률변수 T는 자유도 $n-2$인 $t-$분포를 따르고 있다는 것이 알려져 있어 다음과 같은 가설에 대해 검정할 수가 있다. H_0: $\rho = 0$과 H_1: $\rho \neq 0$에 대한 검정통계량은 다음과 같다.

22) 상관계수의 중요한 성질 중 하나는 소위 척도(scale) 및 위치(location) 변환에 대해 불변성(invariance)을 갖는다는 것이다. $\rho(aX+b, cY+d) = \frac{ac}{|ac|}\rho(X, Y)$, a, b, c, d : 상수

$$T_c = \frac{r\sqrt{n-2}}{\sqrt{1-r^2}} \quad \sim \quad t(n-2)$$

검정규칙은 $|T_c| > t_{\alpha/2}(n-2)$거나 p-value[23]가 α보다 작으면 귀무가설을 기각한다. 여기서 귀무가설을 기각하게 되면 두 확률변수는 독립이 아니라는 것으로, 상관관계가 있음을 뜻한다. 또한 기각하지 못하게 되면 두 확률변수는 독립인 것으로, 상관관계가 없음을 뜻한다.

Correlations
<u>**Syntax**</u>

```
CORRELATIONS
  /VARIABLES=변수명2 변수명3 변수명4 변수명5 변수명6 변수명7 with 변수명9
  /PRINT=TWOTAIL NOSIG
  /MISSING=PAIRWISE .
```

3.2.4 회귀분석

회귀분석(regression analysis)은 자료에 포함된 한 변수와 또 다른 하나 이상의 변수들 간의 연관 관계를 적절한 함수식을 표현하여 자료분석을 간편하게 하는 통계기법이다. 즉, 한 변수가 또 다른 변수 또는 변수들에 의해 어떻게 설명(explanation) 또는 예측(prediction)되는지를 알아보기 위해 자료를 적절한 함수식으로 표현하여 분석하는 통계적 기법이다. 선형회귀모형에는 설명변수가 하나뿐인 단순선형회귀모형과 설명변수가 두 개 이상인 다중선형회귀모형이 있는데, 이 책에서는 개념의 이해를 돕기 위하여 단순선형회귀모형을 중심으로 선형회귀모형의 이론을 전개하겠다.

단순선형회귀모형은 다음과 같다. 반응변수(response variable), 종속변수(dependent variable)인 Y_i를, 하나의 설명변수[24](explanatory variable) x_i로 설명 혹은 예측하고자 하는 모형이다.

$$Y_i = \beta_0 + \beta_1 x_i + \epsilon_i$$

23) 통상적인 유의성 검정에서는 검정통계량의 관찰된 값이 크든 작든(미리 정해 놓은 유의수준 α값에 따른) 기각역에 포함되면 대응되는 가설을 그 유의수준에서 기각하게 된다. 그러나 실제 자료로부터 얻어진 검정통계량의 크기에 따라 제1종 오류를 범할 확률은 상당히 다를 수 있음에 초점을 두고, 관찰된 결과에 기초하여 제1종 오류를 범할 최소의 확률을 p-value라고 한다. $p\text{-}value = P[t(n-2) > |T_c|] + P[t(n-2) < -|T_c|]$

24) 설명변수는 회귀변수(regressor variable), 독립변수(independent variable), 추측변수(predictor variable), 조절변수(controlled variable), 요인(factor)이라고도 불린다.

이때 x, β_0, β_1는 상수이고, Y_i, ϵ는 분포를 가지는 확률변수이다. β_0, β_1는 이들 변수들의 관계를 나타내는 모수(parameter)로 알지 못하는 값이며, 자료분석을 통해 추정하는 회귀계수(regression coefficient)이다. 특히 ϵ_i은 오차(error)항으로 iid[25]인 $N(0,\ \sigma^2)$를 가정한다. 이는 오차항의 정규성, 독립성, 등분산성의 가정을 내포한다.

- 정규성(Normality): 설명변수(독립변수) X의 고정된 어떠한 값에 대하여 반응변수(종속변수) Y는 정규분포를 따른다. 이 말은 오차가 정규분포를 따른다는 말과 같다.
- 독립성(Independent): 반응변수(종속변수) Y는 통계적으로 서로 독립이어야 한다. Y가 X의 영향을 받아서는 안 된다. 또한 $Cov(\varepsilon_i, \varepsilon_j) = 0$, $i \neq j$라는 이야기도 된다.
- 등분산성(Equality of variance): 설명변수(독립변수) X의 값에 관계없이 반응변수(종속변수) Y의 분산은 일정하다. 이것은 ε_i가 동일한 분산을 가진다는 말도 된다.

회귀계수를 추정하는 방법에는 크게 두 가지가 있다. 정규분포에 대한 가정이 없는 최소제곱법(least squares method)에 의한 추정법과 정규성이 가미된 MLE (maximum liklihood estimator)를 이용하는 방법이 있다. 회귀모형의 계수를 추정하는 데 가장 보편적으로 사용되는 최소제곱법에 대해 살펴보도록 하자.

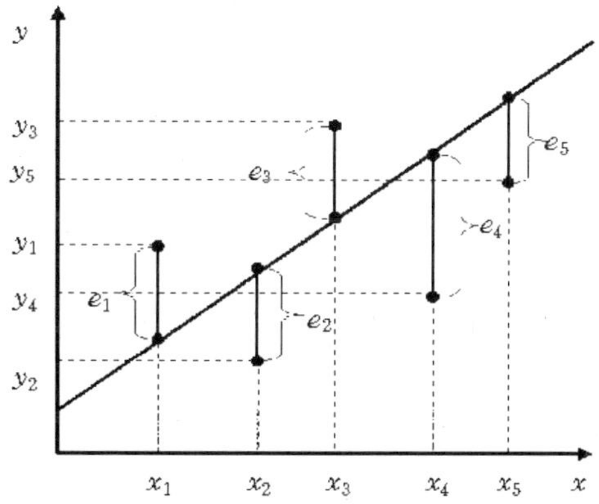

위 그림에서 임의로 그은 직선은 데이터와 얼마나 가까운가? 혹은 얼마나 먼

25) *i.i.d*: independently identically distributed

가? 일단 그어진 직선으로 Y를 예측한다고 할 때 각 데이터 점의 Y 좌표와 직선을 이용한 이의 추정점(즉, 주어진 x값으로부터 그은 수직선과 직선이 만나는 점)의 Y 좌표와의 차이의 제곱을 모두 더한다면, 이 "차이의 제곱합"은 직선과 점들이 "얼마나 떨어져 있는지"를 보는 판단 기준으로 삼을 수 있다. 직선상의 점들의 Y-좌표를 $\hat{y_i}$이라고 하고 실제 관측된 값을 y_i라고 할 때 잔차(residual)는 이들의 차이인 $e_i = y_i - \hat{y}_i$이다. 그러면 잔차의 제곱합은 다음과 같다.

$$\sum_{i=1}^{n} e_i^2 = \sum_{i=1}^{n} (y_i - \hat{y_i})^2$$

이를 오차제곱합(Sum of Squares for Error)이라고 하며 SSE로 표시한다. 주어진 직선에 대하여 이런 방법으로 SSE를 계산하면 가장 좋은 회귀직선의 추정은 모든 가능한 직선 중에서 SSE가 최소가 되는 직선이 될 것이다. 이와 같은 생각에서 회귀추정식을 구하는 방법을 최소제곱법(least squares method)이라고 한다. 오차제곱합을 최소로 하는 회귀계수(β_0, β_1)를 구하기 위하여 목적함수 Q를 β_0, β_1에 대하여 각각 편미분하면 다음의 결과를 얻는다.

$$Q \equiv \sum_{i=1}^{n} \epsilon_i^2 = \sum_{i=1}^{n} [y_i - (\beta_0 + \beta_1 x_i)]^2$$

$$\frac{\partial Q}{\partial \beta_0} = 0 \Leftrightarrow \sum_{i=1}^{n} [y_i - (\beta_0 + \beta_1 x_i)] = 0$$

$$\frac{\partial Q}{\partial \beta_1} = 0 \Leftrightarrow \sum_{i=1}^{n} x_i [y_i - (\beta_0 + \beta_1 x_i)] = 0$$

위의 편미분의 값을 0으로 하는 β_0, β_1의 추정값을 b_0, b_1이라고 놓고 정리하면 다음의 연립방정식을 얻게 된다.

$$\begin{cases} nb_0 + b_1 \sum x_i = \sum y_i \\ b_0 \sum x_i + b_1 \sum x_i^2 = \sum x_i y_i \end{cases}$$

이 연립방정식을 단순선형회귀의 정규방정식이라고 하며, 이 식을 풀어 회귀계수 추정치를 찾는다.

$$b_1 = \frac{\sum (x_i - \bar{x})(y_i - \bar{y})}{\sum (x_i - \bar{x})^2} = \frac{n \sum x_i y_i - (\sum x_i)(\sum y_i)}{n \sum x_i^2 - (\sum x_i)^2},$$

$$b_0 = \overline{y} - b_1\overline{x}$$

여기서 $\widehat{\beta_0}$를 구하는 식은 회귀직선이 항상 $(\overline{x},\ \overline{y})$라는 점을 지난다는 것을 보여주고 있다.

회귀모형에서 추정량 b_0과 b_1가 각각 다음과 같은 분포를 따른다는 사실이 알려져 있다.

$$b_0 \sim N\left(\beta_0,\ \frac{\sigma^2\sum X_i^2}{n\sum(X_i - \overline{X})^2}\right),\ b_1 \sim N\left(\beta_1,\ \frac{\sigma^2}{\sum(X_i - \overline{X})^2}\right)$$

이때 일반적으로 σ^2을 알지 못하므로 σ^2의 불편추정량 $s^2 = \widehat{\sigma^2} = \sum e_i^2/(n-2) = MSE$을 사용하면, 다음의 검정통계량은 각각 자유도 $n-2$인 t 분포를 따른다.

$$t_0 = \frac{b_0 - \beta_0}{s(b_0)} \text{와},\qquad t_1 = \frac{b_1 - \beta_1}{s(b_1)}$$

여기서 $s(b_0)$와 $s(b_1)$은 b_0와 b_1의 표준오차이고 공식화하면 다음과 같다.

$$s(b_0) = \sqrt{MSE\left(\frac{\overline{x^2}}{\sum_{i=1}^{n}(x_i - \overline{x})^2} + \frac{1}{n}\right)},\ s(b_1) = \sqrt{\frac{MSE}{\sum_{i=1}^{n}(x_i - \overline{x})^2}}$$

검정통계량 t_0는 가설 $H_0: \beta_0 = 0$, 검정통계량 t_1은 가설 $H_0: \beta_1 = 0$ 여부를 검정하기 위한 검정통계량이다. 즉 각각 회귀계수 β_0, β_1의 개별적인 통계적 유의성을 알아보기 위한 것이다.

Regression

Syntax

```
REGRESSION
  /STATISTICS COEFF CI R ANOVA TOL ZPP
  /DEPENDENT 종속변수명1
  /METHOD=독립변수명1 독립변수명2 독립변수명3 독립변수명4 .
```

3.2.5 신뢰도분석

각 항목에 대한 설문 문항들의 안정성을 체크하기 위해 신뢰도분석(신뢰성검정)

을 실시하였다. 여기서 신뢰성(reliability)이란 동일한 개념에 대해 측정을 반복하였을 때 동일한 측정값을 얻을 수 있는 정도로서, 한 항목에 대한 측정값이 얼마나 일관성 있게 그리고 안정적으로 얻어지는가에 대한 것이다. 즉 신뢰성은 안정성, 일관성, 예측가능성, 정확성, 의존가능성 등으로 표현될 수 있는 개념이라고 볼 수 있다. 신뢰성을 측정하는 방법은 재검사법, 복수양식법, 반분법 등 여러 가지가 있는데 동일한 개념에 대해 여러 항목을 이용하는 경우는 크롬바 알파 계수를 이용한다. 이때 측정하고자 하는 대상에 대한 크롬바 알파값이 0.7 이상이면 일반적으로 신뢰할 만하다고 판단할 수 있다(Nunnally, 1978).

Reliability
Syntax

```
RELIABILITY
  /VARIABLES=변수명10 변수명11 변수명12 변수명13 변수명14 변수명15
  /SCALE(ALPHA)=ALL/MODEL=ALPHA
  /SUMMARY=TOTAL.
```

3.2.6 타당도분석(요인분석)

타당성(validity)이란 조사자가 측정하고자 하는 개념을 얼마나 충실히 측정하고 있는지를 나타내는 것으로, 측정점수가 측정의 목적에 얼마나 부합하는지를 나타내는 개념이다. 본 연구에서는 탐색적 요인분석(exploratory factor analysis)을 추가로 실시하였다. 여기서 탐색적 요인분석이란 요인의 구조 등에 관한 가설을 고려하지 않으며, 관찰변수들의 상관관계를 재생성시킬 수 있는 최소 개수의 요인을 탐색해 내는 것이 목적이다. 이때 요인의 해석은 요인과 관찰변수 사이의 관계를 나타내는 요인 적재 행렬 등을 자료로부터 일단 추정한 후 탐색적으로 이루어진다. 탐색적 요인분석의 요인추출방법은 흔히 주성분분석(PCA;principle component analysis)을 사용하고, 회전방법으로는 요인 간 관계를 명확히 하는 직교회전(varimax rotation) 방법을 채택한다.

Regression
Syntax

```
FACTOR
  /VARIABLES 변수명1 변수명2 변수명3 변수명4 변수명5
  /MISSING LISTWISE
  /ANALYSIS 변수명1 변수명2 변수명3 변수명4 변수명5
  /PRINT UNIVARIATE INITIAL EXTRACTION ROTATION FSCORE
  /FORMAT SORT
  /PLOT EIGEN ROTATION
  /CRITERIA FACTORS(2) ITERATE(25)
  /EXTRACTION PC
  /CRITERIA ITERATE(25)
```

4. 출력결과 다루기

4.1 피벗 트레이 사용하기

분석 후 나온 표를 살펴보면 표의 행 또는 열이 상대적으로 커서 인쇄를 하거나 출력물을 해석하기 어려울 때가 있다. 이때 조절할 수 있는 방법이 피벗 트레이를 사용하는 것이다. 피벗 트레이는 행과 열을 바꾸어 줄 뿐만 아니라, 표의 구성을 변형시키는 명령문이다. 통계량의 위치와 레이어 등을 변형시킨다. 피벗 트레이를 사용하는 방법에 대해서 살펴보자. 앞에서 사용한 자료인 citizen.sav로 통계표를 작성한 후 피벗 트레이를 사용해 보자.

출력결과 내 표 중 편집을 원하는 표를 선택하면, 표의 테두리에 실선이 나타난다. 더블 클릭하면 〈그림 6-37〉과 같은 대화상자가 나타난다. 피벗 트레이에서 행과 열을 바꾸기 위해서는 피벗 트레이의 열, 행에 있는 아이콘을 클릭하여 행, 열에 드래그하여 놓는다.

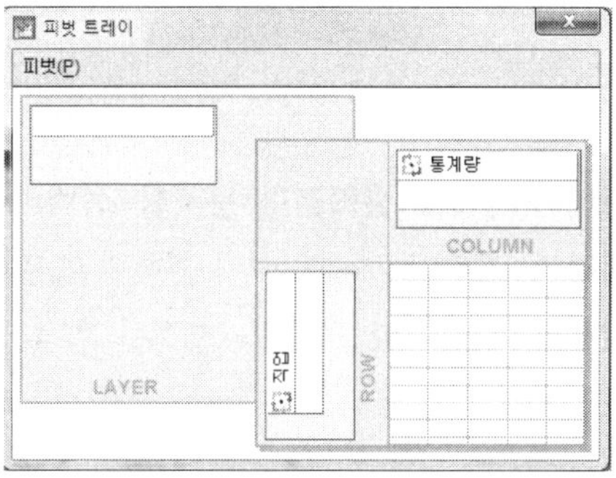

그림 6-37 피벗 트레이 대화상자

4.2 출력결과를 다른 프로그램에서 사용하기

출력결과를 단순히 저장하게 되면 PASW에서만 불러오게 된다. 그런데 주로 결과를 이용하여 보고서 작성을 하게 되므로 이를 워드프로세서로 옮겨가게 된다. 이 경우 클립보드 복사 기능을 이용하여 복사할 경우 한글이 깨지거나 표가 삽입 그림 처리가 되므로 보고서 작성 시에 수정이 불가능하다. 대안으로 결과를 HTML 형식으로 변환하여 저장하면 워드프로세서에서 이용하기가 용이하다. 여기서는 HTML 형식으로 저장하는 방법에 대해서만 다루도록 한다.

파일 → 내보내기(T)...

① PASW 뷰어 윈도우에서 **파일** 메뉴에서 **내보내기(T)...**를 선택하면 〈그림 6-38〉과 같은 내보내기 출력결과 대화상자가 나타난다.

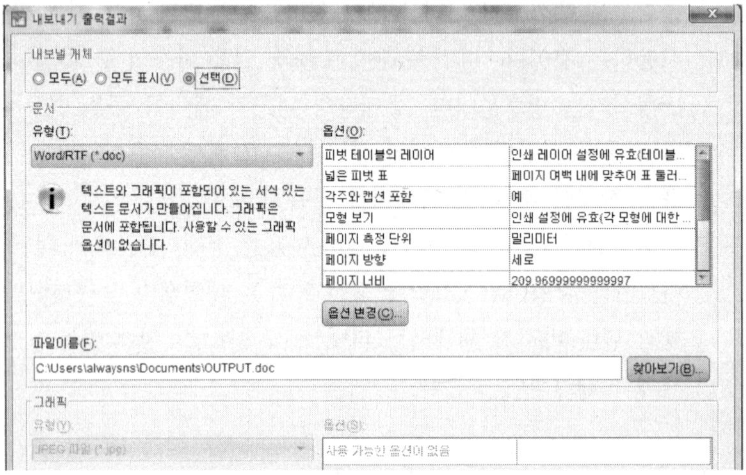

그림 6-38 내보내기 출력결과 대화상자

② **내보내기(E)**에서 **출력결과 문서**를 선택하고, **내보내기 대상**에서 **모두(A)**를 선택하고, **유형**에서 내보내기 원하는 **파일유형(T)**을 선택한다. **파일이름**에서 **파일저장 폴더**와 **파일이름**을 지정한 후 **확인**을 클릭하면 지정한 형태의 문서로 저장된다.

7장

PASW 설문조사 분석사례

1. 사회복지 관련 사례: 사립대학 교직원 직무 만족도에 관한 연구

1.1 조사목적 및 설문구성

이 장에서는 행정학, 경영학, 교육학, 심리학 등의 학문 분야에서 유력한 연구 방법론으로 사용되고 있는 사회실험(social experiment)의 사례를 소개한다. 사회실험에서는 흔히 연구자가 연구주제를 구현하기 위하여 가설변인(hypothetical variable) 또는 개념(concept)을 측정하고, 이를 분석하기 위하여 그것의 측정도구로써 설문을 이용하게 된다. 연구자는 이를 이용하여 사회실험을 수행하게 되며, 이로부터 획득된 조사결과를 분석함으로써 연구가설을 규명하게 된다. 먼저 교육행정 분야의 실험사례를 통하여 일련의 분석절차를 해설한다. 여기에서 활용되는 분석기법은 TABLE의 작성, 개념에 대한 신뢰도 검토, 개념의 점수화, 두 집단 차이검정, 세 집단 이상의 차이검정 등이다.

표 7-1 직무 만족도의 문항 구성

직무 만족도	설문 문항
보수	1, 2, 3, 4, 5
상사의 리더십	6, 7, 8, 9
대인관계	10, 11, 12, 13, 14, 15
업무	16, 17, 18, 19, 20, 21
승진	22, 23, 24, 25
복지후생	26, 27, 28

설문지는 크게 두 부분으로 나누어지는데, 앞 문항 1~8까지는 분석에 보조적으로

필요한 응답자의 인구특성을 묻는 것이고, 뒤의 문항 1~28은 연구주제인 직무 만족도라는 상위개념을 구성하는 보수, 상사의 리더십, 대인관계, 업무, 승진, 복지후생이라는 하위개념을 측정하기 위한 것이다. 세부항목의 구성은 〈표 7-1〉과 같다. 소위 하위개념에 대한 조작적 정의(operational definition)가 이루어진 것이다.

1.2 설문지 – 사립대학 교직원 직무 만족도 조사

바쁘신데 귀중한 시간을 할애하여 주신 선생님께 감사를 드립니다. 이 설문지는 대학 사무직원이 현재의 조직·환경·직무요인 등에서 느끼는 만족도를 알아보고 대학에서 중추적 역할을 담당하고 있는 사무직원이 보다 긍정적 자세로 학교 발전에 이바지할 수 있는 직무 동기를 부여하고자 하는 데 연구의 목적이 있습니다. 본 설문지는 무기명으로 통계처리되며 학술적인 연구목적 이외에는 사용하지 않을 것을 약속드립니다. 평소 선생님께서 느끼고 생각하시는 바를 솔직하게 대답해 주신다면 소중한 자료가 될 것입니다. 선생님의 앞날에 무궁한 발전과 영광이 함께 하시기를 기원합니다.

○○대학교 ○○대학원
교육행정전공 ○ ○ ○

1. 성별	1) 남( )	2) 여( )
2. 연령	1) 30세 이하( )	2) 31~40세( )
	3) 41~50세( )	4) 51세 이상( )
3. 학력	1) 고졸( )	2) 전문대졸( )
	3) 대졸( )	4) 대학원졸( )
4. 직위	1) 직원( )	2) 주임( )
	3) 과장 이상( )	
5. 근무 연수	1) 5년 이하( )	2) 6~10년( )
	3) 11~20년( )	4) 21년 이상( )
6. 근무 지역	1) 본교( )	2) 지방 캠퍼스( )
7. 동문 여부	1) 본교 동문( )	2) 타교 출신( )
8. 채용 방법	1) 공개경쟁시험( )	2) 특별 채용( )

질문 내용	정말 그렇다	대체로 그렇다	보통이다	별로 그렇지 않다	전혀 그렇지 않다
1. 현재 받고 있는 보수는 생활을 영위하는 데 풍족한 편이다.	1	2	3	4	5
2. 현재 받고 있는 보수는 나의 능력과 경력에 비추어 볼 때 적절하다.	1	2	3	4	5
3. 현재 받고 있는 보수는 사기업체의 친구나 동년배와 임금수준을 비교해 볼 때 높은 편이다.	1	2	3	4	5
4. 우리 대학의 휴가 및 연·월차 수당은 적절한 편이다.	1	2	3	4	5
5. 시간외 근무에 대한 합당한 수당을 받는다.	1	2	3	4	5
6. 업무수행에 관련하여 상사의 감독 형태는 주로 자율에 맡기는 편이다.	1	2	3	4	5
7. 상사로부터 서로 일치되지 않는 명령이나 지시를 받는 경우가 없는 편이다.	1	2	3	4	5
8. 나의 업무실적에 대한 상사의 평가는 좋은 편이다.	1	2	3	4	5
9. 나의 상사는 내가 건의하는 고충사항을 해결하기 위해 최선을 다해 노력한다.	1	2	3	4	5
10. 우리 대학의 상급자들은 부하직원들을 대할 때 민주적이고 인격적으로 대우해 준다.	1	2	3	4	5
11. 동료 직원들과의 친밀감과 협조는 잘 이루어지고 있다.	1	2	3	4	5
12. 교수와의 인간관계는 매우 원만하다.	1	2	3	4	5
13. 나는 상사의 통솔방침이나 지시사항의 내용을 잘 이해하고 있다.	1	2	3	4	5
14. 업무수행과 관련하여 나의 창의적인 견해나 제안이 의사결정과정에 잘 반영된다.	1	2	3	4	5
15. 나는 학교 내의 공식·비공식 모임에 자주 참여한다.	1	2	3	4	5

질문 내용	정말 그렇다	대체로 그렇다	보통이다	별로 그렇지 않다	전혀 그렇지 않다
16. 나에게 부과된 업무량은 여유 있는 편이다.	1	2	3	4	5
17. 현재 나의 담당업무는 적성에 부합되는 편이다.	1	2	3	4	5
18. 나는 이 대학에 근무하는 데 대하여 긍지를 느낀다.	1	2	3	4	5
19. 일반인 또는 학생들의 대학사무직원에 대한 평가는 높은 편이다.	1	2	3	4	5
20. 나는 현재보다 좋은 조건의 타 직장으로 옮길 기회가 생겨도 옮길 생각이 없다.	1	2	3	4	5
21. 우리 대학에 명예퇴직제도가 도입되어도 명예퇴직을 신청할 생각이 없다.	1	2	3	4	5
22. 우리 대학에서의 승진 절차나 제도는 매우 공정하게 이루어지고 있다.	1	2	3	4	5
23. 내가 근면 성실하게 일하면 장차 상위 직급으로 승진할 수 있다고 확신한다.	1	2	3	4	5
24. 우리 대학의 인사고과제도는 매우 잘 운영되고 있고 신뢰할 만하다.	1	2	3	4	5
25. 우리 대학의 신분보장 상태는 매우 안정적이다.	1	2	3	4	5
26. 현재 근무하는 사무실의 환경 및 시설은 매우 잘 되어 있다.	1	2	3	4	5
27. 여가선용을 위한 취미활동 및 위락시설은 매우 잘 되어 있다.	1	2	3	4	5
28. 우리 대학의 노동조합은 매우 활동적이며 직원들의 근무환경 개선과 복리후생 증진에 크게 기여하고 있다.	1	2	3	4	5

1.3 조사대상 및 표본설계

본 조사는 지방의 사립대학 사무직원들의 직무에 대한 만족도를 알아보기 위하여 OO대학과 OO대학의 본교 및 지방캠퍼스에 근무하는 사무직원들 중 289명의 표본으로 하고 있다.

1.4 연구가설 및 분석방법

직무 만족도의 하위개념인 보수 만족도, 상사의 리더십 만족도, 대인관계 만족도, 업무 만족도, 승진 만족도, 복지후생 만족도에 관하여 적절하게 문항이 구성되었는지 신뢰도 검토를 시도하고, 이를 토대로 이들 하위개념에 대한 점수화를 시도한다. 이로부터 각 하위개념이 성별, 연령, 학력, 직위, 근무연수 등 인구특성에 의해 차이가 나는지를 평균차이를 검정하고자 한다.

컴퓨터를 이용하여 수거된 설문지를 통계분석하기 위해서는 먼저 설문결과를 전산 입력하여야 하는데 이를 위해서는 코딩(coding)이라는 절차를 거쳐야 한다. 코딩이란 각 문항의 응답결과를 부호화하는 과정을 말한다. 본 자료에 적용한 자료의 코딩방법은 다음과 같다. 설문지의 각 문항들에서 무응답이 있는 경우는 전체적으로 통일하여 '.'으로 부호화하였으며, 나머지 문항의 경우 해당 답을 입력한다. 직무 만족도를 묻기 위한 각 문항들은 '정말 그렇다'는 1로, '대체로 그렇다'는 2로, '보통이다'는 3으로, '별로 그렇지 않다'는 4로, '전혀 그렇지 않다'는 5로 입력한다.

데이터의 파일명은 PASW 데이터 파일인 ylee.sav이다. 〈표 7-2〉는 ylee.sav

표 7-2 코드북

칼럼	문항	내용	분석 시 변수명
1–3	ID		ID
4	성별	1: 남 2: 여	A1
5	연령	1: 30세 이하 2: 31~40세 3: 41~50세 4: 51세 이상	A2
6	학력	1: 고졸 2: 전문대졸 3: 대졸 4: 대학원졸	A3
7	직위	1: 직원 2: 주임 3: 과장 이상	A4
8	근무 연수	1: 5년 이하 2: 6~10년 3: 11~20년 4:21년 이상	A5
9	근무 지역	1: 본교 2: 지방캠퍼스	A6
10	동문 여부	1: 본교 동문 2: 타교 출신	A7
11	채용 방법	1: 공개경쟁시험 2: 특별 채용	A8
12~39	1~28번 문항	1: 정말 그렇다 2: 대체로 그렇다 3: 보통이다 4: 별로 그렇지 않다 5: 전혀 그렇지 않다	B1–B28

에 대한 코드북이다. 코드북은 데이터의 전체적인 구성을 보여 준다. PASW에서는 변수보기 시트로 가면 전반적인 코드북을 볼 수 있다.

1.5 분석결과 및 결론

1.5.1 설문도구에 대한 평가(신뢰도/타당도분석)

측정의 신뢰도(reliability)라고 함은 측정문항의 재현가능성(reproducibility)을 측정하는 것으로써 이 값이 적정 크기(보통 0.6) 이상이 될 때만 측정도구인 설문지가 신뢰성을 지닌다고 할 수 있다[26]. 신뢰도를 측정하는 대표적인 도구로는 크롬바 알파 계수가 있다[27].

하위개념에 대한 신뢰도를 검토해 보자. 이에 대한 이론적인 설명은 앞에서 설명하였으므로 신뢰도를 PASW에서 어떻게 구하는지에 대해 알아본다. 메뉴바에서 **분석(A)**에서 **척도(A)**를 선택, **신뢰도분석(R)...**을 선택하면 〈그림 7-1〉 신뢰도 분석 창이 활성화된다.

분석(A) ▸ 척도(A) ▸ 신뢰도분석(R)...

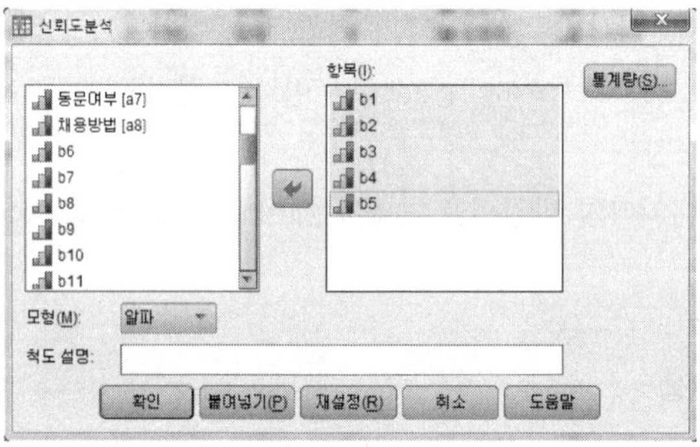

그림 7-1 신뢰도분석 대화상자

---

26) 다항목척도를 이용한 측정변인의 신뢰도를 검토하는 데에는 항목분석(item analysis)을 이용하고 있으며, 이때 항목들 사이의 동질성을 높이기 위하여 불필요한 항목들을 순차적으로 제거하여 항목들 간의 내적일관성(internal consistency)을 유지시킨다.

27) 크롬바 알파계수가 측정변인의 신뢰도를 보장하는 절대적인 기준이라고 할 수는 없지만 보통 이 값이 0에서 1 사이에서 1에 가까울수록 높은 내적일관성을 보인다고 한다.

$$a = [N/(N-1)] \times [1 - \sum S_i^2 / S_T^2]$$

여기서 N: 항목수, S_i^2: 항목별 분산, S_T^2: 표본별 항목합계의 분산이다.

오른쪽에서 보수 만족도의 하위개념인 **b1~b5** 문항을 선택하여 **화살표** 버튼을 이용하여 **문항(I)** 부분에 이동시킨 다음 **모형(M)**에서 **알파**를 선택하고 **통계량(S)**를 선택하면 〈그림 7-2〉와 같이 통계량 창이 활성화된다. 통계량 창에서 **다음에 대한 기술통계량** 부분에서 **항목제거시 척도(A)**를 선택한 후 **계속** 버튼을 눌러 신뢰도분석 창으로 돌아간 다음 **확인** 버튼을 클릭한다. Output 뷰어에 결과가 화면 출력되고, 그 결과는 〈표 7-3〉과 같다.

나머지의 경우에 대해서도 **문항** 부분에 b1-b5(보수만족도) 대신 각각 **b6-b9(상사의 리더십 만족도), b10-b15(대인관계 만족도), b16-b21(업무 만족도), b22-b25(승진 만족도), b26-b28(복지후생 만족도)**을 입력하면 된다.

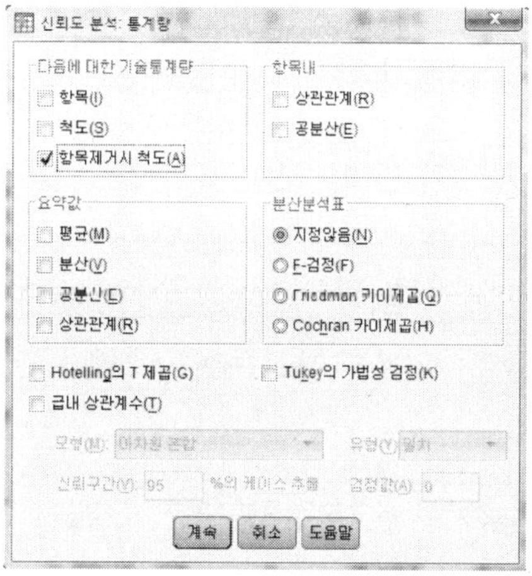

그림 7-2 신뢰도분석 통계량 대화상자

결과물을 살펴보면 다음과 같다.

표 7-3 신뢰도분석 결과

케이스 처리 요약

		N	%
케이스	유효	283	96.9
	제외됨a	9	3.1
	합계	292	100.0

a. 목록별 삭제는 프러시저의 모든 변수를 기준으로 합니다.

신뢰도 통계량

Cronbach의 알파	항목 수
.686	5

항목 총계 통계량

	항목이 삭제된 경우 척도 평균	항목이 삭제된 경우 척도 분산	수정된 항목-전체 상관관계	항목이 삭제된 경우 Cronbach 알파
b1	12.71	7.059	.543	.610
b2	12.66	6.707	.545	.599
b3	12.20	6.481	.511	.607
b4	12.67	6.790	.287	.716
b5	11.53	6.172	.421	.651

문항 제거 시 신뢰도를 살펴보면 b4를 삭제할 경우 알파계수가 0.7164로 높게 나타난다. 그러므로 보수 만족도를 측정하는 하위개념 문항 b1~b5를 모두 사용하는 것보다 b4를 제거한 후 나머지 변수만을 사용하는 것이 보수 만족도의 신뢰도를 높일 수 있으며, 이를 이용하여 조작적 정의를 재구성할 수 있다. 신뢰도 검토를 수행한 결과를 정리하여 요약하면 다음과 같다.

표 7-4 직무 만족도의 하위개념별 신뢰도계수 및 R^2와 가중계수

항목	문항	R^2	가중계수	신뢰도계수
보수	1	0.65	0.31	0.6864
	2	0.67	0.34	
	3	0.65	0.32	
	4	0.15	0.07	
	5	0.37	0.14	
상사의 리더십	6	0.47	0.23	0.7391
	7	0.42	0.20	
	8	0.59	0.31	
	9	0.65	0.39	
대인관계	10	0.40	0.18	0.7007
	11	0.35	0.19	
	12	0.33	0.14	
	13	0.54	0.24	
	14	0.70	0.44	
	15	0.17	0.08	

항목	문항	R^2	가중계수	신뢰도계수
업무	16	0.02	0.02	0.6270
	17	0.22	0.07	
	18	0.87	0.74	
	19	0.30	0.09	
	20	0.47	0.14	
	21	0.20	0.07	
승진	22	0.75	0.39	0.7828
	23	0.58	0.20	
	24	0.76	0.41	
	25	0.20	0.06	
복지후생	26	0.16	0.05	0.5658
	27	0.88	0.89	
	28	0.26	0.07	

1.5.2 하위개념의 점수화를 위한 절차

■ **동일한 가중값으로 점수화**

하위개념을 구성하는 측정항목에 동일한 가중값을 적용하는 경우에는 각 측정항목의 산술 평균값을 이용하는데, 변수 계산 명령을 이용하여 구하면 다음과 같다. 메뉴바에서 **변화(T)**를 선택한 후 **변수 계산(C)...**을 선택하면 변수 계산 창이 활성화된다.

변환(T) ▸ 변수 계산(C)...

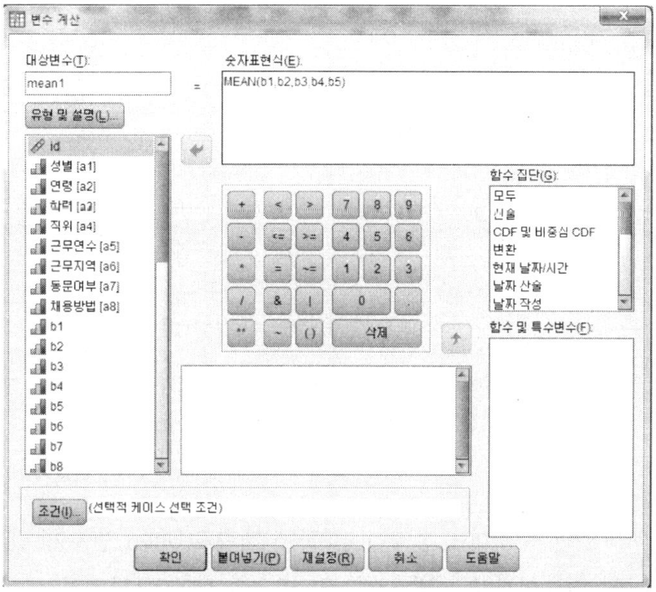

그림 7-3 변수 계산 대화상자

대상변수(T)에 새로운 **변수명(mean1)**을 입력한 후, **숫자표현식**에 식을 입력한다. 점수화로 산술평균을 이용하므로 숫자표현식에는 Mean 함수를 이용하거나 산술평균공식을 이용하여 입력할 수 있다. 여기에서는 **함수(F)**에서 Mean **함수**를 이용하여 작성하였다. 식을 입력한 후 **확인** 버튼을 클릭하면 mean1 변수가 생성됨을 알 수 있다.

1.5.3 자료에 대한 탐색

PASW의 가장 큰 장점을 꼽으라고 하면 통계표 작성을 들 수 있다. PASW에서 테이블 작성방법과 통계표 출력결과는 매우 세련되었고, 쉽게 작성할 수 있다.

■ **빈도표 작성을 위한 절차**

연령(a2), 근무지역(a6), 대학교(univ) 변수를 이용하여 대학별, 근무지역별 연령 분포를 살펴보기 위해 통계표를 작성해 보자. 메뉴바의 **분석(A)**에서 **표**를 선택한 후 **통계표 작성(C)**을 선택하면 〈그림 7-4〉와 같이 통계표 작성 창이 나타난다.

분석(A) ▸ 통(T) ▸ 통계표 작성(C)

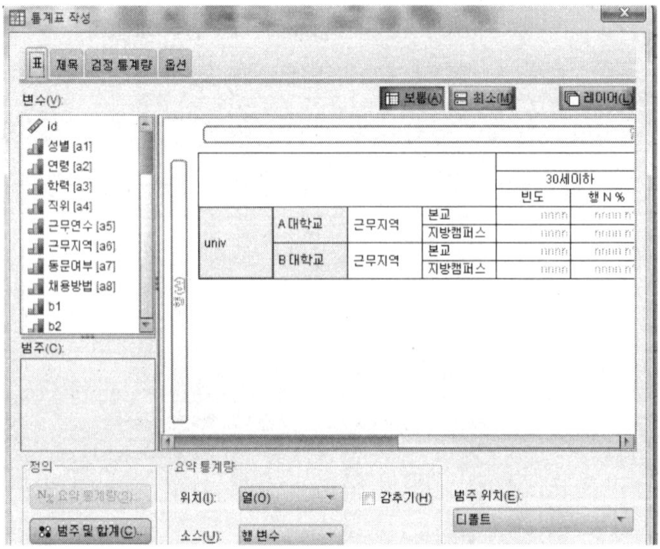

그림 7-4 통계표 작성 대화상자

일반적 통계표 창에서 **행(O)**에 **대학교(Univ)** 변수를 먼저 **화살표** 버튼을 이용하여 이동시키고, **근무지역(a6) 변수**를 **행(O)**으로 이동시킨 후, 오른쪽 **선택변수부분**에서 **중첩(N)**을 클릭하여 중첩되어 통계표가 작성되게 한다. 또한 대학별로 합계를 산출하기 위해 **합계 삽입(I)**을 선택한다. 이후 **연령(a2)** 변수를 **열(C)**에 이동시킨 후 **통계량 편집(E)...**을 선택하면 〈그림 7-5〉와 같이 통계량 편집 창이 활성화된다.

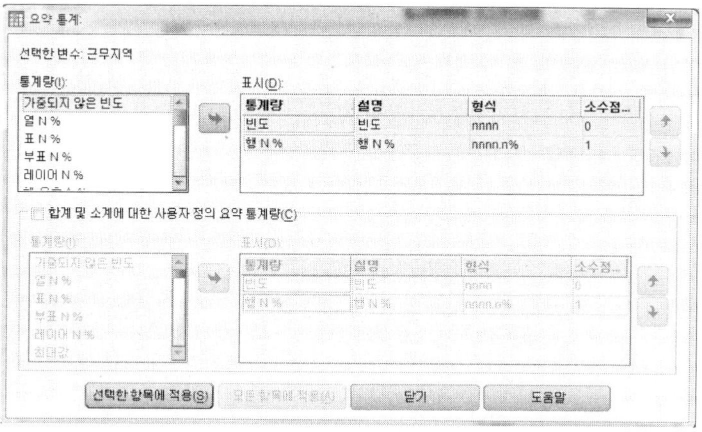

그림 7-5 일반적 통계표 셀 통계량 대화상자

일반적 통계표 : a2에 대한 셀 통계량 창이 활성화되면 기본적으로 **셀 통계량(E)** 부분에 **빈도**가 설정되어 있고, **통계량(S)** 부분에서 **행 %**를 선택하여 **추가(A)** 버튼을 클릭하여 추가시킨다. 하단의 **계속** 버튼을 선택하여 일반적 통계표로 돌아간 후 **확인** 버튼을 클릭하면 Output 뷰어에 통계표가 출력된다. 그 결과는 〈그림 7-6〉과 같다.

				연령							
				30세이하		31-40세		41-50세		51세이상	
				빈도	행 N %	빈도	행 N %	빈도	행 N %	빈도	행 N %
univ	A 대학교	근무지역	본교	33	27.3%	49	40.5%	32	26.4%	7	5.8%
			지방캠퍼스	2	3.8%	36	69.2%	12	23.1%	2	3.8%
	B 대학교	근무지역	본교	18	21.7%	36	43.4%	21	25.3%	8	9.6%
			지방캠퍼스	4	11.4%	23	65.7%	8	22.9%	0	.0%

그림 7-6 일반적 통계표 결과

■ 기술통계량 작성을 위한 절차

앞에서 표를 작성하는 데 있어 이산자료나 질적자료에서는 빈도와 퍼센트(행 %)로 작성하는 반면 양적자료의 경우에는 평균과 표준편차를 이용하여 위와 비슷한 형태의 표를 작성할 수 있다. 다음은 직무 만족도의 하위개념 각각에 대하여 연령별로 평균과 표준편차를 구하는 프로그램으로 행에 각각의 하위개념과 연령이 출력되도록 한다.

분석(A) ▸ 표 ▸ 통계표 작성(C)

통계표 작성 창이 활성화되면 〈그림 7-7〉과 같이 **보수 만족도**를 가르키는 bmean1 변수를 **화살표** 버튼을 이용하여 **행(O)**에 이동시킨 후 **요약통계량** 부분에서 **평균**과 **표준편차**를 〈그림 7-8〉과 같이 추가시킨 후 〈그림 7-9〉의 통계표 작성 창으로 돌아온다.

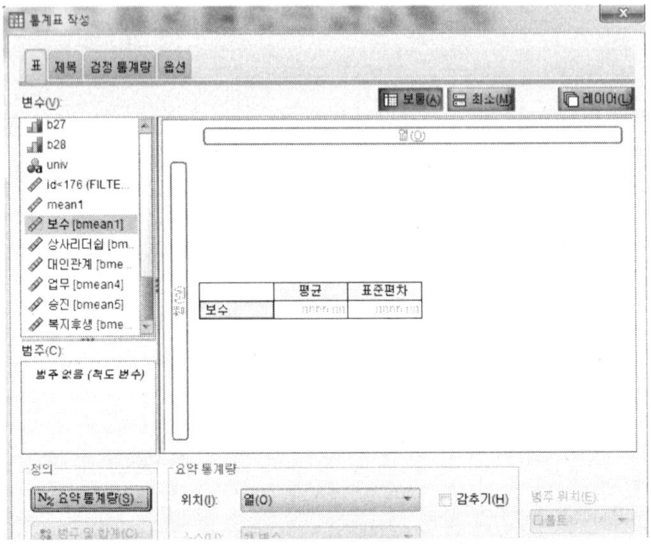

그림 7-7 통계표 작성 대화상자

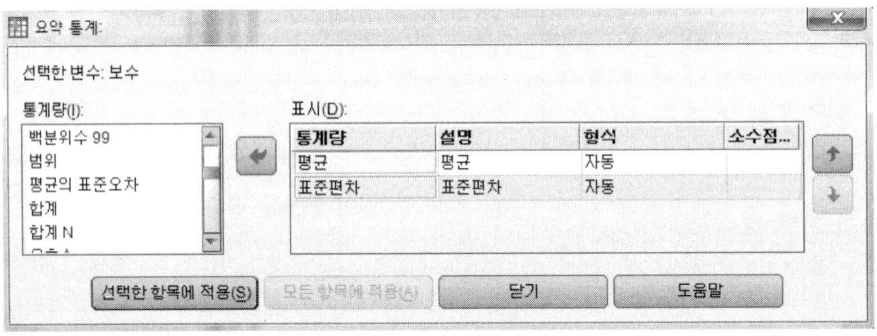

그림 7-8 일반적 통계표 셀 통계량 대화상자

상사의 리더십(bmean2), **대인관계**(bmean3), **업무**(bmean4), **승진**(bmean5), **복지후생**(bmean6)을 **행(O)**에 **추가**시킨다.

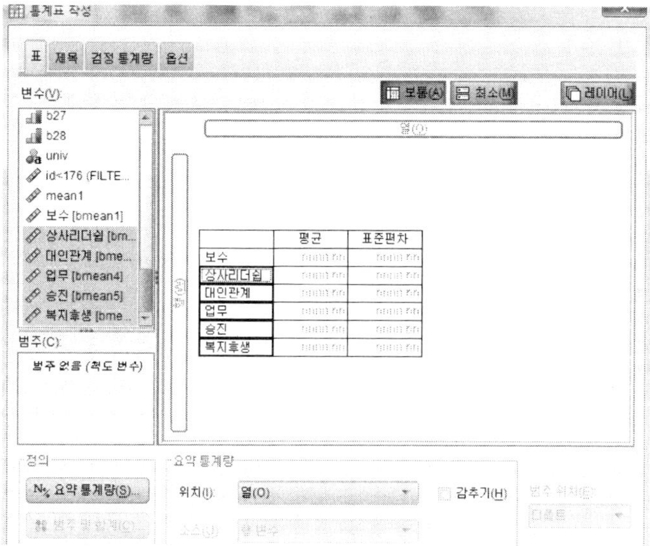

그림 7-9 통계표 작성 대화상자

열(C)에 **연령(a2)**을 **화살표** 버튼을 이용하여 추가시킨 후 **확인** 버튼을 누르면 결과물이 〈그림 7-10〉과 같이 출력된다.

그림 7-10 일반적 통계표 출력결과

1.5.4 조사목적에 따른 분석

(1) T-test

보수 만족도 점수에 해당하는 bmean1 변수에 대해 성별로 차이가 존재하는지 알아보기 위해 T-Test를 해 보도록 하자. 메뉴바에서 **분석(A)**, **평균비교(M)**을 선택한 후 **독립표본 T 검정(T)...**을 선택하면 〈그림 7-11〉과 같이 독립표본 T검정 창이 활성화된다.

분석(A) ▸ 평균비교(M) ▸ 독립표본 T 검정(T)...

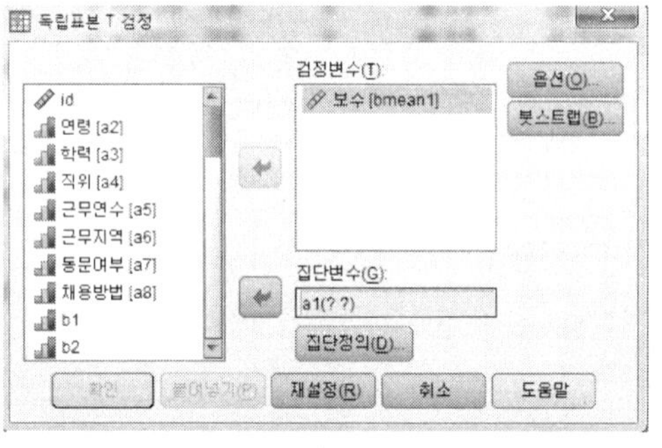

그림 7-11 독립표본 T 검정 대화상자

검정변수(T)에 **보수(bmean1)**를 **성별(a1) 변수**를 **집단변수(G)**에 **화살표** 버튼을 이용하여 이동시킨 후 **집단정의(D)...**를 클릭하면 〈그림 7-12〉와 같이 집단 정의 창이 활성화된다.

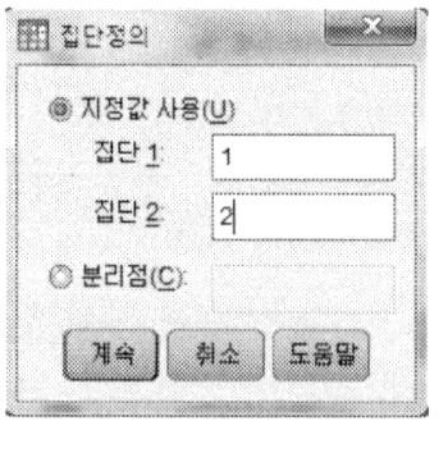

그림 7-12 집단정의 대화상자

지정값 사용(U)을 선택하고 **집단값**을 입력해 준다. 성별변수에서 1은 남자, 2는 여자를 의미하므로 **집단 1 : 1**, **집단 2 : 2**를 입력하고 **계속** 버튼을 클릭하여 **독립표본 T 검정** 창으로 돌아간 다음 **확인** 버튼을 클릭하면 Output 뷰어에 결과물을 출력된다. 〈그림 7-13〉은 성별에 따른 보수 만족도의 기초통계량을 보여 준다. 두 집단이 등분산일 경우의 t 검정을 실시한다. 두 집단의 분산이 동일한지 검정을 실시한다. PASW에서는 Levene의 F 검정을 기본적으로 제공해 주고 있다.

집단통계량

	성별	N	평균	표준편차	평균의 표준오차
보수	남자	197	3.6527	.72541	.05168
	여자	86	3.3873	.76593	.08259

그림 7-13 성별에 따른 보수의 만족도

F 검정결과를 보면 p값이 0.692로 귀무가설을 기각할 수 없으므로 등분산이라고 할 수 있다. 따라서 등분산의 경우 해당하는 부분을 해석한다. p값이 0.006으로 유의수준 1%에서 보수 만족도 점수는 성별로 유의한 차이가 있는 것으로 나타난다. 그러므로 남자보다는 여자의 보수 만족도 점수가 더 높다고 할 수 있다(값이 작을수록 더 만족).

성별에 따른 직무 만족도의 차이를 살펴보면 〈표 7-5〉와 같다. 보수 만족도에 대해서는 남자가 3.65이고, 여자는 3.39로 여자가 더 만족하는 것으로 나타났으며, P값이 0.0058로 통계적으로 매우 유의한 차이가 나타났다. 상사의 리더십 만족도에 대해서는 남자가 2.73이고 여자가 2.97로 나타났으며 P값이 0.009로 통계적으로 매우 유의한 차이가 나타난다고 할 수 있다. 즉 보수 만족도는 남자보다는 여자가, 상사의 리더십 만족도에 대해서는 남자가 더 만족하고 있다.

독립표본 검정

		Levene의 등분산 검정		평균의 동일성에 대한 t-검정						
									차이의 95% 신뢰구간	
		F	유의확률	t	자유도	유의확률 (양쪽)	평균차	차이의 표준오차	하한	상한
보수	등분산이 가정됨	.157	.692	2.782	281	.006	.26536	.09537	.07763	.45309
	등분산이 가정되지 않음			2.724	154.340	.007	.26536	.09743	.07290	.45783

그림 7-14 독립표본 T 검정 출력결과

대인관계 만족도에 있어서는 P값이 0.000로 성별에 있어 매우 유의한 차이가 나타났으며, 남자가 3.13이고 여자가 3.45로 여자보다는 남자가 더 대인관계에 있어서 만족하고 있는 것으로 나타났다. 업무 만족도에 대해서는 P값이 0.074로 유의한 차이는 나타나지 않았으며, 승진에 대해 P값이 0.000로 성별 간에 매우 유의한 차이가 있는 것으로 나타났다. 즉 승진 만족도에 대해서는 여자보다는 남자가 더 만족하고 있다고 할 수 있다. 또한 복지후생 만족도의 경우에는 P값이 0.000로 매우 유의한 차이가 나타났으며, 남자는 3.71이고 여자는 4.07로 남자가 복지후생 만족도면에서 더 만족하고 있는 것으로 나타났다.

종합하면 성별에 따른 차이검정결과는 보수 만족도에 대해서는 남자보다는 여자가 더 만족하고 있으며, 상사의 리더십 만족도, 대인관계 만족도, 승진 만족도, 복지후생 만족도에서는 남자가 더 만족하고 있는 것으로 나타났으며, 업무 만족도는 유의한 차이가 나타나지 않았다.

표 7-5 성별에 따른 직무 만족도의 차이검정

	항목	평균	표준편차	P-VALUE
보수	남	3.65	0.73	0.006**
	여	3.39	0.77	
상사의 리더십	남	2.73	0.72	0.009**
	여	2.97	0.63	
대인관계	남	3.13	0.60	0.000**
	여	3.45	0.65	
업무	남	2.66	0.80	0.074
	여	2.84	0.74	
승진	남	3.41	0.77	0.000**
	여	3.78	0.72	
복지후생	남	3.71	0.80	0.000**
	여	4.07	0.72	

(2) ANOVA

분산분석을 하는 방법에는 ANOVA와 GLM이 있다. ANOVA는 해당 요인의 수준의 반복수가 동일한 경우에 사용되고, GLM은 각 수준의 반복수가 다를 경우에 이용된다. 여기에서는 각 수준의 반복수가 같지 않으므로 GLM을 사용하여 분석한다. 대인관계 만족도(bmean3)에 대하여 연령별(a2)로 차이가 존재하는지 알아보기 위해 GLM을 해 보도록 하자.

분석(A) ▸ 일반선형모형(G) ▸ 일변량(U)...

메뉴바에서 **분석(A)**, **일반선형모형(G)**을 선택한 후 **일변량(U)...**을 선택하면 〈그림 7-15〉와 같이 **일변량** 창이 활성화된다.

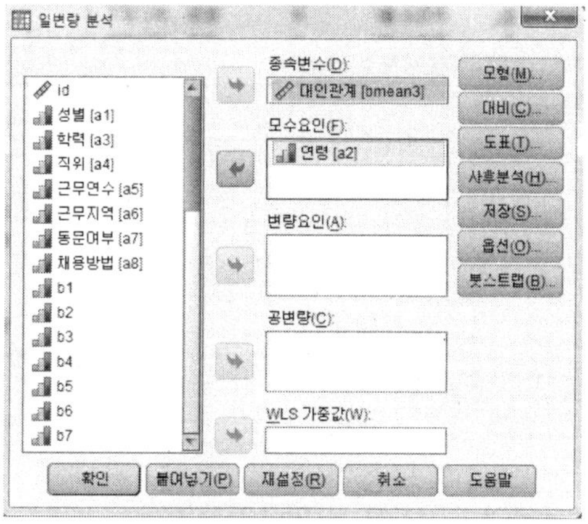

그림 7-15 일변량 대화상자

종속변수(D)에 **대인관계(bmean3)**을 **연령(a2)** 변수를 **모수요인(F)**에 **화살표** 버튼을 이용하여 이동시킨다. **사후분석(H)**을 선택하면 〈그림 7-16〉과 같이 **일변량: 관측평균의 사후분석 다중비교** 창이 활성화된다.

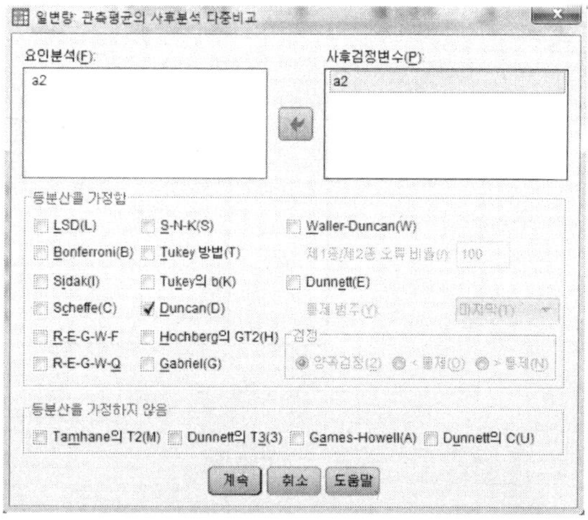

그림 7-16 사후분석 다중비교 대화상자

요인(F)의 a2를 **사후검정변수(P)**에 **화살표** 버튼을 이용하여 이동시키면 **등분산을 가정함** 창이 활성화된다. **다중비교방법**으로 Ducan(D)를 체크한 후 **계속** 버튼을 클릭하여 **일변량** 창으로 돌아간 다음 **확인** 버튼을 클릭하면 Output 뷰어에 결과물이 출력된다.

개체-간 효과 검정

종속 변수:대인관계

소스	제 III 유형 제곱합	자유도	평균 제곱	F	유의확률
수정 모형	3.182[a]	3	1.061	2.708	.046
절편	1687.103	1	1687.103	4306.956	.000
a2	3.182	3	1.061	2.708	.046
오차	111.639	285	.392		
합계	3121.473	289			
수정 합계	114.821	288			

a. R 제곱 = .028 (수정된 R 제곱 = .017)

그림 7-17 분산분석 출력결과

분산분석결과 F값은 2.708이고, P값은 0.045로 유의수준 5%에서 연령 그룹별로 대인관계에 유의한 차이가 있는 것으로 나타났다. DUNCAN의 다중비교 결과는 각 수준 간의 유의한 차이 여부를 살펴보는 것이다. 유의수준 = 0.05에 대한 부집단을 보면 1, 2 집단으로 나누어져 있다. 30세 이하 집단과 41세 이상 집단이 유의한 차이가 있는 것으로 나타났다. 즉 30세 이하보다는 41세 이상이 대인관계에 대해 더 만족한다고 할 수 있다.

대인관계

Duncan[a,b,c]

연령	N	집단군 1	집단군 2
51세이상	17	3.0747	
41-50세	73	3.1053	
31-40세	143	3.2359	3.2359
30세이하	56		3.4011
유의확률		.274	.233

동일 집단군에 있는 집단에 대한 평균이 표시됩니다.
관측평균을 기준으로 합니다.
오류 조건은 평균 제곱(오류) = .392입니다.

a. 조화평균 표본 크기 41.079을(를) 사용합니다.

b. 집단 크기가 동일하지 않습니다. 집단 크기의 조화평균이 사용됩니다. I 유형 오차 수준은 보장되지 않습니다.

c. 유의수준 = 0.05.

그림 7-18 다중비교 출력결과

연령에 따른 직무 만족도의 차이를 검정한 결과를 〈표 7-6〉과 같이 정리할 수 있다. 연령별로 검정한 결과 대인관계 만족도에서만 유의한 차이가 있는 것으로 나타났다. 대인관계 만족도에서 보면 연령별로 3.40, 3.24, 3.11, 3.07로 나타났으며, DUNCAN의 다중비교 결과를 살펴보면 30세 이하 집단과 41세 이상인 집단에서 유의한 차이가 있다. 나이가 많을수록 대인관계 만족도는 더 높게 나타났다.

표 7-6 연령에 따른 직무 만족도의 차이검정

	항 목	평균	표준편차	P-VALUE
보수	30세 이하	3.42	0.67	0.108
	31~40세	3.60	0.79	
	41~50세	3.69	0.70	
	51세 이상	3.31	0.75	
상사의 리더쉽	30세 이하	2.93	0.65	0.224
	31~40세	2.82	0.68	
	41~50세	2.68	0.78	
	51세 이상	2.78	0.67	
대인관계	30세 이하	3.40 (A)	0.62	0.046*
	31~40세	3.24 (A,B)	0.64	
	41~50세	3.11 (B)	0.63	
	51세 이상	3.07 (B)	0.50	
업무	30세 이하	2.74	0.74	0.185
	31~40세	2.80	0.76	
	41~50세	2.56	0.87	
	51세 이상	2.58	0.68	
승진	30세 이하	3.47	0.78	0.120
	31~40세	3.63	0.78	
	41~50세	3.40	0.76	
	51세 이상	3.32	0.68	
복지후생	30세 이하	3.83	0.77	0.124
	31~40세	3.90	0.80	
	41~50세	3.74	0.74	
	51세 이상	3.45	0.94	

2. 마케팅 관련 사례: 국내 SPA 브랜드의 이용실태 및 활성화 방안

2.1 조사목적 및 설문구성

UNIQLO, H&M, ZARA 등 거대 글로벌 SPA 브랜드의 한국 시장 공세가 거세지고 있다. 이미 명동과 강남역 등 서울 시내 주요 상권들을 접수한 데 이어 최근에는 새로 오픈하는 백화점과 대형 쇼핑몰, 그리고 주요 상권까지 전 방위로 영향력을 확대하고 있다. 삼성경제연구소에 따르면 *UNIQLO*와 *H&M, ZARA* 등 3대 SPA 업체의 국내시장 매출이 지난 5년 사이에 77% 늘어난 것으로 추산하고 있다. 이처럼 글로벌 SPA 브랜드들의 시장점유율이 점차 높아가면서 한국 패션업체 입지가 좁아졌

으나 우리나라 의류업체[28]들은 이를 반격하고 있다. 이를 위해 본 연구는 소비자들이 글로벌 SPA 브랜드를 찾게 되는 더 큰 가치, 즉 이용 요인은 무엇이며, 국내 SPA 브랜드가 글로벌 SPA 브랜드에 맞는 경쟁력을 갖추려면 어떤 조건이 필요한지 알아보기 위하여 마케팅 전략 중 '4P전략'을 이용하여 분석하고자 한다.

표 7-7 설문 내용 구성

설문 항목	측정변수	척도	문항수
SPA 브랜드 관련문항	선호 SPA 브랜드, 이용 빈도, 동행자 쇼핑 지역, 이용 여부(UNIQLO, SPAO)	명목척도	6
경제적 요인	가격, 세일	리커트, 명목척도	4
서비스 요인	직원 친절성, 교환/환불	리커트 척도	4
환경적 요인	매장 접근성, 청결도, 피팅룸	리커트, 명목척도	6
제품의 질	제품의 소재, 내구성, 트렌드 반영	리커트 척도	6
기타	브랜드 선택요인, 이용 의향	명목척도	2
인구통계학적 특성	성별, 나이, 이성친구 존재 여부, 지출액 등	명목척도	5

본 연구에 사용된 설문지 구성내용은 크게 마케팅 활동 영역을 바탕으로 PART1~PART7까지 구성하였으며 〈표 7-7〉과 같다. PART2(경제적 요인), PART3(서비스 요인), PART4(환경적 요인), PART5(제품의 질)는 만족도에 관한 질문으로 리커트(Likert) 5점 척도를 이용하였다.

2.2 설문지 – 국내 SPA 브랜드의 이용실태 및 활성화 방안

안녕하십니까? 저희는 OOOO대학교 통계학과 학생입니다. 2011년 2학기에 수강 중인 교과목의 일환으로 SPA 브랜드 이용실태와 활성화 방안을 알아보고자 이 조사를 실시하게 되었습니다. 귀하는 서울 소재의 대학교 중 무작위로 선정된 학교에서 보행자 추출법에 의해 임의로 선정되셨습니다. 귀하께서 응답하신 설문 내용은 학문적 용도 이외의 목적으로 사용되지 않으며 비밀 또한 보장됨을 약속드립니다. 바쁘시더라도 잠시만 시간을 내주시어 본 설문지 작성에 협조하여 주신다면 본 연구 작업에 귀중한 자료로 활용될 것입니다. 귀하의 적극적 협조를 부탁드립니다. 감사합니다.

OOOO대학교 통계학과

조사 기간 : 2011년 O월 OO일 ~ O월 OO일
관리자 : 채OO , 황OO

28) 이랜드 그룹은 한국형 UNIQLO 'SPAO'를, LG패션은 TNGT에 패스트 패션 상품 군을 추가하여 SPA 브랜드 진출을 도모하고 있다.

Ⅰ. SPA 브랜드[29] 관련 문항

귀하의 응답과 일치하는 문항 번호에 V 표시를 해 주시길 바랍니다.

1) 다음 중 귀하가 가장 자주 이용하는 SPA 브랜드는 무엇인가요? (한 개만 골라 주세요.)

① UNIQLO ② ZARA ③ H&M ④ MANGO
⑤ FOREVER21 ⑥ GAP ⑦ GIORDANO ⑧ SPAO
⑨ 기타( )

2) 귀하는 한 달에 SPA 브랜드를 몇 번이나 이용하십니까?

① 0~1회 ② 2~3회 ③ 4~5회 ④ 6~7회
⑤ 8회 이상

3) 귀하는 SPA 브랜드를 이용하실 때 누구와 주로 동행하십니까?

① 친구 ② 애인 ③ 가족 ④ 혼자
⑤ 기타( )

4) 귀하는 주로 어느 지역에서 쇼핑을 하십니까? (한 군데만 골라주세요.)

① 강남역 ② 명동 ③ 신촌/홍대 ④ 영등포
⑤ 기타( )

Ⅱ. UNIQLO, SPAO 브랜드 관련 문항

	UNIQLO		SPAO	
5) 귀하는 해당 브랜드를 이용해 보신 적이 있습니까?	① 네	② 아니오	① 네	② 아니오

다음은 UNIQLO, SPAO 브랜드의 경제적 요인, 서비스 요인, 환경적 요인, 제품의 질에 관한 문항입니다. 위에서 *"네"라고 체크하신 브랜드* 에 대한 것만 체크해주세요.

29) ※ SPA 브랜드란? 의류 기획·디자인, 생산·제조, 유통·판매까지 전 과정을 제조 회사가 맡는 의류 전문점. 비용을 절감시킴으로써 싼 가격에 제품을 내놓을 수 있고 소비자들의 요구를 정확하고 빠르게 캐치하여 즉시 반영시켜 상품을 기획하는 브랜드.

"네" 라고 표시한 브랜드만 체크	UNIQLO					SPAO				
	매우 불만족	불만족	보통	만족	매우 만족	매우 불만족	불만족	보통	만족	매우 만족
6) 제품 가격	①	②	③	④	⑤	①	②	③	④	⑤
7) 세일 행사	①	②	③	④	⑤	①	②	③	④	⑤
8) 직원들의 친절성	①	②	③	④	⑤	①	②	③	④	⑤
9) 교환/환불 서비스	①	②	③	④	⑤	①	②	③	④	⑤
10) 매장의 접근성	①	②	③	④	⑤	①	②	③	④	⑤
11) 매장의 청결도	①	②	③	④	⑤	①	②	③	④	⑤
12) 피팅룸 만족도	①	②	③	④	⑤	①	②	③	④	⑤
13) 제품의 소재	①	②	③	④	⑤	①	②	③	④	⑤
14) 패션트렌드 반영정도	①	②	③	④	⑤	①	②	③	④	⑤
15) 제품의 내구성	①	②	③	④	⑤	①	②	③	④	⑤

	UNIQLO				SPAO			
16) 귀하가 브랜드 선택 시 가장 중요시 여기는 요인은 어떤 것입니까?	① 경제적 요인	② 서비스 요인	③ 환경적 요인	④ 제품의 질	① 경제적 요인	② 서비스 요인	③ 환경적 요인	④ 제품의 질
17) 귀하는 해당 브랜드를 앞으로도 계속 이용하실 의향이 있습니까?	① 네		② 아니오		① 네		② 아니오	

Ⅲ. 인적사항 문항

다음은 설문분석에 사용되니 성실히 답변해 주시면 감사하겠습니다.

1) 귀하의 성별은?

① 남 ② 여

2) 귀하의 나이는?

① 19세 이상~20세 이하
② 21세 이상~22세 이하
③ 23세 이상~24세 이하
④ 25세 이상~26세 이하
⑤ 27세 이상

3) 귀하는 현재 교제하는 이성친구(애인)가 있습니까?

① 없다 ② 있다

4) 귀하의 한 달 지출액은?

① 20만 원 미만
② 20만 원 이상~30만 원 미만
③ 30만 원 이상~40만 원 미만
④ 40만 원 이상~50만 원 미만
⑤ 50만 원 이상

5) 귀하의 한 달 의류 쇼핑 지출액은?

① 1만 원 미만
② 1만 원 이상~10만 원 미만
③ 10만 원 이상~20만 원 미만
④ 20만 원 이상~30만 원 미만
⑤ 30만 원 이상

명동일대 SPA브랜드 매장

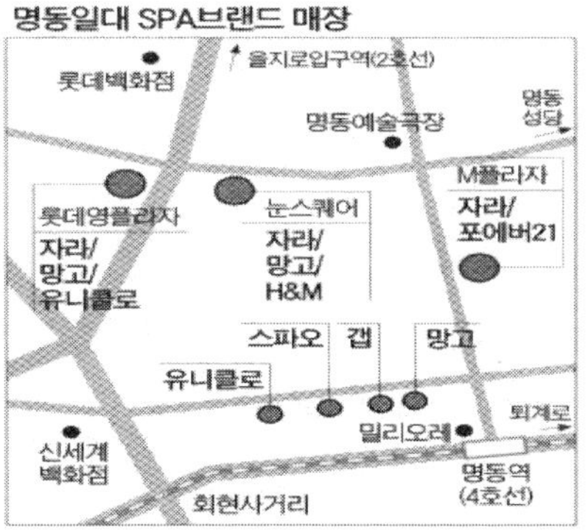

– 설문에 응답해 주셔서 진심으로 감사 드립니다 –

2.3 조사대상 및 표본설계

본 연구는 서울 소재 대학교에 다니는 대학생을 목표모집단으로 하여 설문조사를 계획하였으며, 실제 조사가 시행된 표집모집단은 서울시의 일부 특수대학교(예술대학교, 체육대학교) 및 전문대학교를 제외한 4년제 대학에 재학 중인 대학생을 대상으로 표본추출을 하였다. 표본추출방법은 시공간적 제약조건에 따라 비확률표본추출법의 하나인 보행자 추출법을 이용하여 대학교 내의 임의 장소에서 조사하였으며 응답한 표본수는 200명이었다.

2.4 연구가설 및 분석방법

비교를 위해 글로벌 SPA 브랜드에서 가장 높은 선호도를 보이는 'UNIQLO'와 국내 SPA 브랜드의 대표주자인 'SPAO'를 택하여, 서울 시내 대학생 소비자들에 대한 마케팅 전략에 대비하고자 하였다. 브랜드 만족도에 관한 신뢰도 검토를 실시하고, 타당도 검증을 통해 브랜드 만족도의 하부 요인을 파악하고자 한다. 한편 모수적/비모수적 평균비교를 통해 만족도에 차이를 유발하는 소비자의 특성을 파악하고자 한다. 마지막으로 브랜드 만족도의 하부 요인 중 어느 것이 소비를 유발하는지, 즉 국내 SPA 브랜드가 경쟁력을 갖추려면 어떤 부분이 필요한지를 로지스틱 회귀분석결과를 통해 방법을 제안하고자 한다.

2.5 분석결과 및 결론

2.5.1 설문도구에 대한 평가(신뢰도/타당도분석)

본 연구에서는 브랜드별로 등간척도에 해당하는 10개의 문항들의 신뢰도분석을 실시하고 신뢰도계수인 크롬바 알파(Chronbach's Alpha) 값을 이용하여 측정하였다. 검정 결과, 문항 전체의 신뢰도는 UNIQLO의 경우 0.63, SPAO의 경우 0.86으로 수용할만한 것으로 여겨진다. 한편, Q6과 Q17 항목이 제외되었을 때 그 값이 원 데이터보다 커지지만 그 값과 차이가 크지 않고 나중에 4가지 요인별 평균 비교 등에 중요한 정성적 정보를 포함하고 있어 연구자의 판단으로 제외하지 않았다.

표 7-8 브랜드 만족도에 관한 신뢰도분석결과

UNIQLO 만족도 관련 항목 신뢰도분석					SPAO 만족도 관련 항목 신뢰도분석				
Cronbach의 α 계수					Cronbach의 α 계수				
변수		α 계수			변수		α 계수		
원 데이터		0.632965			원 데이터		0.860536		
변수를 제외하였을 때의 Cronbach 계수					변수를 제외했을 때의 Cronbach 계수				
	데이터 변수		표준화된 변수			데이터 변수		표준화된 변수	
삭제한 변수	합계와의 상관 계수	α 계수	합계와의 상관	α 계수	삭제한 변수	합계와의 상관 계수	α 계수	합계와의 상관	α 계수
Q6	0.156802	**0.637498**	0.154668	0.638857	Q19	0.352670	**0.866165**	0.352790	0.875122
Q7	0.302567	0.607413	0.296831	0.608681	Q20	0.653860	0.840133	0.649574	0.852076
Q8	0.265025	0.615227	0.278451	0.612683	Q21	0.533862	0.851469	0.550941	0.859953
Q9	0.298063	0.608550	0.307687	0.606304	Q22	0.572159	0.848891	0.608330	0.855397
Q10	0.325608	0.602459	0.328188	0.601785	Q23	0.679982	0.839343	0.683825	0.849289
Q11	0.311779	0.606412	0.304394	0.607026	Q24	0.573876	0.848383	0.590921	0.856787
Q12	0.315976	0.604414	0.321353	0.603296	Q25	0.614023	0.845245	0.629945	0.853661
Q13	0.475846	0.567872	0.461510	0.571458	Q26	0.598131	0.844864	0.584175	0.857324
Q14	0.174058	0.636718	0.169836	0.635721	Q27	0.588592	0.846657	0.572892	0.858219
Q15	0.384624	0.587089	0.384078	0.589271	Q28	0.657090	0.839968	0.644948	0.852450

이제 브랜드별 만족도를 점수화하기 위하여 요인분석에서 요인 점수화 절차를 이용한다. 다음은 주성분법에 의한 UNIQLO의 초기요인을 추출한 결과이다. 출력결과를 보면 요인 4개가 추출되는 것이 적절함을 알 수 있으며 4 요인에 의한 분산/공분산 설명력은 62.36%이다.

표 7-9 요인분석에 의한 고윳값 추출 결과

Eigenvalues of the Correlation Matrix: Total= 10 Average = 1									
	Eigenvalue	Difference	Proportion	Cumulative		Eigenvalue	Difference	Proportion	Cumulative
1	2.41732127	0.96315427	0.2417	0.2417	6	0.80429683	0.19185832	0.0804	0.7966
2	1.45416701	0.15737147	0.1454	0.3871	7	0.61243851	0.02677137	0.0612	0.8579
3	1.29679554	0.22957152	0.1297	0.5168	8	0.58566714	0.0960640 2	0.0586	0.9164
4	1.06722401	0.14070382	0.1067	0.6236	9	0.48960312	0.14363675	0.0490	0.9654
5	0.92652019	0.12222336	0.0927	0.7162	10	0.34596637		0.0346	1.0000

4 factors will be retained by the MINEIGEN criterion.

이때, 요인 적재 행렬은 단순성을 상실하여 해석이 곤란하기 때문에 베리맥스 회전에 의한 회전된 요인 적재 행렬을 도출하였다. 그 결과는 표 7-10과 같다. 출력 결과를 살펴보면 각 요인의 상대적 중요도는 요인 1이 1.86 정도로 다른 요인에 비해 상대적으로 더욱 중요하다는 것을 알 수 있다. 요인 1에 적재가 큰 변수는 제품의 내구성(Q15), 제품의 소재(Q13), 매장의 청결도(Q11), 패션 트렌드 반영정도(Q14)이고 요인 2에 적재가 큰 변수는 피팅룸 만족도(Q12), 매장의 접근성(Q10)이다. 하지만 요인 1의 경우 매장의 청결도와 나머지 변수가 하나의 요인으로 묶이는 것에 논리적으로 모순이 있다고 여겨져 설문 문항의 구성과 마찬가지로 매장의 청결도를 피팅룸 만족도와 매장의 접근성과 같은 요인으로 묶어주었다. 또한 요인 3에는 직원의 친절성(Q8), 교환/환불 서비스(Q9)가, 요인 2에는 세일행사(Q7), 제품의 가격(Q6)이 적재가 큰 변수임을 알 수 있다. 따라서 브랜드 만족도는 일종의 경제적 요인, 제품의 질, 환경적 요인, 서비스 요인과 같이 4개의 하부 요인으로 구성되는 것으로 파악할 수 있다. SPAO의 경우에는 요인 3개가 추출되는 것이 적절하다는 결과가 도출되었으나 보다 상세한 소비유발 요인을 찾고자 하는 연구목적과 요인에 대한 해석의 용이성을 위해 UNIQLO와 동일한 요인 수로 요인을 구분하여 브랜드 만족도를 점수화하여 동일 차원으로 두 브랜드를 비교하고자 한다.

표 7-10 요인 적재 행렬 및 설명된 총분산

Rotated Factor Pattern	Factor1	Factor2	Factor3	Factor4
Q15	**0.86548**	0.11300	-0.08100	0.04063
Q13	**0.80020**	0.06499	0.13897	0.18285
Q11	**0.52860**	0.34898	0.18492	-0.43312
Q14	**0.36350**	-0.01908	-0.04404	0.32177
Q12	0.04263	**0.80763**	0.09039	0.04182
Q10	0.13437	**0.70751**	0.11863	-0.04782
Q8	0.01304	0.10453	**0.85497**	-0.03276
Q9	0.03456	0.11598	**0.81138**	0.13756
Q7	0.02697	0.45021	0.01521	**0.71790**
Q6	0.18364	-0.17840	0.17020	**0.67797**

Variance Explained by Each Factor			
Factor1	**Factor2**	**Factor3**	**Factor4**
1.8566094	1.5508622	1.5027622	1.3252740

2.5.2 자료에 대한 탐색

조사 대상자의 일반적인 특성을 알기 위하여 성별, 연령, 이성친구의 유/무, 한 달 지출액, 한 달 쇼핑지출액 등 기술통계학적인 항목을 대상으로 기술통계량을 파악한 결과 200명의 표본 중 여성이 67%, 남성이 33%를 차지하였다. 연령별 분포는 19세 이상~20세 이하가 약 14%, 21세 이상~22세 이하가 약 15.5%, 23세 이상~24세 이하가 약 35.5%, 25세 이상~26세 이하가 약 12.5%, 27세 이상이 약 22.5%였으며, 한 달 쇼핑 지출액은 1만 원~10만 원 미만이 가장 높았으며(56.5%), 다음은 10~20만 원 미만(24%), 20~30만 원 미만(8.5%), 30만 원 이상(6%), 1만 원 미만(5%) 순이었다. 아래 그림은 일반적 특성 중 일부 항목에 관한 원도표이다.

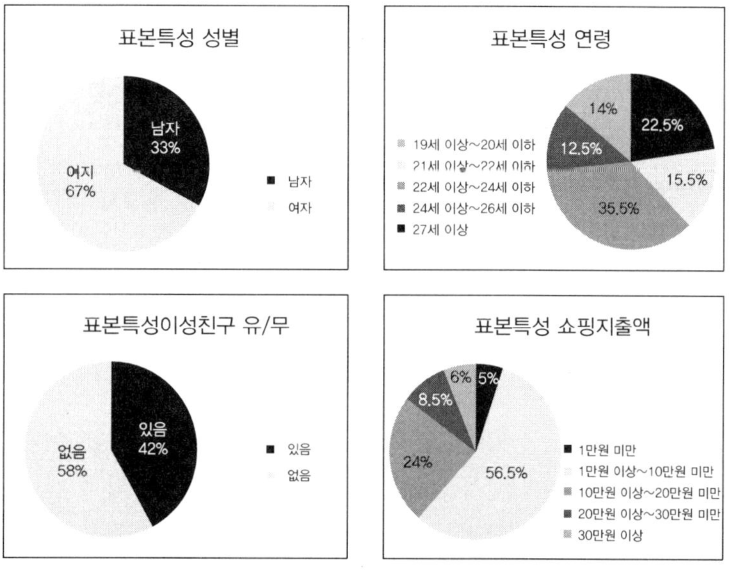

그림 7-19 응답자의 일반적 특성(원도표)

다음으로 SPA 브랜드와 UNIQLO, SPAO의 이용 양상과 관련된 사항에 대해 빈도분석을 실시하였다. 가장 자주 이용하는 SPA 브랜드를 알아본 결과 'UNIQLO'가 90명(45%)으로 가장 높게 나타났고, ZARA가 두 번째(32명, 16%), GIORDANO가 세 번째(27명, 13.5%)로 나타났다. SPAO를 이용하는 고객은 단 11명(5.5%)에 불과하였다. SPA 브랜드 이용 빈도는 월 0~1회가 130명(65%), 월 2~3회가 49명(24.5%)이었다. 특히 UNIQLO와 SPAO의 이용양상을 비교하였더니, UNIQLO의 경우 응답자의 대다수가(175명, 87.5%)가 이용해 본 적이 있었는데 반해 SPAO의 경우에는 67명(33.5%)만이 이용해 본 적이 있었다. 이용한 경험이 있는 응답자를 대상으로 브랜드 선택요인을 알아본 결과 UNIQLO, SPAO 모두 경제적 요인, 제품의 질, 환경적 요인, 서비스 요인 순으로 높게 나타났다.

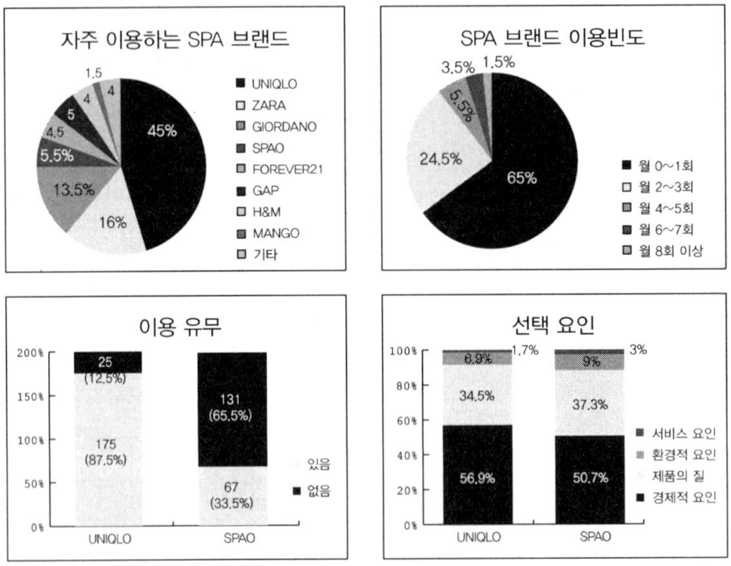

그림 7-20 SPA 브랜드 이용양상(원도표 및 막대도표)

2.5.3 조사목적에 따른 분석

(1) 빈도분석을 통한 두 브랜드에 대한 브랜드 만족 요인 비교

경제적 요인에는 제품가격과 세일행사가 포함되므로 이 문항들에 대해 브랜드별로 빈도분석을 시행하였다. 빈도분석의 대상은 각 브랜드를 이용해 본 경험이 있는 표본을 대상으로 하여 UNIQLO의 경우 175명, SPAO의 경우 67명이 이에 해당한다. 전체적으로 살펴보면 SPAO가 만족/매우만족 부분이 UNIQLO의 경우보다 높고 불만족/매우불만족 부분은 낮은 것을 볼 수 있다. 제품가격에 대한 만족도는 SPAO가 UNIQLO보다 만족도가 높게 나타났지만, 할인혜택의 경우는 낮은 만족도를 보였다. 서비스 요인은 두 브랜드 모두 전체적으로 높은 편이었다. 5점 척도로 질문한 결과 UNIQLO의 경우 불만족/매우 불만족이 직원의 친절성의 경우 단 8%, 교환/환불 서비스의 경우 단 5.1%였다. SPAO의 경우 역시 각각 6%, 4.5%로 매우 불만족도가 낮았다. 하지만 만족/매우 만족의 빈도는 UNIQLO가 SPAO에 비해 높았다. 환경적 요인을 구성하는 접근성, 매장청결도, 피팅룸 항목 중 매장청결도 및 피팅룸은 두 브랜드 모두 불만족 정도가 매우 낮았다. 하지만 접근성 부분에 있어 SPAO가 UNIQLO보다 만족도가 낮음을 볼 수 있다. 제품 질

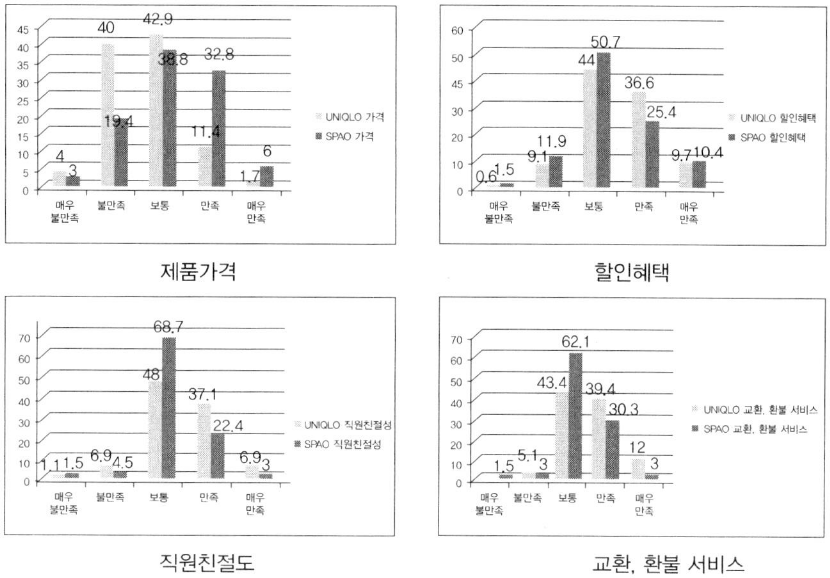

그림 7-21 경제적 만족도 및 서비스 만족도(UNIQLO, SPAO)

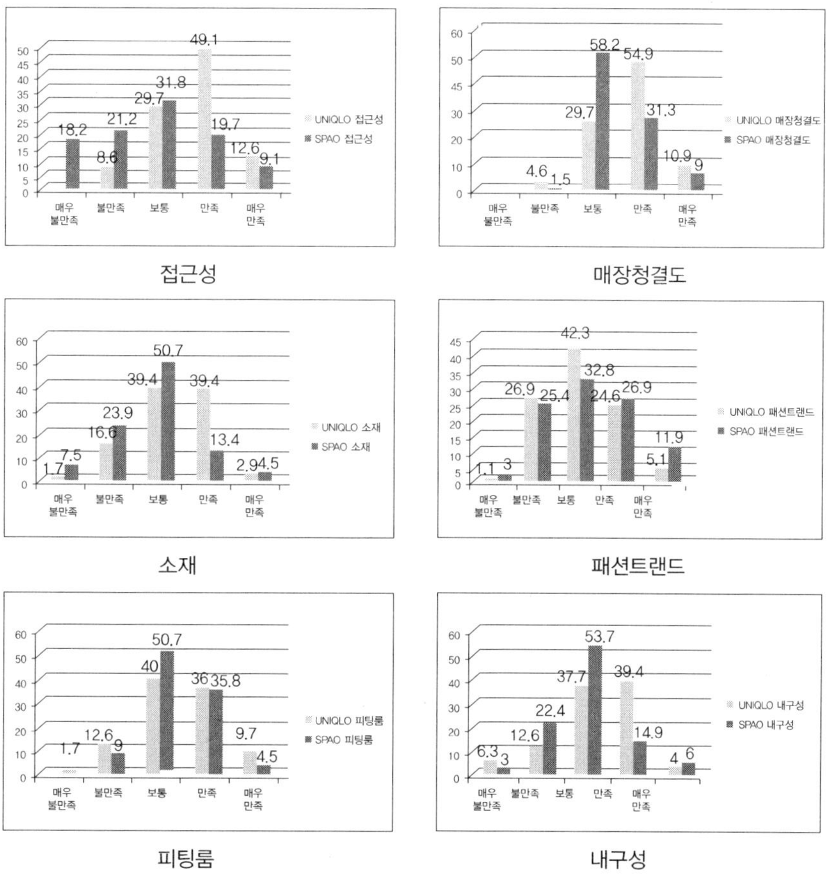

그림 7-22 환경적 요인 만족도 및 제품의 질 만족도(UNIQLO, SPAO)

의 경우 제품의 소재, 패션트렌드 반영 정도, 제품의 내구성으로 이루어져 있으며 빈도분석 결과는 다음과 같다. 우선 패션트렌드 반영 정도에 대해서는 SPAO의 경우가 UNIQLO에 비해 만족도가 높아 SPAO가 UNIQLO보다 상대적으로 패션트렌드를 잘 반영하고 있다고 할 수 있다. 하지만 소재와 내구성 부분에 있어서는 UNIQLO에 미치지 못함을 파악할 수 있었다.

(2) 평균비교를 통한 두 브랜드에 대한 브랜드 만족 요인 비교

경제적 요인의 세부항목들의 평균을 이용하여 경제적 만족도를 살펴보았다. 그 결과 UNQLO의 경우는 5점 만점에 3.39, SPAO의 경우 3.25로 UNIQLO가 경제적 요인 만족도가 높게 나타났다. 특히 할인혜택을 개선하면 SPAO를 이용하는 고객들의 만족도가 더 높아질 수 있을 것으로 보인다. 서비스 요인의 세부 항목인 직원의 친절성, 교환/환불 서비스의 평균을 이용하여 서비스 만족도를 구한 결과, UNIQLO의 경우 5점 만점에 3.5, SPAO의 경우 3.24로 UNIQLO의 경우가 서비스 요인 만족도가 높게 나타났다. 환경적 요인의 세 항목을 이용하여 환경적 요인 만족도를 비교한 결과 UNIQLO의 경우 3.59, SPAO의 경우 3.23이다. SPAO가 UNIQLO에 비해 환경적 요인 만족도가 낮은 것을 볼 수 있으며 특히 접근성을 개선하는 것이 시급한 것으로 보인다. 제품의 질 만족도 평균은 UNIQLO가 3.18, SPAO가 3.00 정도로 큰 차이는 없었으나 다소 만족도가 낮은 것으로 보인다. SPAO는 제품의 질 만족도를 높이기 위해서 제품 소재와 내구성을 향상시키는 것이 필요할 것으로 여겨진다.

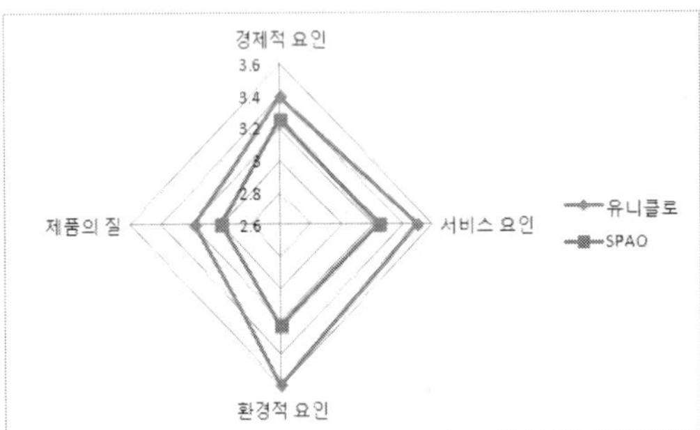

(◆ UNIQLO, ■ SPAO)

그림 7-23 브랜드 요인별 만족도

표 7-11 브랜드 요인별 만족도

	UNIQLO	SPAO	차이
경제적 요인	3.3943	3.2537	0.1406
서비스 요인	3.5001	3.2424	0.2576
환경적 요인	3.5905	3.2273	0.3632
제품의 질	3.1771	3.0049	0.1722

네 가지 요인 모두 UNIQLO가 SPAO에 비해 만족도 평균이 높으며 특히 환경적 요인의 경우 차이가 0.36으로 가장 높은 차이를 보였다. 이는 특히 접근성에서 큰 차이를 보인 것으로 SPAO가 접근성을 개선해야 함을 보여 주었다. 다음으로는 서비스 요인의 차이가 크게 나타났는데 이는 UNIQLO와 마찬가지로 보통 이상에 많은 빈도가 나타났다. 하지만 이 경우 UNIQLO에 비해 만족감을 느끼는 고객의 빈도가 상대적으로 낮으며 보통으로 느낀 고객의 빈도가 상대적으로 높은 모습을 보인데서 차이가 났다. 따라서 보다 만족감을 주기 위해 서비스 요인을 개선해 나가야 한다.

(3) 두 집단의 모수적/비모수적 평균비교(독립표본 t-검정/Mann-Whitney검정)

H_0: 브랜드별 성별에 따른 환경적 요인 만족도의 차이가 없다.
H_1: 브랜드별 성별에 따른 환경적 요인 만족도의 차이가 있다.

모수적 T-검정의 경우 정규성과 등분산성 가정이 필요하다. 정규성 검정을 시행한 결과 UNIQLO, SPAO 모두 샤피로-윌크(Shapiro-Wilk) 통계량의 p값이 매우 작아 정규성 검정이 만족하지 않아 모수적 검정법을 사용하는 것이 무리가 있어 보인다. 하지만 비모수 검정의 경우 검정력이 약하다는 단점이 있으므로, 따라서 정규성을 가정한 독립표본 T-검정과 비모수 검정인 Mann-Whitney 검정을 함께 시행하여 결과를 비교할 것이다.

표 7-12 두 집단의 평균비교

	UNIQLO 환경요인 만족도	SPAO 환경요인 만족도	UNIQLO 접근성
Mann-Whitney의 U (근사 유의확률.양측)	2986.5 (0.161)	385.0 (0.732)	2859.5 (0.054)
독립표본 T값 (유의확률.양측)	1.146 (0.253)	−0.402 (0.689)	2.36 (0.019)
Levene 등분산 검정 F값 (유의확률 P값)	2.693 (0.103)	0.180 (0.673)	25.63 (0.000)

위의 표를 살펴보면 비모수 검정, 모수적 검정 모두 유의수준 5%하에서 귀무가설을 기각하지 못해 브랜드별 성별에 따른 환경적 요인 만족도에 차이가 없었다. 그러나 세부적으로 살펴본 결과 UNIQLO의 접근성에 대한 만족도는 성별에 따라

차이가 있었으며, 여성의 경우가 더 불만족하는 것으로 보였다. 이는 원 자료를 탐색한 결과 상대적으로 여성 응답자들의 주 쇼핑 지역이 강남역과 성신여대 등지가 많았기 때문으로 보인다.

(4) 세 집단 이상의 모수적/비모수적 평균비교(ANOVA/Kruskal-Wallis 검정)

H_0: 브랜드별 월 쇼핑 지출액에 따른 환경적 요인 만족도의 차이가 없다.
H_1: 브랜드별 월 쇼핑 지출액에 따른 환경적 요인 만족도의 차이가 있다.

분산분석(ANOVA)의 경우 역시 정규성과 등분산성 가정이 필요하지만, 앞서 언급하였듯이 정규성 가정이 만족하지 않으므로 비모수검정인 Kruskal-Wallis검정과 모수검정인 분산분석(ANOVA) 검정을 함께 시행하여 총체적으로 비교하도록 할 것이다.

표 7-13 두 집단의 평균비교

	UNIQLO 환경적 요인 만족도	UNIQLO 접근성	SPAO 환경적 요인 만족도
Kruskal-Wallis 카이제곱 (근사 유의확률)	2.258 (0.689)	10.090 (0.039)	4.306 (0.366)
F 통계량 (유의확률)	0.847 (0.497)	2.600 (0.038)	1.126 (0.352)

〈표 7-11〉을 살펴보면 비모수검정, 모수검정 모두 유의수준 5%하에서 귀무가설을 기각하지 못해 브랜드별 쇼핑지출액에 따른 환경적 요인 만족도에 차이가 없다는 것을 알 수 있다. 환경적 요인 만족도를 구성하는 접근성, 청결도, 피팅룸 만족도에 대해서도 세부적으로 살펴본 결과 UNIQLO의 접근성은 월 쇼핑지출액별로 만족도에 차이가 있었으며, 사후검정을 통해 Duncan 방법으로 1만 원 미만이 하나의 그룹으로, 그 이상 지출하는 그룹이 또 다른 하나의 그룹군으로 묶여 월 1만 원 미만 지출 그룹과 나머지 그룹 간에는 접근성에 대한 만족도에 유의한 차이가 있다는 것을 알 수 있었다.

표 7-14 월 쇼핑지출액에 따른 접근성 만족도 사후검정

월 쇼핑지출액	Tukey HSD(a,b)		Duncan(a,b)	
	1	2	1	2
1만원 미만	3.00		3.00	
1만원 이상~10만원 미만	3.63	3.63		3.63
10만원 이상~20만원 미만	3.66	3.66		3.66
20만원 이상~30만원 미만		3.92		3.92
30만원 이상		4.09		4.09
유의확률	.149	.484	1.000	.142

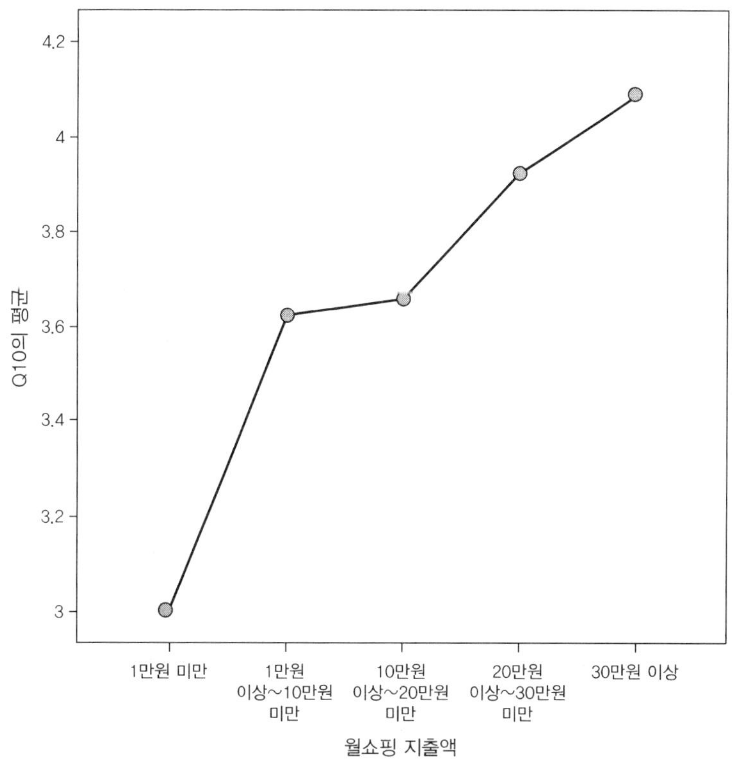

그림 7-24 브랜드 요인별 만족도

(5) 로지스틱 회귀분석

현재 요인별 만족도 점수가 향후 SPA 브랜드(UNIQLO 혹은 SPAO)를 재구매하는 데 영향을 미치는지 확인하고자 한다. 종속변수로 사용될 향후 브랜드 이용 여부 Y는 1(향후 다시 이용), 0(다시 이용 안 함) 값을 갖는 이분형 형태를 가지고 있으므로 일반적인 선형회귀모형 가정에 어긋난다. 따라서 종속변수가 이분형(혹은 범주형) 자료일 때의 회귀모형인 로지스틱 회귀분석을 실시하여 향후 이용

여부를 판단하고자 한다. 이때 설명변수로 사용될 4개의 요인별 만족도 점수 X_1, X_2, X_3, X_4는 각각 경제적 요인 만족도, 서비스 요인 만족도, 환경적 요인 만족도, 제품의 질 만족도를 나타내는 연속형 변수이고, 브랜드를 지칭하는 S는 1(SPAO), −1(UNIQLO) 값으로 브랜드를 구분하는 이분형 자료이다. 반응변수 y의 성공확률을 p_x라고 하였을 때,

$$\ln\left(\frac{p_x}{1-p_x}\right) = \alpha + \beta_1 X_1 + \beta_2 X_2 + \beta_3 X_3 + \beta_4 X_4 + \beta_5 S$$

위의 4가지 요인과 브랜드 모두를 고려한 모형 및 단계적 변수선택 방법을 시행한 결과, X_3(환경적 요인 만족도)와 S를 설명변수로 하는 모형이 우도비 카이제곱통계량(Deviance) 및 C 통계량 기준하에 모형의 설명력 및 유의성이 더 나은 것으로 판단되었다.

표 7-15 Full 모형과 축소모형(X_3, S)의 적합도 비교

A. Full 모형(X_1, X_2, X_3, X_4, S)

Criterion	Pr 〉 ChiSq
Deviance	0.0046
Pearson	0.0825
c	0.691

B. 유의한 변수만 포함한 축소모형(X_3, S)

Criterion	Pr 〉 ChiSq
Deviance	0.0498
Pearson	0.1593
c	0.684

X_3(환경적 요인 만족도)와 S(브랜드)가 고려된 모형을 더 자세히 살펴보면 회귀계수에 대한 추정치에 대한 가설검정 결과 p값이 모두 매우 작게 나와 추정치들이 유의미함을 알 수 있다. 모수들의 추정값이 출력된 것으로 검정통계량으로는 왈드 통계량과 p값이 나온다. 환경적 요인 만족도와 브랜드의 왈드 통계량은 각각 2.218, 11.192이고 p값은 각각 0.0213, 0.0008로 매우 유의하여 환경적 요인 만족도와 기존 이용 브랜드가 무엇인지에 따라 향후 이용여부에 유의한 영향을 주고 있음을 알 수 있다.

표 7-16 Full 모형과 축소모형(X_3, S)의 적합도 비교

Analysis of Maximum Likelihood Estimates				Odds Ratio Estimates	
Parameter	Estimate	Wald Chi-Square	Pr 〉 ChiSq	Effect	Point Estimate
Intercept	−1.2326	2.2178	0.1364	X3	1.751
X3	0.5604	5.3010	0.0213	S 1 vs 0	0.345
S	−0.5324	11.1921	0.0008		

이를 바탕으로 식을 세우면 다음과 같다.

$$\ln(\frac{p_x}{1-p_x}) = -1.2326 - 0.5324\,STORE + 0.5604X_3$$

이때 STORE별 로지스틱 모형은 설명변수 STORE에 SPAO일 때 1, UNIQLO일 때 -1의 값을 넣어주면 된다. 따라서 STORE별 로지스틱 모형식은 다음과 같다. 즉, SPAO의 경우는 $p_x/1-p_x = e^{-1.2326-0.5324+0.5604X_3}$이고, UNIQLO의 경우는 $p_x/1-p_x = e^{-1.2326+0.5324+0.5604X_3}$로 그 효과를 구할 수 있다. 즉, X_3 환경적 요인 만족도를 고정시킨 상태에서 SPAO와 UNIQLO의 오즈비를 구하면 $e^{-0.5324-0.5324}$로, 그 값은 0.345이다. 이는 SPAO 고객의 향후 이용할 확률의 오즈는 UNIQLO 고객의 34.5%가 된다는 것을 의미한다. 따라서 UNIQLO 기존 고객일수록 그리고 또한 환경적 요인 만족도가 높을수록 향후 SPA 브랜드를 이용할 확률이 높아짐을 알 수 있다.

3. 사회조사 관련 사례: 스마트폰에 관한 20~30대의 인식조사

3.1 조사목적 및 설문구성

애플의 아이폰이 국내에 들어오면서 스마트폰 보급이 본격화되었고, '스마트폰 혁명'이라는 말이 나올 정도로 우리 생활 전반에도 큰 변화가 나타났다. 삶을 바꾸는 스마트폰 혁명은 여전히 진행되고 있는 가운데 국내 스마트폰 가입자들이 빠르게 늘면서 주요 이동통신사들의 스마트폰 가입자 비율은 과반수가 넘는다. 이러한 현실에서 스마트폰을 실생활에서 얼마나 활용하는지, 어떻게 사용하고 있는지에 대해서 알아보고, 스마트폰 사용상의 문제점이 있다면 그것이 무엇인지 파악하고 개선하기 위해서 본 조사를 실시하게 되었다.

본 조사의 연구목적을 위하여 우선 스마트폰 사용자의 특성을 파악하고, 이들의 스마트폰 구입 성향을 조사하고 분석하여, 스마트폰 시장에 대한 소비자의 소비 성향을 파악하고자 한다. 또한 스마트폰의 장점과 단점 그리고 해결점까지 소비자들의 특성을 파악한 적절한 방향에 대하여 생각해 보고자 한다.

본 연구를 실시하기 전 우리는 다음과 같은 질문을 자문함으로써 조사목적을 설정하였다. 성별에 따라 휴대전화 구입 시 중요시하는 것에 차이가 있을 것이다.

성별에 따라 선호하는 어플리케이션에도 차이가 있을 것이다.(예를 들어 대학생은 대중교통 어플리케이션을 가장 많이 사용할 것이다. 회사원은 위치검색 어플리케이션을 가장 많이 사용할 것이다.) 스마트폰 사용자와 비사용자의 한 달 요금을 비교하고자 한다. 스마트폰 사용자는 인터넷 사용습관이 많이 변화하였을 것이다. 따라서 이들을 알아보기 위하여 다음과 같은 설문 문항을 구성하였다.

표 7-17 설문 내용 구성

스마트폰 사용 여부	사용 여부 확인
스마트폰 사용 실태	이용 중인 브랜드, 구입 시기, 구입 계기, 가입 방식, 각각의 요소들에 대한 만족도, 많이 이용하는 기능, 많이 사용하는 어플리케이션 종류, 스마트폰 활용 능력 정도, 가격대비 품질 만족도, 사용 전 기대와 비교하여 품질 만족도, 불편사항, 추천의향, 재구입 의사
스마트폰 미사용자의 실태	현재 휴대전화 사용기간, 광고 시청 후 스마트폰 사용 희망 여부, 스마트폰 구입 의향, 구입 이유, 희망 브랜드, 브랜드 선택 이유, 기대하는 기능, 구입희망 시기, 구입하지 않으려는 이유
스마트폰에 대한 인식조사	스마트폰에 대한 인식, 활성화 방안
인적사항	성별, 학년, 용돈, 주소, 통신사, 휴대전화 요금, 구입 시 고려사항

3.2 설문지 - 서울 지역 20~30대의 스마트폰에 인식조사

본 조사에 사용된 설문지는 앞서 3장의 설문지 작성법의 5. 설문지 사례 중 첫 번째인 '5.1. 서울 지역 20, 30대 스마트폰 인식조사'이다. 지면상 중복수록하지 않았다.

3.3 조사대상 및 표본설계

본 조사의 대상이 되는 모집단은 서울 지역의 20~30대 남녀였으나, 현실적인 제약으로 인하여 서울 지역을 크게 강북, 강남, 강동, 강서로 나누어 오차한계 ± 0.1, 신뢰도 95%를 만족하도록 하는 표본을 대상으로 설문조사를 실시하였다. 오차한계와 신뢰도를 만족하는 최소의 표본크기는 대략적으로 $n = 1.96^2/4\alpha^2 = 1.96^2/4 \times 0.1^2 = 96$ 명이므로, 남녀 각각 100명씩 총 200명을 구분된 네 개 지역에서 할당추출법을 이용하여 조사하였다. 설문을 의뢰한 200명의 표본 중에서 회수하지 못하거나 통계적으로 산출하기 어려운 신뢰성이 떨어지는 부분은 없었으며, 총 200명의 표본자료를 분석대상으로 하였다.

3.4 분석결과 및 결론

3.4.1 자료에 대한 탐색

(1) 빈도분석

총 200명 중에서 사용자는 122명, 비사용자는 78명이었으며, 스마트폰을 현재 사용하지 않는 사람들 역시 스마트폰을 향후 구매/재구매할 의향이 있는 것으로 나타났다. 또한 사용자들은 스마트폰을 본인이 사용 및 (재)구매할 의향을 가지는 것뿐만 아니라 지인에게 추천할 의향이 있는 것으로 나타나 스마트폰에 대한 긍정적인 인식을 확인할 수 있었다. 대부분의 휴대전화 사용자들이 약정기간이 지나면 휴대전화를 변경하는 것으로 보아, 약정의무에 대한 부담을 해소하면 스마트폰을 구입할 의사가 많을 것으로 판단된다.

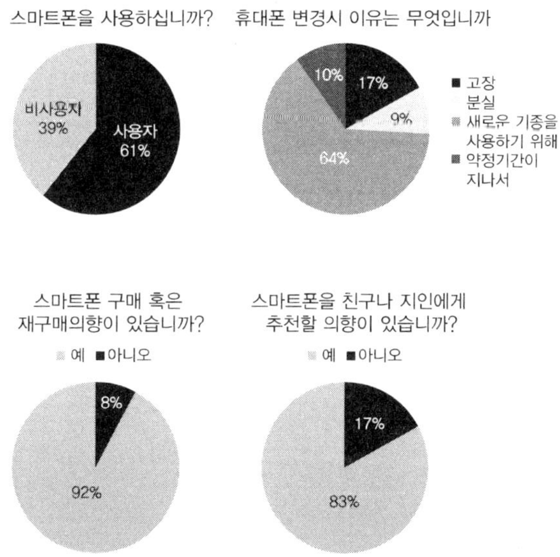

그림 7-25 스마트폰 사용에 대한 인식조사

표 7-18 스마트폰 사용에 대한 인식조사

구입시 중요점

		빈도	퍼센트	유효퍼센트	누적퍼센트
유효	요금제	18	9.0	9.0	9.0
	디자인	43	21.5	21.5	30.5
	성능	81	40.5	40.5	71.0
	브랜드	25	12.5	12.5	83.5
	A/S	22	11.0	11.0	94.5
	통신사	9	4.5	4.5	99.0
	기타	2	1.0	1.0	100.0
	합계	200	100.0	100.0	

통신사

		빈도	퍼센트	유효퍼센트	누적퍼센트
유효	SKT world	90	45.0	45.0	45.0
	Olleh KT	85	42.5	42.5	87.5
	LG U+	25	12.5	12.5	100.0
	합계	100	100.0	100.0	

스마트폰 장점

		빈도	퍼센트	유효퍼센트	누적퍼센트
	인터넷사용의 편리성	75	37.5	37.5	37.5
	다양한 어플리케이션	101	50.5	50.5	88.0
	디자인	15	7.5	7.5	95.5
	뛰어난 화질	8	4.0	4.0	99.5
	기타	1	5	.5	100.0
	합계	200	100.0	100.0	

스마트폰 사용 이유

		빈도	퍼센트	유효퍼센트	누적퍼센트
유효	인터넷,비지니스 사무용	55	27.5	27.5	27.5
	새로운 기술에 관한 호기심	37	18.5	18.5	46.0
	어플리케이션 이용	72	36.0	36.0	82.0
	언론의 홍보 및 추천	17	8.5	8.5	90.5
	선물 받음	7	3.5	3.5	94.0
	부러움을 사기 위해서	4	2.0	2.0	96.0
	저렴하게 구매할 기회로	8	4.0	4.0	100.0
	합계	200	100.0	100.0	

보안문제발생경로

		빈도	퍼센트	유효퍼센트	누적퍼센트
유효	네트워크 접속	15	7.5	12.3	12.3
	웹사이트 접속	18	9.0	14.8	27.0
	GPS 위치정보	22	11.0	18.0	45.1
	모바일뱅킹	40	20.0	32.8	77.9
	메신저	7	3.5	5.7	83.6
	이메일, MMS	7	3.5	5.7	89.3
	어플리케이션	13	6.5	10.7	100.0
	합계	122	61.0	100.0	
결측	시스템 결측값	78	39.0		
합계		200	100.0		

스마트폰 단점

		빈도	퍼센트	유효퍼센트	누적퍼센트
	제한적인 요금제	57	28.5	28.5	28.5
	비싼 구매가격	74	37.0	37.0	85.5
	개인정보 노출우려	20	10.1	10.1	75.5
	사용하기 어려움	28	14.0	14.0	89.5
	잦은 고장	19	9.5	9.5	99.0
	기타	2	1.0	1.0	100.0
	합계	200	100.0	100.0	

휴대전화를 사용하고 있는 서울 지역 200명의 20~30대는 휴대전화를 구입할 때 40% 이상이 성능을 가장 중요시하고, 그 다음으로는 디자인(21.5%)과 브랜드(12.5%)를 중요시 생각하고 있었다. 스마트폰 사용자들에게 사용하는 이유(스마트폰을 사용하지 않는 사람에게는 사용하려는 이유)에 대해서 조사한 결과, 36%(72명)가 어플리케이션을 이용하기 위해서라고 응답하였고, 인터넷, 비즈니스 사무용으로 사용하는(사용하려는) 사람이 27.5%(55명)이었다.

스마트폰을 사용하고 있는 122명에게 스마트폰 사용 시 보안문제가 발생할 수 있는 가장 직접적인 경로는 무엇이라고 생각하는지에 대해서 조사한 결과, 모바일뱅킹에서 문제가 발생할 것이라고 생각한 사람이 40명, GPS 위치정보라고 생각한 사람이 22명, 웹사이트 접속이라고 생각한 사람이 18명이었다. 따라서 모바일뱅킹 등 개인정보 유출에 대한 보안문제에 대하여 사용자들이 안심할 수 있도록 하는 방안을 마련하는 것이 보다 중요할 것으로 판단된다. 스마트폰의 장점으로는 응답자 200명 중 50.5%인 101명이 '다양한 어플리케이션'을 선택하였고, 그 다음으로는 '인터넷 사용의 편리성'(37.5%)이었다. 반면, '비싼 구매가격'은 스마트폰의 가장 큰 난점(74명, 37%)이고, '제한적인 요금제'(57명, 28.5%) 역시 스마트폰 사용에 대한 저항요인이었다.

(2) T-검정

독립표본 검정표의 F-검정결과 모든 항목에서 사용자와 비사용자 집단의 모분산이 동질함을 알 수 있었다. 이에 따른 평균 차이에 대한 T-검정결과 한달 요금에 대한 항목은 유의확률값이 유의수준 0.05보다 작으므로 두 집단 간의 차이가 있고, 나머지 항목인 성별, 나이, 구입 시 중요시 생각하는 것, 스마트폰 사용 이유는 사용자와 비사용자 간의 응답의 차이가 없다는 결론을 내릴 수 있었다.

표 7-19 스마트폰 사용자와 비사용자의 동질성검정

		Levene의 등분산 검정		평균의 동일성에 대한 t-검정						
		F	유의확률	t	자유도	유의확률 (양쪽)	평균차	차이의 표준오차	차이의 95% 신뢰구간 하한	차이의 95% 신뢰구간 상한
성별	등분산이 가정됨	0.68	.795	-.577	198	.564	-.042	.073	-.186	.102
	등분산이 가정되지 않음			-.577	164.029	.565	-.042	.073	-.186	.102
나이	등분산이 가정됨	2.019	.157	1.792	198	.075	.287	.160	-0.29	.602
	등분산이 가정되지 않음			1.792	165.360	.074	.287	.160	-0.29	.602
구입시중요점	등분산이 가정됨	3.512	.062	1.875	198	.062	.352	.188	-.018	.722
	등분산이 가정되지 않음			1.803	142.910	.074	.352	.195	-.034	.738
한달요금	등분산이 가정됨	2.583	.110	8.420	198	.000	1.308	.155	1.002	1.615
	등분산이 가정되지 않음			8.212	150.514	.000	1.308	.159	.994	1.623
스마트폰사용이유	등분산이 가정됨	.204	.652	.576	198	.565	.124	.216	-.301	.550
	등분산이 가정되지 않음			.586	173.271	.559	.124	.212	-.295	.544

(3) 동질성검정(교차분석)

스마트폰 보유자 122명 중에 남자가 63명, 여자가 59명으로 남자의 보유율이 조금 더 높아 보이나, 이는 통계적으로 유의한 차이는 아니었다(p-value=0.332). 직업별로 스마트폰 사용 여부에 대한 차이를 비교한 결과, 대학생의 스마트폰 사용과 비사용 비율이 거의 비슷하지만, 회사원은 사용자가 비사용자의 두 배가 넘는 것으로 나타났다. 이는 회사원이 학생에 비해 업무상 용도, 혹은 경제적 여유로 스마트폰을 사용하는 이용자가 많기 때문일 것으로 판단된다.

표 7-20 스마트폰 사용자와 비사용자의 동질성검정

교차표

빈도

		성별		전체
		남자	여자	
스마트폰사용여부	사용	63	59	122
	비사용	37	41	78
전체		100	100	200

카이제곱 검정

	값	자유도	점근 유의확률 (양측검정)	정확한 유의확률 (양측검정)	정확한 유의확률 (단측검정)
Pearson 카이제곱	.336*	1	.562		
연속수정[b]	.189	1	.664		
우도비	.336	1	.562		
Fisher의 정확한 검정				.664	.332
선형 대 선형결합	.335	1	.563		
유효 케이스 수	200				

a. 0셀(0%)은(는) 5보다 작은 기대 빈도를 가지는 셀입니다. 최소 기대빈도는 39.00입니다.

b. 2*2 표에 대해서만 계산됨

대칭적 측도

		값	점근 표준오파[a]	근사 T값[b]	근사유의확률
등간척도 대 등간척도	Pearson의 R	.041	.071	.577	.564[c]
순서척도 대 순서척도	Spearman 상관	.041	.071	.577	.564[c]
유효 케이스 수		200			

a. 영가설을 가정하지 않음

b. 영가설을 가정하는 점근 표준오차 사용

c. 정규 근사법 기초

스마트폰사용여부*직업

교차표

빈도

		직업				전체
		대학(원)생	회사원	주부	기타	
스마트폰사용여부	사용	58	55	1	8	122
	비사용	50	22	1	5	78
전체		108	77	2	13	200

카이제곱 검정

	값	자유도	점근 유의확률 (양측검정)
Pearson 카이제곱	6.040[a]	3	.110
우도비	6.143	3	.105
선형 대 선형결합	1.957	1	.192
유효 케이스 수	200		

a. 2 셀(25.0%)은(는) 5보다 작은 기대 빈도를 가지는 셀입니다. 최소 기대빈도는 .78입니다.

대칭적 측도

		값	점근 표준오파[a]	근사 T값[b]	근사 유의확률
등간척도 대 등간척도	Pearson의 R	-.099	.071	-1.402	
순서척도 대 순서척도	Spearman 상관	-.145	.070	-2.062	.041[c]
유효 케이스 수		200			

a. 영가설을 가정하지 않음

b. 영가설을 가정하는 점근 표준오차 사용

c. 정규 근사법 기초

3.4.2 조사목적에 따른 분석

(1) 독립성검정(교차분석)

성별에 따라 가장 많이 사용하는 어플이 관련이 있는지 알아보기 위하여 교차분석한 결과 남녀 모두 소셜미디어(SNS)를 가장 많이 사용하고 그 다음으로는 교통 관련, 쿠폰 등 생활정보 관련 어플리케이션인 것으로 나타나 가장 많이 사용하는 어플리케이션은 성별과 무관함을 알 수 있다(p-value=0.580). 스마트폰을 구입할 때 중요하게 여기는 요인은 남자는 성능을 가장 중요시하고 디자인이나 브랜드는 크게 중요시 하지 않는 것으로 보였지만, 여자는 성능과 디자인에 대한 중요도를 비슷하게 생각하여, 성별에 따라 유의한 차이를 보였다(p-value= 0.017).

표 7-21 스마트폰 사용에 대한 독립성검정

가장많이사용하는어플1순위 * 성별 교차표

빈도

		성별		
		남자	여자	전체
가장많이사용하는어플1순위	대중교통안내	12	15	27
	소셜미디어	19	19	38
	음악, 동영상 다운로드	3	3	6
	생활정보(쿠폰 등)	11	10	21
	데이터 사용량 조회	1	2	3
	이메일	6	3	9
	게임	2	1	3
	금융거래	5	0	5
	스케쥴관리	2	1	3
	위치검색	2	3	5
	교육(사전 등)	0	1	1
	기타	0	1	1
전체		63	59	122

카이제곱 검정

	값	자유도	점근 유의확률 (양측검정)
Pearson 카이제곱	9.460a	11	.580
우도비	12.195	11	.349
선형 대 선형결합	.575	1	.448
유효 케이스 수	122		

a. 18 셀 (75.0%)은(는) 5보다 작은 기대 빈도를 가지는 셀입니다. 최소 기대빈도는 .48입니다.

구입시중요점 * 성별 교차표

빈도

		성별		
		남자	여자	전체
구입시중요점	요금제	10	8	18
	디자인	14	29	43
	성능	50	31	81
	브랜드	13	12	25
	A/S	6	16	22
	통신사	6	3	9
	기타	1	1	2
전체		100	100	200

카이제곱 검정

	값	자유도	점근 유의확률 (양측검정)
Pearson 카이제곱	15.497a	6	.017
우도비	15.841	6	.015
선형 대 선형결합	.003	1	.957
유효 케이스 수	200		

a. 4 셀 (28.6%)은(는) 5보다 작은 기대 빈도를 가지는 셀입니다. 최소 기대빈도는 1.00입니다.

(2) 상관분석

스마트폰을 이용한 인터넷 사용시간과 생활습관의 변화 간에 어떠한 상관관계가 있는지 알아보고자 스마트폰 사용자를 대상(122명)으로 상관분석을 실시한 결과이다. 먼저, 스마트폰으로 인터넷을 많이 사용하는 사용자가 여전히 다른 경로로도 인터넷 사용을 많이 하고(0.204*), 무선 인터넷 이용에 대한 부담감과는 무관하다고 보아도 무방할 것으로 보였다(-.062).

표 7-22 스마트폰 사용자의 인터넷 관련 생활습관

상관계수

		생활습관변화_인터넷사용증가	생활습관변화_무선인터넷무담감감소	생활습관변화_pc대체율	인터넷사용시간
생활습관변화 인터넷사용증가	Pearson 상관계수	1	.232*	.133	.204*
	유의확률 (양쪽)		.010	.143	.024
	N	122	122	122	122
생활습관변화 무선인터넷부담감감소	Pearson 상관계수	.232*	1	.186*	-.062
	유의확률 (양쪽)	.010		.040	.496
	N	122	122	122	122
생활습관변화_pc대체율	Pearson 상관계수	.133	.186*	1	.133
	유의확률 (양쪽)	.143	.040		.144
	N	122	122	122	122
인터넷사용기간	Pearson 상관계수	.204*	-.062	.133	1
	유의확률 (양쪽)	.024	.496	.144	
	N	122	122	122	122

* 상관계수는 0.05 수준(양쪽)에서 유의합니다.

(3) 대응분석

생활습관과 사용시간 간의 관계를 나타낸 대응일치표이다. 스마트폰을 이용함으로써 인터넷 사용이 증가하였다는 문항에서 그렇다(다소 그렇다, 매우 그렇다)라고 응답한 사람이 그렇지 않다고 응답한 사람보다 많았다. 스마트폰으로 인터넷을 사용하는 시간이 30분~1시간 미만인 사람들은 스마트폰을 이용함으로써 인터넷 사용이 증가하였는지에 대해 그렇지 않다고 응답하였고, 반면에 스마트폰으로 인터넷을 사용시간이 3시간 이상인 사람들은 스마트폰을 이용함으로써 인터넷 사용이 증가하였다고 응답하였다. 또한 스마트폰을 이용함으로써 타인과의 커뮤니케이션/정보공유 활동이 증가하였음을 알 수 있었다. 가정 및 직장에서 PC를 통한 인터넷 사용이 가능해도 스마트폰을 통해 인터넷을 사용하는 생활습관을 가진 사람일수록 인터넷 사용시간이 긴 것을 볼 수 있었다.

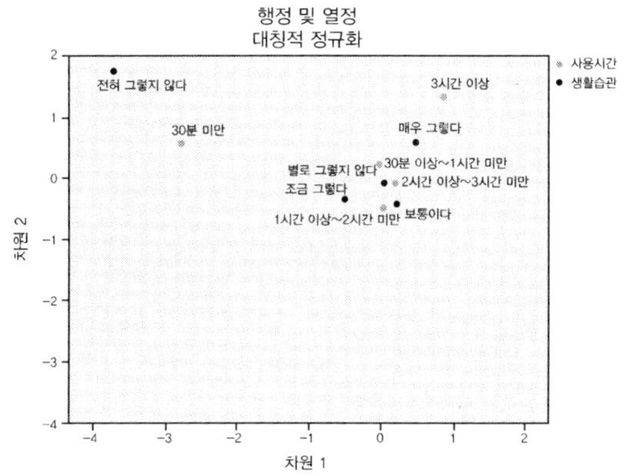

스마트폰 인터넷 사용시간과 인터넷 사용 증가 여부

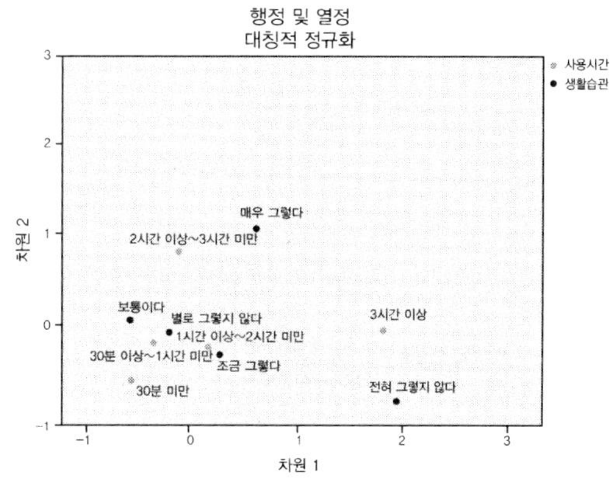

스마트폰 사용시간과 타인과 정보공유 증가 여부

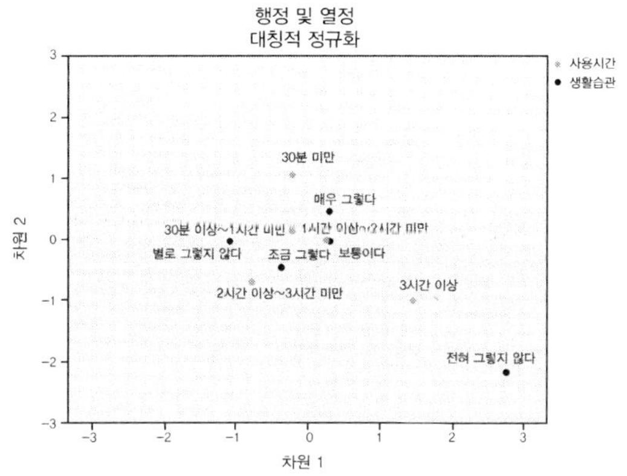

스마트폰 사용시간과 학업/업무 생산성 향상 여부

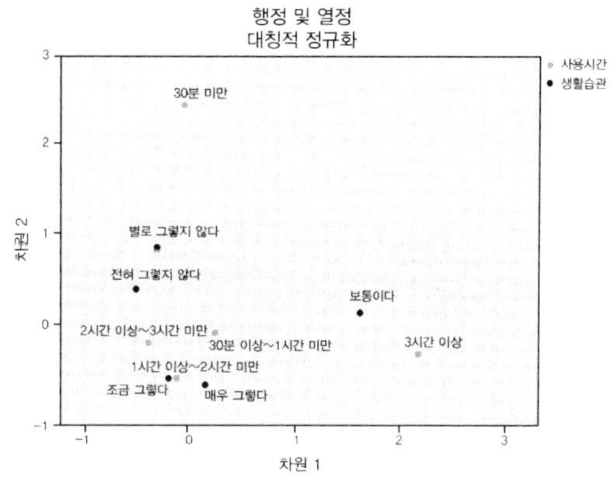

스마트폰 사용시간과 무선인터넷 이용 부담감

그림 7-26 스마트폰 사용과 생활습관에 대한 대응분석

표 7-23 코드북

문항	변수명	변수 설명	변수값 설명
문항1	성별	귀하의 성별	1=남자 2=여자
문항2	나이	귀하의 나이	1=20대 초반(20~23세) 2=20대 중반(24~26세) 3=20대 후반(27~29세) 4=30대 초반(30~33세) 5=30대 중반(34~36세) 6=30대 후반(37~39세)
문항3	사용여부	스마트폰 사용 여부	1=예 2=아니오
문항4	직업	귀하의 직업	1=대학(원)생 2=회사원 3=주부

			4=기타
문항5	통신사	이용하는 통신사	1=SK T world 2=Olleh KT 3=LG U+
문항6	기기(브랜드)	현재 사용하는 기기(브랜드)	1=삼성 2=LG 3=SKY 4=모토로라 5=아이폰 6=노키아 7=블랙베리 8=HTC 9=기타
I-1	중요성	휴대전화 구입 시 가장 중요한 것	1=요금제 2=디자인 3=성능 4=브랜드 5=A/S 6=통신사 7=기타
I-2	요금	한 달에 사용하는 휴대전화 요금	1=4만 원 미만 2=4만 원 이상~6만 원 미만 3=6만 원 이상~8만 원 미만 4=8만 원 이상~10만 원 미만 5=10만 원 이상
I-3	변경	휴대전화 변경 이유	1=고장 2=분실 3=새로운 기종을 사용하고 싶어서 4=약정기간이 지나서 5=기타
I-4	구매 의향	스마트폰 구매 의사 여부	1=예 2=아니오
II-1	재구매 의향	스마트폰 재구매 의사 여부	1=있다 2=없다
II-2	추천	스마트폰 친구나 지인에게 추천 의향	1=있다 2=없다
II-3	느낌	스마트폰하면 먼저 드는 느낌	1=무선 인터넷 2=특정 브랜드(아이폰, 갤럭시S 등) 3=특정 통신사 4=구입 시 비용이 많이 든다. 5=예쁘다 6=기타
II-4	장점	스마트폰의 장점	1=인터넷 사용의 편리성

			2=다양한 어플리케이션 3=디자인 4=뛰어난 화질 5=기타
II-5	단점	스마트폰의 단점	1=제한적인 요금제 2=비싼 구매 가격 3=개인정보 노출 우려 4=사용하기 어려움 5=잦은 고장 6=기타
II-6	사용 이유	스마트폰 사용 이유	1=인터넷 검색 및 비즈니스 사무용 2=새로운 기술에 관한 호기심 3=다양한 어플리케이션 이용 4=여론의 홍보 및 주위의 추천 5=주변인의 추천 및 선물을 받아서 6=주변인들의 부러움을 사기 위해서
III-1	기능	스마트폰 사용 시 많이 사용하는 기능	1=인터넷 2=음악, 동영상 재생 3=게임 4=다양한 어플리케이션의 활용 5=카메라 6=트위터 등의 SNS 7=사무기능 8=기타
III-2	인터넷 장소	스마트폰으로 인터넷 사용하는 장소	1=이동 중인 교통수단 안 2=가정 3=실외장소(길거리, 공원 등) 4=상업시설(카페, 영화관 등) 5=직장 6=기타
III-3	인터넷 시간	스마트폰으로 인터넷 사용하는 시간	1=30분 미만 2=30분 이상~1시간 미만 3=1시간 이상~2시간 미만 4=2시간 이상~3시간 미만 5=3시간 이상
III-4	어플리케이션	스마트폰으로 가장 많이 사용하는 어플리케이션	1=대중교통안내 2=소셜미디어(메신저, SNS 등) 3=음악, 동영상 다운로드 및 재생 4=생활정보(할인쿠폰, 맛집 검색 등) 5=데이터 및 통화메세지 사용량 조회 6=이메일 7=게임 8=금융거래(모바일뱅킹) 9=스케줄관리

			10=위치검색(지도 등) 11=교육(사전 등) 12=기타
III-5	보안문제	스마트폰 사용 시 보안문제 발생 경로	1=무선랜(wifi), 3g 등의 네트워크 접속 2=웹사이트 접속 3=GPS(지도, 위치기반 서비스) 사용 시 위치정보 제공 4=모바일뱅킹 이용 5=메신저를 통한 커뮤니케이션 사용 6=이메일이나 MMS의 첨부파일 다운로드 7=모바일 어플리케이션 다운로드
III-6	개선점	스마트폰에 대해 개선되길 바라는 점	1=개인정보 보안 2=Open UI(사용자 화면, 아이콘, 폰트 등 자유롭게 변경) 3=화질 및 음질 4=배터리 수명 5=요금제의 다양화 6=가격 조정 7=사용 속도 8=외부디자인 9=A/S 10=용량 11=무게 12=기타
III-7.1	생활습관-1	스마트폰 이용 인터넷 사용이 증가함	1=전혀 그렇지 않다 2=별로 그렇지 않다 3=보통이다 4=조금 그렇다 5=매우 그렇다
III-7.2	생활습관-2	스마트폰 이용 커뮤니케이션 증가함	1=전혀 그렇지 않다 2=별로 그렇지 않다 3=보통이다 4=조금 그렇다 5=매우 그렇다
III-7.3	생활습관-3	스마트폰 이용 학업, 업무에 효과적임	1=전혀 그렇지 않다 2=별로 그렇지 않다 3=보통이다 4=조금 그렇다 5=매우 그렇다
III-7.4	생활습관-4	스마트폰 이용 무선인터넷 이용 감소	1=전혀 그렇지 않다 2=별로 그렇지 않다 3=보통이다 4=조금 그렇다

			5=매우 그렇다
III-7.2	생활습관-5	PC 인터넷보다 스마트폰 이용함	1=전혀 그렇지 않다 2=별로 그렇지 않다 3=보통이다 4=조금 그렇다 5=매우 그렇다

4. 사회조사 관련 사례 : 스마트폰에 관한 대학생들의 의식조사

4.1 조사목적 및 설문구성

모바일 산업의 역사는 15년 정도로 매우 짧지만 지난 15년 동안 많은 변화가 있었다. 특히 2009년에는 IT 산업에서 스마트폰과 어플리케이션 스토어가 가장 주목받았다고 해도 과언이 아니다. 2009년 11월 28일에 아이폰이 국내에 처음 출시되었는데, 아이폰의 국내 출시가 가져다주는 의미는 스마트폰의 국내 시장 확대를 의미한다. 스마트폰 시장이 확대되면서 어플리케이션 스토어 시장도 확대될 것이다. 현재 국내 스마트폰 가입자는 3,000만 명을 넘어섰다. 이것은 국민 10명당 6명이 스마트폰을 보유하고 있다는 것이다. 이에 사람들의 스마트폰에 대한 의식을 조사하고자 한다. 본 연구는 대학생들의 스마트폰의 의식을 조사하여 분석하는 데 목적을 두고 있다. 조사 내용은 스마트폰 보유 및 기종, 사용실태, 사용 만족도, 스마트폰에 대한 인식 등이다.

표 7-24 설문 내용 구성

영역	문항 내용	문항 번호
스마트폰 사용 여부	사용 여부 확인	1 (1문항)
스마트폰 사용 실태	이용 중인 브랜드, 구입 시기, 구입 계기, 가입 방식, 각각의 요소들에 대한 만족도, 많이 이용하는 기능, 많이 사용하는 어플리케이션 종류, 스마트폰 활용 능력 정도, 가격대비 품질 만족도, 사용 전 기대와 비교하여 품질 만족도, 불편사항, 추천의향, 재구입 의사	2–14 (13문항)
스마트폰 미사용자의 실태	현재 휴대전화 사용 기간, 광고 시청 후 스마트폰 사용희망 여부, 스마트폰 구입 의향, 구입 이유, 희망 브랜드, 브랜드 선택 이유, 기대하는 기능, 구입 희망 시기, 구입하지 않으려는 이유	15–25 (11문항)
스마트폰에 대한 인식조사	스마트폰에 대한 인식, 활성화 방안	26–27 (2문항)
인적사항	성별, 학년, 한 달 용돈, 주소, 통신사, 한 달 휴대전화 요금, 휴대전화 구입 시 고려 사항	28–34 (7문항)

4.2 설문지 – 스마트폰에 대한 대학생들의 의식조사

안녕하십니까? 저희들은 고려대학교 정보통계학과에 재학 중인 학생들입니다. 이번에 전공과목인 '통계조사실습'을 수강하면서, 사례연구의 일환으로 스마트폰에 대한 대학생들의 의식조사를 실시하게 되었습니다. 본 설문지는 34개의 문항으로 구성되어 있으며, 응답에 약 5분 소요될 것 입니다. 바쁘시더라도 설문에 정성껏 답해주셨으면 감사하겠습니다. 귀하의 응답내용은 연구, 분석을 위한 통계처리만을 위하여 활용될 것이며, 본 조사목적 이외에는 사용되지 않으므로 응답자의 비밀은 철저히 보장됩니다.

조사자 : 고려대학교 정보통계학과
최OO 장OO 이OO 한OO
지도교수: 고려대학교 정보통계학과
최 종 후 교수

1. 귀하는 스마트폰을 사용하고 계십니까?
   ① 예 ② 아니오

※ '아니오'라고 대답해 주신 분은 Ⅱ. For unsmart-phone user의 질문에 답해 주십시오.

Ⅰ. For Smart-Phone User

2. 사용하시는 스마트폰의 브랜드는 무엇입니까?
   ① 삼성 ② 애플 ③ LG ④ 스카이
   ⑤ 모토로라 ⑥ HTC ⑦ 노키아 ⑧ 기타( )

3. 스마트폰을 구입하신 시기는?
   ① 2010년 이전 ② 2010년 1~3월 ③ 2010년 4~6월 ④ 2010년 7~9월
   ⑤ 2010년 10월 이후

4. 스마트폰을 구입하신 계기는?
   ① 스마트폰의 기능 때문에(어플리케이션, 무선인터넷 등)
   ② 지인이나 주변사람들의 권유
   ③ 휴대전화 교체 필요성을 느껴서
   ④ 광고를 보고(인터넷, TV, 라디오 등)
   ⑤ 유행에 뒤처지지 않기 위해서
   ⑥ 요금제의 혜택
   ⑦ 다른 사람의 선물이나 이벤트 당첨
   ⑧ 기타( )

5. 스마트폰을 교체할 당시 가입 방식은 무엇입니까?
① 신규가입 ② 번호이동 ③ 기기변경

6. 귀하가 가장 많이 사용하는 스마트폰의 기능은 무엇입니까?
① MP3 ② DMB, 동영상 ③ 무선인터넷 ④ 카메라
⑤ 어플리케이션 ⑥ PC 연동 기능 ⑦ SNS(트위터, 페이스북, 미투데이 등)
⑧ 통화, 문자 ⑨ 내비게이션 ⑩ 기타( )

7. 귀하는 스마트폰의 사용과 관련된 각각의 요소들에 대해 얼마나 만족하십니까?

	매우 불만족	불만족	보통	만족	매우 만족
① 통화 품질	1	2	3	4	5
② 사용(조작)의 편리성	1	2	3	4	5
③ 휴대의 편리성(크기)	1	2	3	4	5
④ 멀티미디어 기능(동영상, MP3 등)	1	2	3	4	5
⑤ 무선인터넷 기능	1	2	3	4	5
⑥ 요금제	1	2	3	4	5
⑦ 제품 내구성	1	2	3	4	5
⑧ 충전 및 배터리 편리성	1	2	3	4	5
⑨ 문자 메시지(문자 입력 방식 등)	1	2	3	4	5
⑩ 내장 카메라 기능	1	2	3	4	5
⑪ 부가기능	1	2	3	4	5
⑫ 어플리케이션	1	2	3	4	5
⑬ A/S	1	2	3	4	5

8. 귀하가 가장 많이 사용하는 어플리케이션의 종류는 무엇입니까?
① 게임 ② 뉴스, 날씨 ③ 금융 ④ 카메라
⑤ 교육 ⑥ SNS ⑦ 위치서비스(길 찾기, 지도)
⑧ 일정관리 ⑨ 기타( )

9. 본인의 스마트폰 활용도(능력)는 어느 정도라고 생각하십니까?
① 최하 ② 하 ③ 중 ④ 상
⑤ 최상

10. 귀하가 생각하였을 때 가격 대비 사용하고 계시는 스마트폰의 품질은 어떠하다고 생각하십니까?

① 매우 불만족 ② 불만족 ③ 보통 ④ 만족
⑤ 매우 만족

11. 현재 사용하고 계시는 스마트폰을 사용하면서 사용 전 기대와 비교한다면 현재 품질에 대해 만족하십니까?
① 매우 불만족 ② 불만족 ③ 보통 ④ 만족
⑤ 매우 만족

12. 스마트폰 사용 시 불편하신 사항 3가지를 우선순위로 답하시오.
① A/S의 불편함 ② 무선인터넷 ③ 고액의 요금제 ④ 휴대성
⑤ 통화품질 ⑥ 어플리케이션 활용성 ⑦ 배터리 및 충전
⑧ 잦은 고장, 다운 ⑨ 오작동 ⑩ 사용조작 불편 ⑪ 기타(　　　　)
☞1순위 : ☞2순위 : ☞3순위 :

13. 스마트폰의 사용을 주변 사람들에게 추천하실 의향이 있습니까?
① 예 ② 아니오

14. 향후 휴대전화를 교체하게 된다면 스마트폰을 재구입할 의사가 있습니까?
① 예 ② 아니오

※ Ⅲ. 스마트폰에 대한 인식으로 가서 질문에 답해 주십시오.

II. For Smart-Phone Non-User

15. 현재의 휴대전화를 사용하신 기간은 얼마나 됩니까?
① 6개월 미만 ② 6개월 이상~1년 미만
③ 1년 이상~1년 6개월 미만 ④ 1년 6개월 이상~2년 미만
⑤ 2년 이상

16. 스마트폰 광고를 보신 후 스마트폰을 사용하고 싶다고 생각하신 적이 있습니까?
① 예 ② 아니오

17. 향후 휴대전화를 교체하신다면 스마트폰을 구입하실 의향이 있습니까?
① 예 (18번~24번의 질문에 답해 주십시오.)
② 아니오 (25번 문항으로 가서 질문에 답해 주십시오.)

18. 스마트폰을 구입하시려는 이유가 무엇입니까?
① 스마트폰의 기능 때문에(어플리케이션, 무선인터넷 등)
② 지인이나 주변사람들의 권유
③ 휴대전화 교체 필요성을 느껴서
④ 광고를 보고(인터넷, TV, 라디오 등)
⑤ 유행에 뒤처지지 않기 위해서
⑥ 요금제의 혜택
⑦ 기타(   )

19. 구입하신다면 몇 개월 안에 구입하시겠습니까?
① 3개월 미만 ② 3개월 이상~6개월 미만
③ 6개월 이상~9개월 미만 ④ 9개월 이상~1년 미만
⑤ 1년 이상

20. 당장 구입하시지 않는 이유는 무엇입니까?
① 약정기간이 남아서
② 스마트폰의 실질적 효율성을 더 보기 위해
③ 아직은 스마트폰의 결함이 많아서
④ 스마트폰의 가격 하락을 기다림
⑤ 기존 사용자들의 반응을 천천히 확인하고 구입하겠음
⑥ 기타(   )

21. 스마트폰을 교체할 시 가입 희망 방식은 무엇입니까?
① 신규가입 ② 번호이동 ③ 기기변경

22. 구입하신다면 어느 브랜드의 제품을 구입하시겠습니까?
① 삼성 ② 애플 ③ LG ④ 스카이
⑤ 모토로라 ⑥ HTC ⑦ 노키아 ⑧ 기타(   )

23. 그 브랜드를 택하시려는 이유는 무엇입니까?
① 브랜드 가치 ② 유행 ③ 지인의 추천 ④ 광고
⑤ 기능 ⑥ 기타(   )

24. 스마트폰의 어떤 기능을 가장 기대하십니까?
① MP3 ② DMB, 동영상 ③ 무선인터넷 ④ 카메라
⑤ 어플리케이션 ⑥ PC 연동 기능 ⑦ SNS(트위터, 페이스북, 미투데이 등)
⑧ 통화, 문자 ⑨ 내비게이션 ⑩ 기타( )
※ Ⅲ. 스마트폰에 대한 인식으로 가서 질문에 답해 주십시오.

25. 스마트폰을 구입하지 않으시려는 이유는 무엇입니까?
① 요금 부담 ② 스마트폰 기능의 불필요성 ③ 휴대의 불편성
④ A/S의 불편성 ⑤ 사용(조작)의 불편성 ⑥ 위약금 발생
⑦ 특별한 필요성 못 느낌 ⑧ 기타( )
※ Ⅲ. 스마트폰에 대한 인식으로 가서 질문에 답해 주십시오.

Ⅲ. 스마트폰에 대한 인식

26. 귀하는 스마트폰에 대해 어떠한 인식을 가지고 계십니까?
① 생활이 편리해져서 긍정적이다.
② 아무런 생각이 없다.
③ 복잡하고 기기에 얽매이게 되는 것 같아 부정적이다.

27. 귀하가 생각하시기에 가장 효과적인 스마트폰의 활성화 방안이 무엇이라고 생각하십니까?
① 요금제의 인하 ② 단말기 가격의 인하
③ 휴대전화 교체 절차의 간소화 ④ 통화 품질 개선
⑤ A/S 정책 개선 ⑥ 기타( )

Ⅳ. 인적사항

28. 귀하의 성별은? ① 남자 ② 여자

29. 귀하의 학년은?
① 1학년 ② 2학년 ③ 3학년 ④ 4학년

30. 귀하의 한 달 용돈은 평균 얼마입니까?
① 20만 원 미만 ② 20~30만 원 미만 ③ 30~40만 원 미만
④ 40~50만 원 미만 ⑤ 50만 원 이상

31. 귀하의 출신 지역은 어디입니까?

① 서울 ② 경기도 ③ 강원도 ④ 충청도
⑤ 경상도 ⑥ 전라도 ⑦ 제주도 ⑧ 기타( )

32. 귀하가 현재 사용하고 있는 통신사는 무엇입니까?

① SKT ② KT ③ LGU+

33. 귀하의 한 달 월 평균 휴대전화의 요금은 얼마입니까?

① 3만 원 미만 ② 3~4만 원 미만 ③ 4~5만 원 미만 ④ 5~6만 원 미만
⑤ 6~7만 원 미만 ⑥ 7만 원 이상

34. 귀하가 휴대전화 구입 시 제일 고려하는 사항 3가지를 우선순위로 답하시오.

① 가격 ② 디자인 ③ 기능 ④ 브랜드
⑤ 유행(트렌드) ⑥ 휴대전화의 크기 ⑦ 색상 ⑧ 통신사(번호이동 등)
⑨ 휴대전화의 종류(터치, 슬라이드, 폴더 등) ⑩ 요금제
⑪ 기타( )

☞1순위 : ☞2순위 : ☞3순위 :

- 응답해 주셔서 감사합니다 -

4.3 조사대상 및 표본설계

본 연구는 대학생을 목표모집단으로 하였으나, 현실적인 제약으로 인하여 실제 표집모집단은 고려대학교 학생에 한하였다. 고려대학교 재학생 중 280명의 표본을 대상으로 자료를 수집하였다.

4.4 분석결과 및 결론

4.4.1 설문도구에 대한 평가(신뢰도/타당도분석)

스마트폰 사용 만족도는 하나의 잠재변인(Latent Variable)으로서 이는 설문에서 고려한 측정가능변수(Manifested Variable)로 측정된다. 이때 여기서 고려하는 측정 가능 변수는 통화품질, 사용조작의 편리성, 휴대의 편리성, 멀티미디어 기능, 무선인터넷 기능, 요금제, 제품 내구성, 충전 및 배터리 편리성, 문자메시

지, 내장 카메라 기능, 부가기능, 어플리케이션, A/S인데 이 모두는 리커트(Likert) 5점 척도로써 측정된다. 따라서 측정가능변인에 의한 사용 만족도의 점수화에 앞서 이들의 내적일관성을 검토하는 신뢰도 검토를 시도한다. 신뢰도 검토는 Cronbach의 α계수에 의한다.

표 7-25 신뢰도분석 결과

CORR 프로시저

13 변수: b6_1 b6_2 b6_3 b6_4 b6_5 b6_6 b6_7 b6_8 b6_9 b6_10 b6_11 b6_12 b6_13

Cronbach의 α계수

변수	α계수
원데이터	0.812083
표준화	0.813214

변수를 제외했을 때의 Cronbach 계수

삭제한 변수	데이터 변수 합계와의 상관계수	데이터 변수 α계수	표준화된 변수 합계와의 상관계수	표준화된 변수 α계수
b6_1	0.464844	0.798402	0.450867	0.800534
b6_2	0.417759	0.801850	0.431816	0.802074
b6_3	0.522180	0.793729	0.521034	0.794793
b6_4	0.264178	0.811413	0.278299	0.814198
b6_5	0.353787	0.806504	0.375558	0.806576
b6_6	0.436318	0.800916	0.427088	0.802455
b6_7	0.520447	0.793353	0.496950	0.796776
b6_8	0.327056	0.812594	0.308796	0.811830
b6_9	0.577857	0.788038	0.581108	0.789791
b6_10	0.603881	0.786746	0.595474	0.788583
b6_11	0.596759	0.787050	0.608954	0.787445
b6_12	0.337214	0.808119	0.360847	0.807742
b6_13	0.419901	0.802132	0.409544	0.803865

스마트폰 사용 만족도에 대한 신뢰도를 검정하기 위해 크롬바 알파 계수의 값을 구한 결과 0.812로 만족할 만한 신뢰도를 보여 준다. 하지만 변수 b6_8(충전 및 배터리 편리성), b6_13(A/S)을 제거하면 크롬바 알파 계수의 값이 다소 증가하고 피어슨 상관행렬에서 이 변수는 다른 변수들과 음의 관계를 가지므로 신뢰성에 저해가 될 수 있어, 이 변수들을 제거하였다. 이 두 변수를 제거한 크롬바 알파 계수의 값을 구한 결과 약 0.808로 만족할 만한 신뢰도를 보여 준다. 이는 '스마트폰 사용 만족도'라는 하나의 개념을 측정하는 변수로서 위의 11가지 변수가 적절하다고 할 수 있다.

표 7-26 상관계수 행렬

피어슨 상관 계수, N = 85 H0: Rho=0 검정에 대한 Prob > |r|												
	b6_1	b6_2	b6_3	b6_4	b6_5	b6_6	b6_7	b6_9	b6_10	b6_11	b6_12	b6_13
b6_1	1	0.2119	0.1501	0.1868	0.0184	0.2319	0.2535	0.3883	0.3831	0.2218	0.0952	0.5253
		0.0516	0.1703	0.087	0.8675	0.0327	0.0193	0.0002	0.0003	0.0414	0.3863	<.0001
b6_2	0.2119	1	0.4354	0.1967	0.4001	0.2749	0.3927	0.2638	0.1648	0.2841	0.2677	-0.0317
	0.0516		<.0001	0.0712	0.0001	0.0109	0.0002	0.0147	0.1317	0.0084	0.0133	0.7771
b6_3	0.1501	0.4354	1	0.1801	0.2439	0.2921	0.3504	0.2755	0.3834	0.3625	0.2738	0.2986
	0.1703	<.0001		0.099	0.0245	0.0067	0.001	0.0107	0.0003	0.0007	0.0112	0.0055
b6_4	0.1868	0.1967	0.1801	1	0.3591	0.0023	0.0561	0.2390	0.1202	0.2806	0.2539	0.0926
	0.087	0.0712	0.099		0.0007	0.9832	0.6103	0.0276	0.2732	0.0093	0.019	0.3993
b6_5	0.0184	0.4001	0.2439	0.3591	1	0.2393	0.2644	0.2011	0.1653	0.2741	0.3915	0.0923
	0.8675	0.0001	0.0245	0.0007		0.0274	0.0145	0.065	0.1307	0.0111	0.0002	0.401
b6_6	0.2319	0.2749	0.2921	0.0023	0.2393	1	0.5023	0.2301	0.2765	0.2599	0.1404	0.2102
	0.0327	0.0109	0.0067	0.9832	0.0274		<.0001	0.0342	0.0104	0.0163	0.2001	0.0535
b6_7	0.2535	0.3927	0.3504	0.0561	0.2644	0.5023	1	0.2785	0.2080	0.162	0.0350	0.3015
	0.0193	0.0002	0.001	0.6103	0.0145	<.0001		0.0098	0.0561	0.1385	0.7504	0.005
b6_9	0.3883	0.2638	0.2755	0.2390	0.2011	0.2301	0.2785	1	0.5481	0.5663	0.3148	0.2457
	0.0002	0.0147	0.0107	0.0276	0.065	0.0342	0.0098		<.0001	<.0001	0.0033	0.0234
b6_10	0.3831	0.1648	0.3834	0.1202	0.1653	0.2765	0.2080	0.5481	1	0.7038	0.2990	0.4176
	0.0003	0.1317	0.0003	0.2732	0.1307	0.0104	0.0561	<.0001		<.0001	0.0054	<.0001
b6_11	0.2218	0.2841	0.3625	0.2806	0.2741	0.2599	0.162	0.5663	0.7038	1	0.5491	0.2534
	0.0414	0.0084	0.0007	0.0093	0.0111	0.0163	0.1385	<.0001	<.0001		<.0001	0.0193
b6_12	0.0952	0.2677	0.2738	0.2539	0.3015	0.1404	0.0350	0.3148	0.2990	0.5491	1	-0.0555
	0.3863	0.0133	0.0112	0.019	0.0002	0.2001	0.7504	0.0033	0.0054	<.0001		0.6139
b6_13	0.5253	-0.0317	0.2986	0.0926	0.0923	0.2102	0.3015	0.2457	0.4176	0.2534	-0.0555	1
	<.0001	0.7771	0.0055	0.3993	0.401	0.0535	0.005	0.0234	<.0001	0.0193	0.6139	

다음으로 스마트폰 사용 만족도에 대한 요인분석을 실시한 결과이다. 출력결과를 보면 요인이 3개 추출되는 것이 적절함을 알 수 있다. 세 요인에 의한 분산/공분산 설명력은 60.31%이다.

표 7-27 초기 요인 추출에 의한 분산/공분산 설명력

```
                    The FACTOR Procedure
          Initial Factor Method: Principal Components

              Prior Communality Estimates: ONE


Eigenvalues of the Covariance Matrix: Total = 12.7053221  Average = 0.97733247

          Eigenvalue    Difference    Proportion    Cumulative

    1     4.16847625    2.11162748        0.3281        0.3281
    2     2.05684877    0.61969888        0.1619        0.4900
    3     1.43714988    0.55417310        0.1131        0.6031
    4     0.88297679    0.04519312        0.0695        0.6726
    5     0.83778366    0.14570305        0.0659        0.7385
    6     0.69208062    0.07227328        0.0545        0.7930
    7     0.61980734    0.09624781        0.0488        0.8418
    8     0.52355953    0.11514821        0.0412        0.8830
    9     0.40841133    0.06541310        0.0321        0.9151
   10     0.34299822    0.03087151        0.0270        0.9421
   11     0.31212672    0.04153717        0.0246        0.9667
   12     0.27058955    0.11807609        0.0213        0.9880
   13     0.15251346                      0.0120        1.0000

    3 factors will be retained by the MINEIGEN criterion.
```

표 7-28 회전된 요인 적재 행렬

The FACTOR Procedure
Rotation Method: Varimax

Orthogonal Transformation Matrix

	1	2	3
1	0.66029	0.54093	0.52097
2	-0.46788	-0.24632	0.84877
3	-0.58746	0.80419	-0.09045

Rotated Factor Pattern

	Factor1	Factor2	Factor3
b6_10	0.83193	0.19684	0.11234
b6_9	0.77780	0.22448	0.14713
b6_11	0.71762	0.51666	0.02001
b6_1	0.57938	-0.13241	0.28617
b6_12	0.27468	0.76162	-0.09308
b6_5	-0.07135	0.72262	0.27448
b6_2	0.01463	0.56925	0.49674
b6_3	0.23053	0.45342	0.40958
b6_4	0.14570	0.43701	-0.01800
b6_7	0.12981	0.06982	0.82849
b6_6	0.21807	0.03850	0.80047

Variance Explained by Each Factor

Factor	Weighted	Unweighted
Factor1	2.30191493	2.36728632
Factor2	1.88386498	2.20283000
Factor3	2.05250442	1.94254208

Final Communality Estimates and Variable Weights
Total Communality: Weighted = 6.238284 Unweighted = 6.512658

베리맥스 회전(varimax rotation)에 의한 회전된 요인 적재 행렬 결과 요인 1에 적재가 큰 변수는 통화품질, 문자메시지 기능, 내장 카메라 기능, 부가기능이므로 요인 1은 '기본기능'이라고 볼 수 있으며, 요인 2에 적재가 큰 변수는 사용의 편리성, 휴대의 편리성, 멀티미디어 기능, 무선인터넷 기능, 어플리케이션이므로 요인 2는 '스마트 기능'이라고 볼 수 있다. 요인 3에 적재가 큰 변수는 요금제와 제품 내구성이므로 요인 3은 '외부 기능'이라고 할 수 있다.

4.4.2 자료에 대한 탐색

응답자의 인구특성별 분포를 살펴보면 성별은 남자 65%, 여자 35%로 표집되었다. 학년은 1학년 18.9%, 2학년 19.3%, 3학년 26.1%, 4학년 35.7%이고, 평균 한 달 용돈은 20만 원 미만 9.3%, 20~30만 원 미만 30.7%, 30~40만 원 미만 35%, 40~50만 원 미만 12.1%, 50만 원 이상 12.9%의 비율로 표집되었다. 출신 지역은 서울 36.8%, 경기도 28.9%, 강원도 1.4%, 충청도 6.8%, 경상도 14.3%, 전라도 9.6%, 제주도 2.1%의 비율로 표집되었다. 통신사는 SKT 사용자가 47.9%로 가장

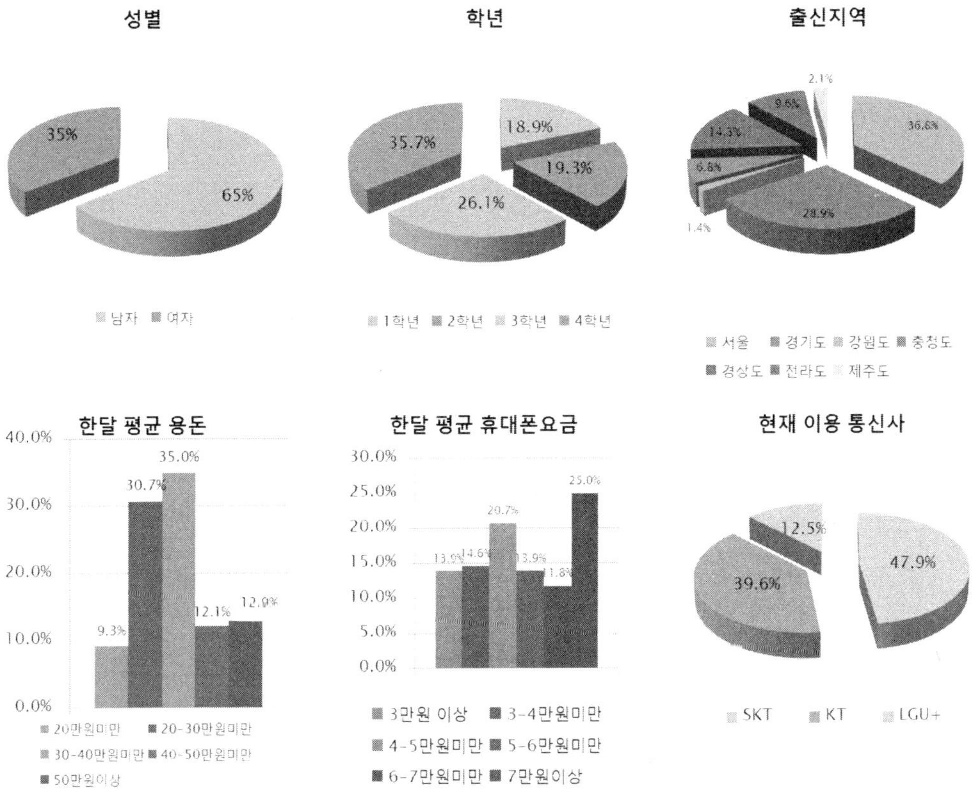

그림 7-27 응답자의 일반적 특성

많았고, KT 사용자 39.6%, LGU+ 사용자 12.5%의 비율이었다. 한 달 월 평균 휴대전화 요금은 3만 원 미만 13.9%, 3~4만 원 미만 14.6%, 4~5만 원 미만 20.7%, 5~6만 원 미만 13.9%, 6~7만 원 미만 11.8%, 7만 원 이상 25%의 비율로 표집되었다.

총 응답자 280명 중에 스마트폰을 사용하고 있는 응답자는 85명으로 30.4%의 비율을 표집하였다. 스마트폰을 사용한다는 응답자 85명 중 애플 브랜드를 사용하는 응답자가 38.8%로 가장 높은 비율을 차지하였으며 그 다음으로 삼성 브랜드를 사용하는 응답자가 28.2%, 스카이 브랜드를 사용하는 응답자가 9.4%의 비율로 나타났다. 스마트폰 구입 시기는 2010년 10월 이후 구입하였다는 응답자가 27.1%로 가장 많았으며 2010년 7~9월 구입한 응답자가 22.4%의 비율이었다. 스마트폰 구입 계기는 스마트폰의 기능 때문이라고 응답한 사람이 52.9%로 과반수를 넘었으며 휴대전화의 교체 필요성을 느껴서라고 응답한 사람이 22.4%의 비율을 차지하였다. 스마트폰을 교체할 당시 가입 방식은 신규가입이 30.6%, 번호이동이 35.3%, 기기변경이 34.1%로 균등한 비율을 나타냈다.

가장 많이 사용하는 스마트폰의 기능으로 어플리케이션이 35.3%로 가장 높은 비율을 보였고, 무선인터넷이 29.4%, 통화 및 문자 기능이 17.6%의 비율 순으로 나타났다. 가장 많이 사용하는 어플리케이션의 종류는 게임이 24.7%로 가장 높은 비율을, 트위터, 페이스북, 미투데이 등 SNS 기능을 응답한 사람이 22.4%로 두 번째로 높은 비율을 나타냈다.

본인이 생각하기에 본인의 스마트폰 활용 능력 정도는 어느 정도라고 생각하느냐는 질문에 응답자의 37.6%가 상이라고 응답하였고, 34.1%가 중, 14.1%가 최상이라고 응답하였다. 사용하고 있는 스마트폰의 품질은 가격 대비 어떻게 생각하느냐는 질문에 44.7%가 만족한다고 응답하였으며, 스마트폰을 사용하면서 사용 전 기대와 비교하여 현재 품질에 대해 만족하느냐는 질문에 35.3%가 '만족', 27.1%가 '매우 만족한다'고 응답하였다.

스마트폰 사용을 주변 사람들에게 추천할 의향이 있느냐는 질문에 91.8%가 '예'라고 응답하였고, 향후 휴대전화를 교체하게 된다면 스마트폰을 재구입할 의사가 있느냐는 질문에 91.8%가 '예'라고 응답하였다. 스마트폰을 사용하지 않는 195명을 대상으로 실시한 조사이다. 현재의 휴대전화를 사용한 기간을 묻는 질문에 1년 이상~1년 6개월 미만이라고 응답한 비율이 29.7%로 가장 높았고, 6개월 이상~1년 미만이라고 응답한 비율이 27.7%였다. 스마트폰 광고를 본 후 스마트폰을 사용하고 싶다고 생각한 적이 있느냐는 질문에 74.9%가 '예'라고 응답하였다. 향후 휴대전화를 교체한다면 스마트폰을 구입할 의향이 있냐는 질문에 80%가 구입할 의향이 있다고 응답하였다. 향후 휴대전화를 교체한다면 스마트폰을 구입할 의향이 있다는 156명의 응답자를 대상으로 한 질문에는 스마트폰의 기능 때문에 스마트폰을 구입하려는 응답자가 82.7%로 압도적으로 많았다. 구입한다면 몇 개월 안에 구입하겠느냐는 질문에 34.6%가 1년 이상 후에 구입하겠다고 응답하였다. 당장 스마트폰을 구입하지 않는 이유로 '약정기간이 남아서'라고 응답한 사람이 48.1%로 가장 높은 비율을 보였다. 스마트폰으로 교체할 시 가입 방식은 기기변경을 희망하는 응답자가 60.3%로 과반수의 높은 비율을 나타내었다.

스마트폰을 구입한다면 어느 브랜드의 제품을 구입하겠는가라는 질문에 애플 브랜드의 제품을 구입하겠다는 응답자가 48.1%로 가장 많았고, 삼성 브랜드 제품을 구입하겠다는 응답자가 41%의 비율을 차지하였다. 해당 브랜드를 택하려는 이유로 기능을 택한 응답자가 43.6%로 가장 많았고, 브랜드 가치를 택한 응답자가 34%의 비율을 나타났다. 스마트폰의 어떤 기능을 가장 기대하느냐는 질문에 46.2%가 어플리케이션을, 33.3%가 무선인터넷을 기대한다고 응답하였다. 10.9%

가 트위터, 페이스북, 미투데이 등의 SNS 기능을 기대한다고 응답하였다. 향후 휴대전화를 교체한다면 스마트폰을 구입할 의향이 없다고 응답한 39명을 대상으로 스마트폰을 구입하지 않으려는 이유를 질문하였는데 43.6%가 특별한 필요성을 못 느낀다고 응답하였고, 25.6%가 스마트폰 기능의 불필요성을 이유로 스마트폰을 구입하지 않겠다고 응답하였다. 전체 응답자 280명을 대상으로 스마트폰에 대한 인식을 조사하였다. 스마트폰에 대해 어떠한 인식을 가지고 있느냐는 질문에 74.6%가 '생활이 편리해져서 긍정적이다.'라는 응답을, '아무런 생각이 없다.'라는 응답은 13.6%의 비율이, '복잡하고 기기에 얽매이게 되는 것 같아 부정적이다.'라는 응답은 11.8%의 비율을 보였다. 본인이 생각하기에 가장 효과적인 스마트폰의 활성화 방안이 무엇이라고 생각하느냐는 질문에 46.4%가 요금제 인하, 36.4%가 단말기 가격 인하라고 응답하였다.

4.4.3 조사목적에 따른 분석

조사된 자료를 가지고 빈도분석 및 인적사항별 반응패턴을 비교하기 위한 카이제곱 동질성검정을 실시하였다. 그리고 앞서 신뢰도 검토, 요인분석에서 검증된 스마트폰 사용 만족도 요인을 이용하여 집단별 차이검정을 실시하였다.

(1) 빈도분석

한 달 평균 휴대전화 요금이 3만 원 미만인 사람의 경우 스마트폰 사용자가 없었으며, 6~7만 원 미만을 응답한 사람의 경우 스마트폰 사용자가 약 58%로 가장 많았다. 7만 원 이상을 응답한 사람의 경우도 스마트폰 사용자가 약 53%로 과반수 이상을 보였다. 이것으로 한 달 평균 휴대전화 요금이 많을수록 스마트폰 사용자가 많은 경향이 있음을 알 수 있었다.

통신사로 SKT를 사용한다고 응답한 사람들의 약 67%가 삼성 브랜드의 스마트폰을 사용하고 있다고 응답하였으며, KT를 사용한다고 응답한 사람들의 75%가 애플 브랜드의 스마트폰을 사용하고 있다고 응답하였다. 한 달 평균 휴대전화 요금이 4~5만 원 미만인 사람의 경우 각각 약 27.3%가 애플과 모토로라 브랜드의

표 7-29 스마트폰 사용 여부와 월 평균 휴대전화 요금

빈도 (칼럼 백분율)	3만 원 미만	3~4만 원	4~5만 원	5~6만 원	6~7만 원	7만 원 이상	
예	0 (0.00)	4 (9.76)	11 (18.97)	14 (35.90)	19 (57.58)	37 (52.86)	85
아니오	39 (100.00)	37 (90.24)	47 (81.03)	25 (64.10)	14 (42.42)	33 (47.14)	195

표 7-30 스마트폰 브랜드와 통신사

빈도 (칼럼 백분율)	SKT	KT	LGU+	
삼성	24 (66.67)	0 (0.00)	0 (0.00)	24
애플	0 (0.00)	33 (75.00)	0 (0.00)	33
LG	0 (0.00)	0 (0.00)	3 (60.00)	3
스카이	3 (8.33)	4 (9.09)	1 (20.00)	8
모토로라	4 (11.11)	0 (0.00)	0 (0.00)	4
HTC	3 (8.33)	3 (6.82)	0 (0.00)	6
노키아	0 (0.00)	3 (6.82)	1 (20.00)	4
기타	2 (5.56)	1 (2.27)	0 (0.00)	3

표 7-31 스마트폰 브랜드와 월 평균 휴대전화 요금

빈도 (칼럼 백분율)	3~4만 원 미만	4~5만 원 미만	5~6만 원 미만	6~7만 원 미만	7만 원 이상	
삼성	0 (0.00)	0 (0.00)	2 (14.29)	6 (31.58)	16 (43.24)	24
애플	0 (0.00)	3 (27.27)	10 (71.43)	9 (47.37)	11 (29.73)	33
LG	0 (0.00)	0 (0.00)	0 (0.00)	1 (5.26)	2 (5.41)	3
스카이	2 (50.00)	2 (18.18)	1 (7.14)	1 (5.26)	2 (5.41)	8
모토로라	1 (25.00)	3 (27.27)	0 (0.00)	0 (0.00)	0 (0.00)	4
HTC	0 (0.00)	2 (18.18)	0 (0.00)	2 (10.53)	2 (5.41)	6
노키아	1 (25.00)	1 (9.09)	1 (7.14)	0 (0.00)	1 (2.70)	4
기타	0 (0.00)	0 (0.00)	0 (0.00)	0 (0.00)	3 (8.11)	3

스마트폰을 사용하고 있다고 응답하였다. 요금이 5~6만 원 미만을 응답한 사람의 경우 약 71.4%가 애플 브랜드의 스마트폰을 사용하고 있는 것으로 나타났다. 또한 요금이 6~7만 원 미만을 응답한 사람의 경우 애플 브랜드의 스마트폰을 사용하고 있다는 비율이 약 47.4%로 나타났다. 7만 원 이상을 응답한 사람의 경우에는 43.24%가 삼성 브랜드의 스마트폰을 사용하고 있다고 응답하였다.

표 7-32 스마트폰에 대한 성별에 따른 인식

빈도(칼럼 백분율)	남자	여자	
생활이 편리해져 긍정적	147 (81.22)	62 (62.63)	209
아무런 생각이 없다	21 (11.60)	17 (17.17)	38
복잡하고 기기에 얽매이게 돼 부정적	13 (7.18)	20 (20.20)	33

남자의 경우 스마트폰에 대한 인식을 묻는 문항에 생활이 편리해져 '긍정적이다'라고 응답한 사람이 약 81%의 비율을 보였고, '아무런 생각이 없다'라고 응답

한 사람이 약 12%, '복잡하고 기기에 얽매이게 돼 부정적이다'라고 응답한 사람이 약 7%의 비율을 나타냈다. 여자의 경우 생활이 편리해져 '긍정적이다'라고 응답한 사람이 약 63%의 비율을 보였고, '아무런 생각이 없다'라고 응답한 사람이 약 17%, 복잡하고 기기에 얽매이게 돼 '부정적이다'라고 응답한 사람이 약 20%의 비율을 나타냈다. 남자에 비해 여자가 스마트폰에 대한 인식이 조금 더 부정적임을 알 수 있었다.

(2) 카이제곱(χ^2) 동질성검정

표 7-34는 설문지 모든 항목에 대한 인적속성별 χ^2 동질성검정을 실시한 결과이다. 스마트폰 사용여부에 대한 문항에서는 통신사, 한 달 월 평균 휴대전화의 요금에 따라 차이가 있음을 알 수 있다. 사용하는 스마트폰의 브랜드에 대한 문항에서는 한 달 용돈, 출신 지역, 통신사, 한 달 월 평균 휴대전화의 요금에 따라 차이가 있음을, 스마트폰 구입 시기에 대한 문항에서는 한 달 용돈, 출신 지역에 따라, 많이 사용하는 어플리케이션의 종류에 대한 문항에서는 한 달 용돈에 따라 차이가 있음을 보인다. 가격 대비 사용하고 있는 스마트폰의 품실에 대한 문항과 현재 사용하고 있는 스마트폰을 사용 전 기대와 비교한다면 현재 품질에 대한 문항은 학년과 통신사에 따라 차이가 있음을 알 수 있다. 스마트폰의 사용을 주변 사람들에게 추천할 의향에 대한 문항과 향후 휴대전화를 교체한다면 스마트폰 재구입 의사에 관한 문항에서는 학년에 따라 차이가 있음을, 스마트폰에 대한 인식에 관한 문항에서는 성별과 학년에 따라 차이가 있음을 알 수 있다. 여기서 p-value 값이 0.0001 이하인 유의한 것들을 대상으로 분석하였다.

표 7-33 인구속성별 동질성검정

문항		Chi-square 동질성검정에 의한 p값					
		성별	학년	용돈	지역	통신사	요금
Q1	사용 여부	0.100	0.176	0.154	0.066	0.008**	0.000**
Q2	브랜드	0.562	0.716	0.008**	0.033*	0.000**	0.001**
Q3	구입 시기	0.842	0.649	0.034*	0.028*	0.248	0.726
Q8	많이 사용하는 어플리케이션 종류	0.247	0.195	0.041*	0.298	0.289	0.136
Q10	가격 대비 스마트폰의 품질	0.058	0.022*	0.878	0.138	0.003**	0.924
Q11	사용 전 기대와 비교한 품질	0.154	0.015*	0.713	0.455	0.005**	0.877
Q13	추천 의향	0.076	0.006**	0.387	0.473	0.619	0.130
Q14	재구입 의사	0.984	0.033*	0.344	0.856	0.619	0.632
Q26	스마트폰에 대한 인식	0.001**	0.035*	0.564	0.266	0.903	0.243

** 유의수준 1%에서 유의함 * 유의수준 5%에서 유의함

표 7-34 스마트폰 브랜드 동질성검정

문항	Chi-square 동질성검정에 의한 p값					
	구입 시기	구입 계기	가입방식	통화품질	조작 편리성	휴대의 편리성
	0.029*	0.258	0.008**	0.895	0.000**	0.046*
	멀티미디어	무선인터넷	요금제	제품내구성	충전 및 배터리	문자메세지
스마트폰	0.019*	0.009**	0.282	0.269	0.167	0.198
	카메라	부가기능	어플리케이션	A/S	주 사용 기능	주 사용 어플
브랜드	0.000**	0.000**	0.000**	0.038*	0.000*	0.135
	활용능력	가격대비 품질	기대대비품질	추천의향	재 구입 의사	
	0.202	0.013*	0.001**	0.030*	0.920	

** 유의수준 1%에서 유의함 * 유의수준 5%에서 유의함

스마트폰 브랜드를 묻는 문항에 따른 스마트폰 사용실태의 모든 문항에 대하여 χ^2 동질성검정을 실시한 결과이다. 스마트폰 브랜드에 따라 구입 시기, 스마트폰으로 교체할 당시 가입 방식, 사용조작의 편리성 만족도, 휴대의 편리성 만족도, 멀티미디어 기능 만족도, 무선인터넷 기능 만족도, 내장 카메라 기능 만족도, 부가기능 만족도, 어플리케이션 만족도, A/S 만족도, 많이 사용하는 스마트폰의 기능, 가격 대비 사용하고 있는 스마트폰의 품질 만족도, 사용전 기대와 비교하여 현재 품질 만족도, 주변 사람들에게 추천 의향을 묻는 문항에서 차이가 있다는 것을 알 수 있었다.

(3) 순위에 따른 자료분석

설문지의 12번째 문항인 스마트폰 사용 시 불편사항에 대한 문항은 다중순위 응답을 요구한 것이다. 즉 11개의 응답 항목에서 우선순위에 따라 1순위에서 3순위까지 순위응답을 요구하였다. 따라서 응답범주별로 1순위 응답에는 3점, 2순위 응답에는 2점, 3순위 응답에는 1점을 부여하고 이를 누적합하여 재정리하였다. 또한 누적점수를 토대로 성별, 스마트폰 사용 브랜드, 스마트폰 구입 시기에 따라 순위를 산출해 보았다.

스마트폰을 사용하는 85명의 응답자를 상대로 사용 시 불편사항을 순위응답으로 요구한 결과이다. 총합 결과를 보면 고액의 요금제가 누적점수 151점으로 1순위로 꼽혔고, 배터리 및 충전이 누적점수 119점, A/S의 불편성이 65점 순으로 나타나고 있다.

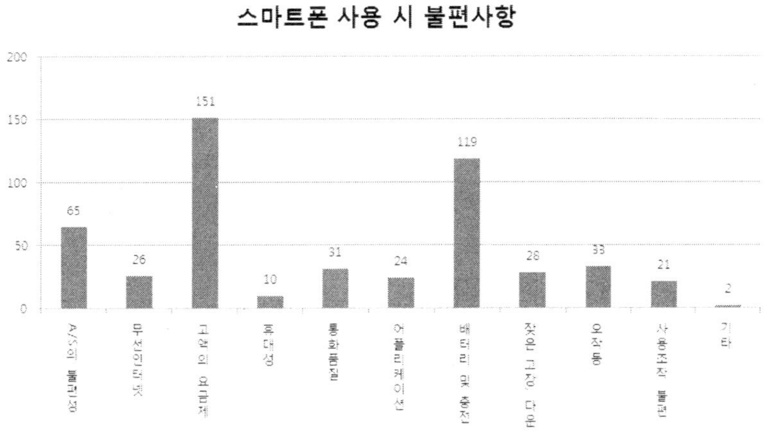

그림 7-28 스마트폰 사용 시 불편사항 순위 가중합 그래프

표 7-35 스마트폰 사용 시 불편사항 순위 가중합

스마트폰 사용 시 불편사항	남		여		총합	순위
	합	순위	합	순위		
A/S의 불편성	56	3	9	4	65	3
무선인터넷	17	7	9	4	26	7
고액의 요금제	110	1	41	2	151	1
휴대성	7	10	3	10	10	10
통화품질	25	4	6	6	31	5
어플리케이션 활용성	19	6	5	8	24	8
배터리 및 충전	75	2	44	1	119	2
잦은 고장, 다운	23	5	5	8	28	6
오작동	17	7	16	3	33	4
사용조작 불편	15	9	6	6	21	9
기타	2	11	0	11	2	11

남녀별 스마트폰 사용 시 불편사항의 순위응답 결과를 보면 남자는 고액의 요금제를 1순위로, 여자는 배터리 및 충전을 1순위로 응답하고 있다.

표 7-36 스마트폰 사용 시 불편사항 순위 가중합

스마트폰 사용 시 불편사항	삼성		애플		LG		스카이		모토로라		HTC		노키아		기타		총합	순위
	합	순위	합	순위	합	순위	합	순위	합	순위	합	순위	합	순위	합	순위		
A/S의 불편성	0	10	54	2	0	5	4	5	0	5	0	7	3	3	4	2	65	3
무선인터넷	6	8	2	8	0	5	6	3	8	2	1	6	2	6	1	5	26	7
고액의 요금제	48	1	50	3	6	2	14	1	12	1	12	1	5	1	4	2	151	1
휴대성	5	9	2	8	0	5	0	9	0	5	0	7	2	6	1	5	10	10
통화품질	11	5	11	4	0	5	4	5	0	5	0	7	3	3	2	4	31	5
어플 활용성	13	4	4	7	4	3	0	9	3	3	0	7	0	9	0	7	24	8
배터리 및 충전	25	2	62	1	7	1	4	5	0	5	12	1	3	3	6	1	119	2
잦은 고장, 다운	21	3	1	10	0	5	6	3	0	5	0	7	0	9	0	7	28	6
오작동	8	6	7	5	1	4	7	2	1	4	5	3	4	2	0	7	33	4
사용조작 불편	7	7	5	6	0	5	3	8	0	5	4	4	2	6	0	7	21	9
기타	0	10	0	11	0	5	0	9	0	5	2	5	0	9	0	7	2	11

스마트폰 브랜드별 스마트폰 사용 시 불편사항을 살펴보면 삼성, 스카이, 모토로라, 노키아 브랜드의 스마트폰을 사용하는 사람의 경우 고액의 요금제가 1순위 응답으로 나타났다. 애플, LG, 기타 브랜드의 스마트폰을 사용하는 사람의 경우 배터리 및 충전이 1순위 응답으로 나타났다. HTC 브랜드의 경우 고액의 요금제와 배터리 및 충전이 공동 1순위 응답으로 나타났음을 알 수 있었다.

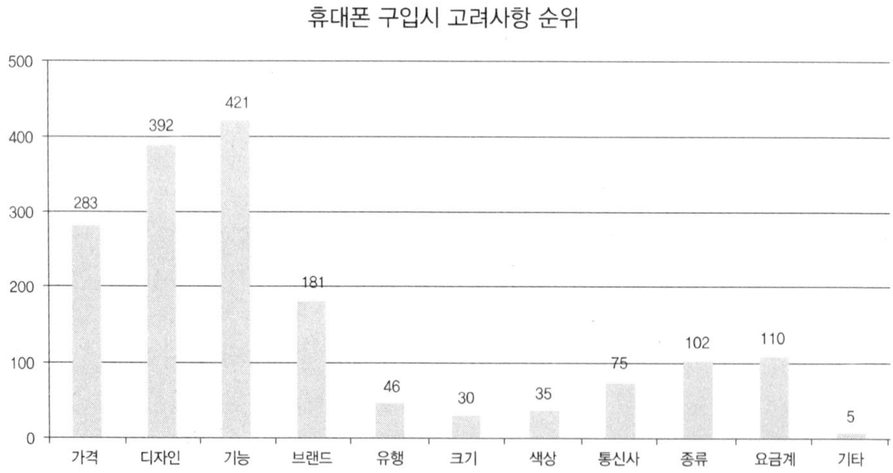

그림 7-29 휴대전화 구입 시 제일 고려하는 사항 순위 가중합 그래프

전체 설문지 응답자 280명을 대상으로 휴대전화 구입 시 제일 고려하는 사항 순위응답을 요구한 결과이다. 총합 결과를 보면 기능이 누적점수 421점으로 1순위로 꼽혔고, 디자인이 누적점수 392점, 가격이 283점 순으로 나타나고 있다.

표 7-37 휴대전화 구입 시 제일 고려하는 사항 순위 가중합

휴대전화 구입 시 고려사항	남		여		총합	순위
	합	순위	합	순위		
가격	188	3	95	3	283	3
디자인	229	2	163	1	392	2
기능	291	1	130	2	421	1
브랜드	123	4	58	4	181	4
유행	21	9	25	7	46	8
크기	24	8	6	10	30	10
색상	10	10	25	7	35	9
통신사	53	7	22	9	75	7
종류	60	6	42	5	102	6
요금제	84	5	26	6	110	5
기타	3	11	2	11	5	11

남녀별 휴대전화 구입 시 제일 고려하는 사항 순위응답 결과를 보면 남자는 기능을 1순위로, 여자는 디자인을 1순위로 응답 하고 있다.

(4) 사용 만족도에 대한 평균분석

스마트폰 브랜드별에 따른 기본, 스마트, 외부 기능에 대한 요인점수의 평균과 표준편차를 구한 값이다. 기능에 대한 사용 만족도를 1점(매우 불만족)~5점(매우 만족)의 척도로 변환하여 나타낸 결과는 다음과 같다.

표 7-38 스마트폰 기능에 대한 사용 만족도

브랜드	통계량	기본기능	스마트기능	외부기능
삼성	평균	3.8646	3.8167	2.7708
	표준편차	0.6875	0.5305	0.8338
애플	평균	3.7727	4.4364	3.0758
	표준편차	0.7272	0.4540	0.9611
LG	평균	2.4167	3.9333	3.6667
	표준편차	1.1547	0.1155	0.2887
스카이	평균	3.5313	3.9750	2.6875
	표준편차	0.5892	0.5800	0.8839
모토로라	평균	3.7500	3.6500	3.2500
	표준편차	0.0000	0.1000	0.5000
HTC	평균	4.5000	4.4333	3.7500
	표준편차	0.5000	0.1506	0.7583
노키아	평균	3.6250	3.4500	3.3750
	표준편차	1.0104	1.0630	1.3769
기타	평균	4.5000	4.5333	3.6667
	표준편차	0.5000	0.5033	1.1547

기본 기능 만족도에서는 HTC와 기타 브랜드가 가장 높은 만족도를 보이고 있는 반면 LG 브랜드가 가장 낮은 만족도를 보이고 있다. 스마트 기능 만족도에서는 기타 브랜드가 가장 높은 만족도를 보이고 있고 노키아 브랜드가 가장 낮은 만족도를 보이고 있다. 외부 기능 만족도에서는 HTC 브랜드가 가장 높은 만족도를 보이고 있는 반면 스카이 브랜드가 가장 낮은 만족도를 보이고 있다.

브랜드에 따른 각 기능의 만족도 차이 유무를 알아보기 위하여 분산분석을 실시한 결과는 아래와 같다. 기본 기능 만족도에 대한 분산분석 결과 유의확률 p값이 0.001이므로 브랜드에 따른 기본 기능 만족도는 유의한 차이가 있음을 알 수 있다. 스마트 기능 만족도에 대한 분산분석 결과 유의확률 p값이 0.034이므로 브랜드에 따른 스마트 기능 만족도는 유의한 차이가 있다. 외부 기능 만족도에 대한 분산분석 결과 유의확률 p값이 0.000이므로 브랜드에 따른 외부 기능 만족도는 유의한 차이가 있음을 알 수 있다.

표 7-39 기본 기능 만족도 분산분석 결과

		제곱합	자유도	평균제곱	F	유의확률
Factor1	집단-간	22.451	7	3.207	4.012396	0.001
	집단-내	61.549	77	0.799		
	합계	84.000	84			

표 7-40 스마트폰 기능 만족도 분산분석 결과

		제곱합	자유도	평균제곱	F	유의확률
Factor2	집단-간	14.620	7	2.089	2.317871	0.034
	집단-내	69.380	77	0.901		
	합계	84.000	84			

표 7-41 외부 기능 만족도 분산분석 결과

		제곱합	자유도	평균제곱	F	유의확률
Factor3	집단-간	28.544	7	4.078	5.661847	0.000
	집단-내	55.456	77	0.720		
	합계	84.000	84			

참고문헌

- 강미은 (1997). 여론조사 뒤집기, 개마고원, 서울.
- 권기만, 안민영, 최종후 (2001). 서울시 반부패지수와 LISEREL 모형에 의한 대안, 한국조사연구회, 2001년 춘계학술발표회논문집.
- 김영원, 배예영 (2010), 인터넷 선거여론조사 가중치보정을 위한 성향점수의 활용, 한국통계학회논문집, 17(1), 55-66.
- 김해동 (1993). 조사방법론 : 이론과 기법(개정판), 법문사.
- 노규형 (1998). 선거예측여론조사의 이론과 실제, 한국춘계통계학술대회 초록, 10-16.
- 민제홍 (1996). 외국방송의 투표자 조사, 방송문화, 3, 22-25.
- 성태제 (2000). 타당도와 신뢰도, 양서원.
- 오인환 (1992). 사회조사방법론, 나남, 서울.
- 이계오 (2000). 컴퓨터 이용 통계조사의 현황과 전망, 조사연구, 1(2), 137-159.
- 이순묵 (2002). 사회과학을 위한 측정의 원리, 학지사.
- 이재창 (1996). 성공적인 투표자 조사 실시방안, 방송문화, 3, 18-21.
- 장승규 (2004). 기업 공동 브랜드의 충성도 제고에 관한 연구, 명지대학교 대학원.
- 조신섭 (1999). 언론보도사례를 통해 본 통계발표상의 문제, 응용통계연구, 12(2), 633-655.
- 최종후 (1998). 사회통계와 언론보도, 한국통계학회 공식통계연구회-통계의 언론보도, 토론회 발표집.
- 한국언론연구원 (1995). 여론조사-보도와 실제, 한국언론연구원.
- 허명회 (2008). 선거여론조사 자료의 표준적 요약과 시각화, 21(5), 845-854.
- 허명회 (2009). 전화조사의 체계적 편향 - 2007년 대통령선거 여론조사들에 대한 메타분석, 22(2), 375-385.

- 홍형식 (1998), 여론조사인가 여론조작인가, 창립5주년 기념 국민여론조사 및 조사비평 자료집, (주)한길리서치.
- Backstrom, C. H., and Hursh-César, G. (1981). Survey research (2nd ed.), John Wiley & Sons, New York.
- Dillman, D. A., Christensen, E. and Brooks, R. (1974). Increasing Mail Questionnaire Response : A Four State Comparison, American Sociological Review, 39(5), 744-756.
- Lazarsfeld, P. F., Berelson, B. and Gaudet, H. (1944) The People's Choice. Duell, Sloan and Pearce, New York.
- Nachmias, D. and Nachmias, C. (1981). Research methods in the social sciences, St. Martin's Press, New York.
- O'Sullivan, E., & Rassel, G. R. (1995). Research methods for public administrators, Longman Publishers, White Plains, New York.
- Riley, P. G. (2002). The One Page Proposal: How to Get Your Business Pitch onto One Persuasive Page, Harper Collins, New York.
- Schuman, H. and Presser, S. (1981). Questions and Answers in Attitude Surveys, New York Academic Press.
- Seashore, S. (1954). Group Cohesiveness in the Industrial Work Group, University of Michigan Press. Ann Arbor.
- Stephan, F. P. and McCarthy, P. J. (1958). Sampling Opinions, John Wiley & Sons, New York.
- Thurstone, L. L. (1928). Attitudes can be Measured, American Journal of Sociology, 33.

찾아보기

| 저자 소개 |

최종후

고려대학교 이학박사(통계학 전공)
현) 고려대학교 응용통계학과 교수
E-mail: jhchoi@korea.ac.kr
주요 저서) 「SAS Enterprise Miner를 이용한 데이터마이닝」 공저
「데이터마이닝 예측 및 활용」 공저
「통계과학의 이해」
「JMP를 이용한 상관/회귀분석」 공저
「JMP를 이용한 실험자료분석」 공저
「SAS를 이용한 데이터베이스의 이용」 공저

전새봄

고려대학교 통계박사(응용통계학 전공)
현) 고려대학교 응용통계학과 초빙교수
E-mail: alwaysns@korea.ac.kr
주요 저서) 「설문조사 처음에서 끝까지」 공저
「JMP를 이용한 주성분분석/인자분석」 공저

설문조사 (처음에서 끝까지) -제3판-

| 저 자 최종후 · 전새봄
| 발 행 인 김지영
| 발 행 처 자유아카데미
| 주 소 경기도 파주시 회동길 37-42
파주출판도시
| 전 화 031-955-1321
| 팩 스 031-955-1322
| 홈페이지 www.freeaca.com
| 전자우편 main@freeaca.com(대표)
editor@freeaca.com(편집)
crm@freeaca.com(영업)
| 등 록 제406-2003-017호, 1980. 7. 12
| 제3판1쇄 2013년 8월 30일 발행
| 제3판3쇄 2019년 6월 15일 발행
| 정 가 18,000원

저자와의
협의하에
인지생략

ISBN 978-89-7338-163-0 93310